Manière de voir
Selection _ 21 

팔레스타인은 왜?

— 강요된 엑소더스, 분노의 씨앗 —

Le Monde +

점령군이 토지를 파괴하거나 몰수하려 할 때
기어이 땅을 지켜내는 농부, 막막한 미래에도
나라를 떠나지 않고 남아서 삶을 붙드는 사람,
무너진 집을 다시 일으켜 세우는 사람,
비록 난민이지만 팔레스타인 안팎에서
옛 가족 집의 열쇠를 간직하며 언젠가 고향으
로 돌아가리라는 희망을 버리지 않는 이들…
이 모두가 '수무드(Soumoud)'를
실천하는 사람들이다.

목차

3부 굽히지 않는 저항

4부 복잡하게 얽힌 이-팔 분쟁의 해법은?

아랍의 배신, 팔레스타인의 막다른 길

아크람 벨카이드(Akram Belkaïd) & 올리비에 피로네(Olivier Pironet)

〈르몽드 디플로마티크〉 프랑스어판 기자

영토 내 팔레스타인 민중과 그 지도부 사이의 괴리는 점점 더 깊어지고 있다. 지도자들은 임무를 다하지 못한 채, 특권과 권력에만 매달려 있다는 비판을 받고 있다. 2017년 12월 6일, 도널드 트럼프 미국 대통령이 예루살렘을 이스라엘의 수도로 인정하겠다고 발표한 결정은, 수십 년간 유지돼 온 예루살렘의 국제법적 지위에 관한 합의를 뒤흔든 사건이었다. 동시에, 이는 많은 아랍 정부들의 이중성을 드러내는 계기가 되었다. 물론, 아랍 국가들은 유엔 총회에서 미국의 일방적 결정을 (암묵적으로) 규탄하는 결의안에 변함없이 찬성표를 던졌다. 또한 아랍연맹은 예루살렘-동부를 수도로 하는 팔레스타인 국가의 국제적 승인을 유엔에 요청하겠다고 밝혔다. 그러나 워싱턴은 아랍연맹의 그러한 태도가 자국 내 여론을 의식한 제스처에 불과하다는 것과 그 속내를 이미 간파했다.

팔레스타인인들 역시 잘 알고 있다. 그들이 '형제'라 불러온 아랍 정권들의 지원이 오래전부터 공허한 수사(修辭)에 지나지 않았음을. 아랍 정권들은 1947년 유엔 분할결의나 1993년 오슬로 협정 이행을 이스라엘에 요구할 힘이 없다. 이에 비해 서방 강대국들은 이스라엘의 요르단 강 서안 합병 정책과 가자지구 봉쇄를 중단시킬 수 있는 수단을 갖고 있으면서도, 이를 실제 행동으로 옮기지 않았다. 특히 사우디아라비아는 이스라엘과의 전례 없는 협력 의지를 숨기지 않았는데, 그 배경에는 이란의 위협에 대한 두려움이 자리하고 있었다. 이는 1990년대 사담 후세인 치하의 이라크에 느꼈던 위협과 유사한 인식이었다.

2002년과 2007년, 사우디아라비아가 주도해 아랍연맹이 공식 채택한 '중동 평화 제안', 즉 이스라엘이 점령지에서 철수하면 아랍이 이스라엘을 인정한다는 구상은 지역 정세의 변화 속에서 점차 설 자리를 잃었다. 무엇보다 보수적 아랍 왕정들은 이제 이스라엘을 적이 아니라, 이란을 막기 위한 전략적 동맹 상대로 보고 있다.

이와 같은 맥락에서, 사우디뿐 아니라 에미리트와 이집트의 지도자들은 팔레스타인 측에 "보다 현실적이고 이성적"이 될 것을 요구해왔다. 새로운 평화안 협의 과정에서 예루살렘 동부를 미래 국가의 수도로 삼겠다는 오랜 요구를 포기하라는 압박도 그 연장선에 있다. 이 경우 미래 수도 대체지로는 예루살렘 교외의 작은 마을 아부 디스(Abou Dis)가 거론된다.

팔레스타인을 지지하는 아랍 여론 역시 이러한 논리의 설득 대상이다. 사우디아라비아의 일부 지식인과 성직자들은 예루살렘을 이스라엘의 수도로 인정할 수 있다는 입장을 내놓으면서, 그 전제로 이교도의 접근을 막는 이슬람 성역인 하람 알샤리프(Haram Al Sharif)에 대한 이슬람의 주권, 즉 사우드 왕가의 종교적 권위가 유지돼야 한다고 주장한다.

사우디 서부 항구 도시 제다(Jeddah)에 위치한 중동전략법률연구센터 소장 압델하미드 하킴은 "이스라엘의 탄생은 유대인의 역사적 권리에 기초한 것이며, 예루살렘 문제에서도 아랍과 팔레스타인은 보다 현실적인 태도를 취해야 한다"고 주장한다.(1)

이러한 담론은 팔레스타인 자치정부가 내부적으로 신뢰를 상실한 지금, 손쉽게 확산되고 있다. 팔레스타인 지도부는 민족적 대의보다 권력과 특권 유지에 집착하면서도 시민들에게는 어떤 미래도 제시하지 못한다는 비판에 직면해 있다. 특히 마흐무드 아바스는 2009년 임기 만료 이후 선거조차 없이 지금까지 권좌에 머물러 있다. 자의적으로 임기를 연장해 온 그에 대한 비판이 날로 거세지고 있다. 팔레스타인이 2012년 유엔에서 비회원 옵서버국(바티칸과 동일한 지위)을 확보하고, 2015년 국제형사재판소(ICC)에 가입한 것을 제외하면, 아바스가 지난 15년 동안 남긴 성과는 사실상 없다.

이스라엘에 대한 유화적 접근에 기대를 걸었던 그의 전략은 결국 성과를 내지 못했다. 그가 내세운 주요 목표—이스라엘 점령 종식, 두 국가 해법 실행, 예루살렘 동부 수도화—가운데 실현된 것은 단 하나도 없다. 오히려 이 목표들은 이제 달성이 불가능해 보인다. 이른바 '평화 프로세스'라는 표현은 더 이상 미래를 여는 전략이 아니라, 자치정부가 자신의 존재를 정당화하기 위해 반복하는 의례적 언어로 남아 있다.

아바스 정권은 국내 정치에서도 정당성을 상실해가고 있다. 수많은 정치적 반대자들이 감옥에 갇혀 있고, 언론은 극도로 통제되고 있다. 오슬로 협정 이후 팔레스타인 보안군은 여전히 이스라엘 군과의 치안 협력을 유지하고 있는데, 이는 점령에 대한 저항을 자치정부가 스스로 억누르고 있다는 인상을 주며, 대중의 강한 반발을 불러일으키고 있다. 2007년 가자지구를 장악한 이슬람주의 세력 하마스(Hamas)는 지속돼 온 분열을 끝내기 위해 2017년 10월, 서안지구를 통치하는 세속 민족주의 세력인 파타(Fatah)와 화해 협정에 서명했다. 이때 잠시나마 통합에 대한 희망이 피어올랐다. 그러나 협상은 결국 교착 상태에 빠졌다.

가자지구 내부에서 통치 기반과 대중적 신뢰를 점차 상실해 온 하마스
는 협상력을 유지하기 어려운 상황이었고, 여기에 자치정부가 하마스에
과도한 양보를 요구하면서 교착은 불가피해졌다. 국제 정세 또한 팔레
스타인에게 극도로 불리하다. 워싱턴은 이스라엘 정부의 입장을 사실상
전적으로 지지하고, 유럽은 주저하며, 여러 아랍 국가는 이미 등을 돌린
상황이다. 이런 조건 속에서 팔레스타인에 주어진 시급한 과제는 민족
해방 운동의 정치적 재구성이다. 새로운 세대의 지도자들이 등장해, 끝
나지 않는 점령이라는 현실에 맞서고, 동시에 민주주의와 국민 통합의
요구에 응답할 수 있어야 한다.

글·아크람 벨카이드(Akram Belkaïd) & 올리비에 피로네(Olivier Pironet)

(1) 알후라(Al-Hurra), 워싱턴, 2017년 12월 15일.

팔레스타인에도 과연 '평화의 봄'이 올까

성일권

가자지구에서 멈추어 있는 시간은, 평화와도 전쟁과도 닮지 않았다. 포성은 줄었지만 침묵은 평온하지 않다. 사람들은 집을 향해 걸음을 떼지 못하고, 그리움조차 길을 잃는다. 지금 가자지구에 놓인 것은 총구가 내려간 후의 휴식이 아니라, 새로운 형태의 통제 체계가 구축되는 과도기다. 최근 미국은 유엔 안전보장이사회에 국제안정화군(ISF)의 가자지구 주둔을 승인하는 결의안을 회람했다.

전투 종식 후 최소 2년, 상황에 따라 2027년 이후로도 연장 가능한 장기 주둔 계획이다. 그 임무는 명확하다. 경계 관리, 국경과 구호(救護) 통로 보호, 팔레스타인 경찰 훈련, 그리고 무엇보다 가자지구의 '완전한 비무장화' 보장. 이 비무장화에는 하마스가 스스로 무기를 내려놓지 않을 경우, 국제안정화군이 직접 무장 해제를 수행할 수 있다는 의미가 포함되어 있다. 즉, 이는 단순한 감시 임무가 아니라 강제력을 전제한 '평화 관리' 모델이다. 동시에 가자지구의 행정 운영은 '평화위원회' 라는 임시 통치 기구가 맡게 되는데, 그 수장은 다름 아닌 미국 대통령 도널드 트럼프다.

재건 자금의 배분, 우선순위 결정, 기술 관료 조직 감독까지, 가자지구의 행정은 팔레스타인 내부가 아니라 외부 중심의 구조로 재조정되고 있다. 이러한 조치는 전쟁 직후 재건의 혼란을 막기 위한 '안정'이라는 이름을 갖고 있지만, 그 안에 깔린 논리는 단순하지 않다.

누가 가자를 통치할 것인가, 누가 무장을 승인할 것인가, 누가 귀환의 권리를 보증할 것인가에 대한 문제는 여전히 미해결 상태다.

황색선, 새로운 국경의 그림자

휴전 이후 가자지구에는 '황색선'이라는 이름의 휴전선이 그어졌다. 그러나 이 선은 단순한 군사 분계선이 아니다. 이 선은 집에 돌아갈 수 있는 사람과 돌아갈 수 없는 사람, 생존이 허용되는 구역과 허용되지 않는 구역을 가르는 삶의 경계다. 가디언은 최근 보도에서 이 황색선 인근에서 매일 20명 이상의 팔레스타인 주민이 사망하고 있다고 전했다.

휴전은 곧 '정전'일 뿐, 총구는 아직 목표를 잃지 않았다는 것이다. BBC의 위성 분석은 이스라엘군이 합의됐던 경계보다 수백 미터 더 가자지구 내부로 선을 전진시켰음을 보여준다. 이스라엘 현지 매체는 더욱 노골적이다.

"황색선은 장기적 국경선이 될 수 있다. 시간이 지나면 이 선은 높은 장벽과 정밀 감시 장비로 대체될 것이다."

휴전선이 분단선으로 굳어지는 과정은 항상 조용하게 진행된다. 그리고 그 조용함은 종종 폭격보다 더 오래 남는다.

비무장화는 평화인가, 권력인가

미국 국무장관 마코 루비오는 말했다. "국제안정화군의 목적은 가자지구 전체를 비무장화하여 경계선을 사라지게 하는 것이다. 이스라엘은 가자를 합병하려는 의도가 없다.”

그러나 비무장화가 강제력과 외부 통제를 기반으로 할 때, 그 과정은 결코 중립적이지 않다.

무장 해제가 단지 무기의 철수를 의미하는 것이 아니라, 정치적 주체성의 재정의를 의미하기 때문이다. 하마스 지도자 칼릴 하야는 이렇게 말했다.

“점령이 끝난 뒤, 무기는 국가에 속하게 될 것이다.”

그가 말하는 ‘국가’는 어느 국가인가. 미국이 설계한 과도 행정기구인가, 이스라엘이 수용 가능한 기술 관료 체제인가, 아니면 팔레스타인 스스로의 이름을 가진 국가인가.

이 질문은 단지 미래에 대한 이론적 논쟁이 아니라, 가자지구 사람들의 귀환, 생존, 그리고 존엄의 조건을 결정하는 핵심 문제이다. 평화는 외부에서 수입되지 않는다. 가자지구의 현재는 전쟁의 종결이 아니라 전후 질서의 재편이다. 재편은 지도 위에서 이루어지고, 그 지도는 협상장과 회의실에서 그려진다. 그러나 지도 밖에서 그 선을 감당하는 것은 집으로 돌아갈 수 없는 사람들이다. 가자에 봄이 오기 위해 필요한 것은 다음과 같다.

- 팔레스타인 내부 정치 대표성의 복원
- 주민들의 귀환 권리와 생활 기반의 회복
- 치안 통치권이 국제군이 아닌 팔레스타인 주체에게 연결될 수 있는 구조
- 재건 과정에서 외부 자본과 군사 논리가 아니라 공동체 복원이 중심이 되는 원칙

평화는 관리되는 상태가 아니라, 회복되는 권리다. 평화는 치안이 아

니라 삶이다.

지금 가자지구를 감싸는 침묵은 오래 머물 수 있다. 그리고 그 침묵은 '안정'이라는 이름을 가질 수 있다. 그러나 그 안정이 주권을 동결한 채 유지되는 안정이라면, 그것은 결코 봄이 아니다. 팔레스타인의 봄은 아직 오지 않았다. 그 봄은 언젠가 찾아오는 계절이 아니라, 경계 너머에서 되찾아야 하는 계절이다.

글 · 성일권

점령과 저항, 절망과 존엄이 끝없이 교차하는 팔레스타인의 현실은 참혹하다. 민족의 존립 자체가 위태로운 상황에서, 사람들은 고통과 절망을 삼킨 채 하루하루를 견뎌내고 있다. 그럼에도 시인들은 캄캄한 어둠 속에서도 팔레스타인인으로서의 정체성과 희망을 노래한다. 예루살렘에서는 이스라엘의 불법 점령이 이미 일상으로 굳어졌고, 문명과 폭력이 뒤엉킨 담론이 거리를 떠돈다. 그러나 정의를 향한 투쟁은 더 이상 특정 종교나 민족의 문제에 머물지 않는다. 그것은 이제 보편적 언어가 되었다. 트럼프 이후 더욱 대담하고 노골화된 이스라엘 우파의 정치 지형 속에서도, 팔레스타인은 여전히 분투하고 있다. 정당한 자기 존재를 입증하고, 그것을 지켜내기 위한 투쟁, 곧 '정의'라는 이름으로.

사마 알샤이비 – 「세대에서 세대로」, 2019

1부

팔레스타인에서 무슨 일이 일어났나?

팔레스타인 민족, 존재 자체가 위태롭다

인사프 르자귀 Insaf Rezagui

파리 2대학의 튀키디데 센터와 예루살렘에 위치한 프랑스 근동연구소(IFPO)의 연구원으로 활동하고 있다. 팔레스타인 문제에 대한 연구자들의 협업 플랫폼 〈야아니(Yaani)〉의 공동 설립자다.

이스라엘은 국제법 위반 상태에서 가자지구에 대한 인도적 지원을 '물방울 떨어지듯' 극히 제한적으로 허용했다. 완전 봉쇄가 시작된 지 두 달 반 만의 조치였다. 그러나 지원 규모는 실제 필요에 전혀 미치지 못하며, 가자지구의 기근을 막기에는 턱없이 부족하다. 이스라엘의 무차별적인 군사적 압박이 계속되는 가운데, 가자 주민들의 운명은 대규모 학살과 강제 추방 사이에서 여전히 위태롭다.

2024년 3월 23일, 팔레스타인 적신월사(붉은 초승달 모양의 표장을 사용하는 이슬람권의 구호 단체-역주) 요원 8명, 민방위 대원 6명, 유엔(UN) 직원 1명이 가자지구 남부 라파 인근에서 이스라엘군에 의해 사살된 뒤 집단매장지에 묻혔다. 이들은 모두 인도주의 구호 요원으로 반사 조끼를 착용하고 있었다. 희생자들이 탑승했던 구급차 3대와 소방차 1대, 유엔 차량 1대에는 모두 적신월사 로고가 부착돼 있어 신원이 명확히 식별될 수 있었다는 점에서, 이스라엘군의 공격은 고의였을 가능성이 매우 높다.

2023년 10월 전쟁 발발 이후, 지금까지 400명이 넘는 인도주의 구호 요원과 1,300여 명의 보건의료 종사자들이 목숨을 잃었다. 구호 요원들에게 가자지구는 현재 전 세계에서 가장 위험한 땅으로 꼽히고 있다. 국제형사재판소(ICC)에 관한 로마 규정 제8조는 다음과 같은 행위를 전쟁범죄로 규정하고 있다. "인도적 지원 임무에 투입된 인원, 시설,

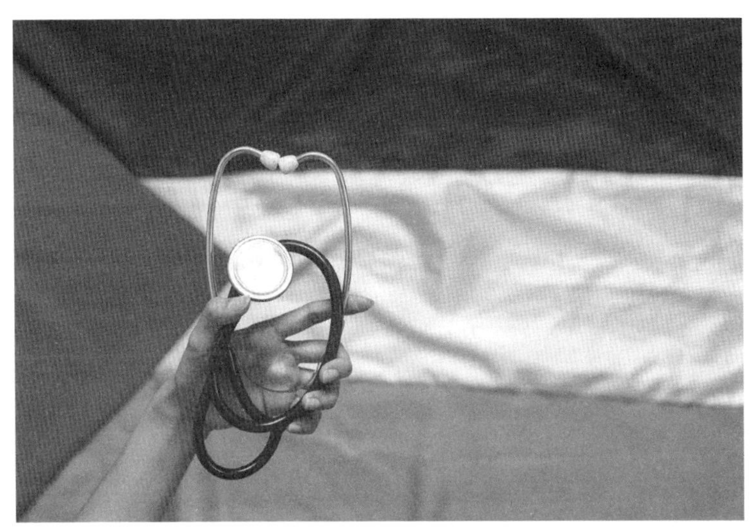

장비, 부대 또는 차량을 고의적으로 공격하는 행위.” 또한, 1949년 제네바협약은 교전 당사국에게 민간인 피해자를 보호할 의무를 부과하는 한편, 국제 적십자 및 적신월사가 인도적 지원 활동을 수행할 수 있도록 보장할 책임이 있음을 명시하고 있다.

2024년 3월 23일의 살해 사건은, 이스라엘이 감행 중인 팔레스타인 전체 보건 체계 붕괴의 일환이다. 이스라엘의 병원 폭격과 단수·단전 조치로 인해, 그나마 간신히 기능을 유지하던 소수의 의료시설마저 사실상 마비되었고, 그 결과 부상자들은 치료 기회를 놓쳐 속속 목숨을 잃고 있다. 또한 “의료 장비와 약품, 특히 마취제와 마취 기기”의 고의적인 반입 차단으로 어린이에게조차 마취도 없이 수술해야 하는 상황으로 내몰리고 있다. 이러한 보건 체계에 대한 조직적 파괴와 인도주의 의료 활동의 의도적 방해는, 국제형사재판소(ICC) 예비심사부가 베냐민 네타냐후 총리와 요아브 갈란트 당시 국방장관에 대해 발부한 체포영장에 명시된 핵심 혐의 가운데 하나다.

이스라엘의 범죄행위, ICC와 ICJ 모두 확인

의료 시스템 파괴는 가자지구의 삶 자체를 불가능하게 만들고 있다. 2006년부터 전면 봉쇄 상태에 놓인 가자지구는 멈춤 없는 군사작전으로 인해 거의 모든 생존 기반이 붕괴되고 있다. 2025년 3월 2일부터 5월 20일까지, 이스라엘 당국은 모든 인도적 지원의 가자 유입을 차단했다. 이는 민간인의 생존권 보장을 요구하는 국제법상의 강행규범(jus cogens)을 정면으로 위반한 조치이다. 국제형사재판소(ICC) 검찰은 "이스라엘이 가자지구 주민들 가운데 일부를 파괴하려는 의도로 생존 자체를 불가능하게 만드는 생활 조건을 조성하고 있다"며, 이는 국제인도법 위반이며, 집단학살로 이어질 수 있는 중대한 범죄에 해당할 수 있다고 지적하고 있다.

이러한 현실은 가자지구를 사실상 '죽음의 들판'으로 만들고 있다. 이 표현은 2025년 4월 8일 기자회견에서 안토니우 구테흐스 유엔 사무총장이 직접 발언한 표현이다. 이는 제4 제네바협약이 명확히 금지하는 '집단 처벌(Collective Punishment)'에 해당할 수 있다. 지금 가자지구에서, 나아가 팔레스타인 전역에서 벌어지고 있는 사태는 팔레스타인 민족이 자기 땅에서 존재할 권리 자체가 근본적으로 위협받고 있음을 보여준다.

국제사회에서 이스라엘 행위가 사실상 면책되고 있는 가운데, 이스라엘 내부에서도, 국제무대에서도 정치·군사 책임자들을 대상으로 한 사법 절차는 여전히 진행되지 않고 있다. 그럼에도 가자지구에서 이스라엘군이 자행한 행위의 법적 성격은 유엔 전문가들과 시민사회 단체들의 수많은 보고서를 통해 점차 명확해지고 있다.(1) 또한, 남아프리카공화국이 2023년 12월 국제사법재판소(ICJ)에 제기한 제소에는 이후 여러 국가들이 참여했다. 이번 제소는 1948년 「집단학살의 예방 및 처벌에 관한 협약」에 근거한 것이다. 이에 따라 국제사법재판소(ICJ)의 잠정 조치 명령과 국제형사재판소(ICC) 검찰의 수사는 모두 가자지구에서 대규모적이고 조직적인 국제범죄가 자행되고 있을 가능성을 지적하고 있다.

특히 두 재판소는 이러한 행위가 민간인을 직접적으로 겨냥하고 있음을 확인했다. 이는 "이스라엘은 단지 하마스와의 전쟁에 참여하고 있을 뿐"이라는 이스라엘 정부의 공식 입장을 정면으로 반박한다. 이러한 불법적 전략은 이스라엘 국방장관 이스라엘 카츠의 발언을 통해 사실상 공식 확인됐다. 그는 "오늘 아침 시작된 작전의 확장은 하마스 테러범들에 대한 압박을 강화할 것이며, 그 영향은 가자 주민들에게도 미칠 것"이라고 말했다.(〈Ynet〉, 2025년 4월 2일)

ICC가 발부한 체포영장에는 이스라엘 지도부가 전쟁 수단으로 기근을 활용했으며, 이는 전쟁범죄에 해당한다고 명시되어 있다. 또한 이들은 살인, 박해, 기타 반인도적 행위에 대한 책임이 있으며, 이는 명백한 반인도 범죄를 구성한다고 지적하고 있다. ICC는 특히 네타냐후 총리와 갈란트 전 국방장관이 "가자지구의 민간인들을 식량, 식수, 의약품, 의료 장비, 연료, 전기 등 생존에 필수적인 물품으로부터 의도적이고도 계획적으로 단절시켰다"고 명시했다.

"이스라엘의 집단학살(제노사이드)은 국가 책임"

5월 21일, 가자지구로 인도적 지원 트럭 90대가 반입됐다. 그러나 하루 최소 600대가 필요한 상황에서 이 수치는 기근 구호에 턱없이 부족하다. 가자지구 민간인의 일부를 의도적으로 생존 불가능한 조건으로 내모는 행위는 '범죄 중의 범죄'로 불리는 집단학살 혐의에 해당할 소지가 충분하다. 파리 2대학의 국제법 교수 줄리앙 페르낭데즈와 올리비에 드 프루빌은 "이스라엘의 집단학살죄 혐의와 국가 책임이 인정될 가능성은 지금이 그 어느 때보다 높다"고 지적했다.(2)

2024년 1월 26일, ICJ는 '남아공 대 이스라엘' 사건의 잠정 조치 명령에서 팔레스타인 민족을 「집단학살 방지 및 처벌 협약」의 보호 대상이 될 수 있는 집단으로 인정했다. ICJ는 팔레스타인 민족의 권리가 회복 불가능한 손해를 입을 위험에 직면해 있다고 판단했다. 이 협약은 이스라엘과 팔레스타인 모두가 비준한 국제조약이다.

이 협약 제2조는, 특정한 국민적·민족적·인종적·종교적 집단을 전체 또는 일부 파괴할 의도로 다음과 같은 행위를 저지를 경우, 이를 '집단학살'로 규정하고 있다. 집단 구성원에 대한 살해, 구성원의 신체적 또는 정신적 건강과 존엄을 심각하게 훼손하는 행위, 집단의 물리적 파괴를 초래할 수 있는 삶의 조건을 의도적으로 부과하는 행위, 집단 내 출산을 방해하는 조치, 그리고 집단의 아동을 다른 집단으로 강제 이송하는 행위 등이다. 이러한 정의는 2015년 4월 1일 팔레스타인이 비준한 국제형사재판소 로마 규정 제6조에도 그대로 명시되어 있다.

제노사이드(집단학살) 범죄가 성립하기 위한 첫 번째 요건은, 국제법상 '보호 대상 집단'의 존재다. 국제사법재판소(ICJ)는 2024년 1월 26일 명령에서 가자지구에 거주하는 230만 명의 팔레스타인인을 국제법상 '보호 대상 집단'으로 인정했다. 두 번째 요건은 금지된 구체적 행위가 실제로 저질러졌는지 여부인데, 이 역시 충족된다. 무차별적인 공습은 살인의 구성요건을 충족하는 행위다. 국제앰네스티에 따르면, 이스라엘군이 감행한 폭격 대부분은 군사적 목표와는 무관했으며, 민간인을 직접 겨냥한 것이었다. 이 공격들은 사전 경고 절차도 없이 자행되었고, 주로 인구 밀집 지역에서 살상 반경이 광범위한 폭발 무기가 사용됐다.

"집단학살 의도가 명확하게 표현된 사례"

이는 막대한 인명 피해로 이어졌다. 2023년 10월 7일 이후, 가자지구에서 사망한 팔레스타인인은 5만 명을 넘었으며, 그중 70%는 여성과 아동이었다. 이 수치에는 아직 잔해 밑에 매몰된 희생자와 기아 및 질병으로 인한 간접 사망자는 포함되지 않았다.(3) 국제앰네스티는 이러한 살인 행위뿐 아니라, 팔레스타인 집단을 사실상 파괴로 이끄는 최악의 생활 조건에 의도적으로 노출시킨 점 역시 문제로 지적했다.

ICC는 2024년 11월, 이러한 조건들이 "가자지구 민간인 집단의 일부를 파괴할 목적에서 조성된 것"이라고 판단했다. 현재 가자지구의 거의 모든 팔레스타인 주민은 강제로, 그것도 여러 차례에 걸쳐 이주를 겪은 상태다. 가자지구는 이미 기아 상황에 직면해 있다. 2025년 5월 중순 세계식량계획(WFP)은 가자지구 주민의 90%가 '심각한 식량 불안' 상태에 놓여 있으며, 식량 비축분이 사실상 고갈됐다고 밝혔다.

세 번째 요건은 집단학살 '의도'이다. 이는 정치적·군사적 책임자들의 공적 발언을 통해 유추할 수 있다. 이들 발언은 반복되어 왔으며, 결코 철회되거나 처벌되지도 않았다. 이는 ICJ가 명령한 '보전 조치'와도 정면으로 배치되는 것이다. '보전 조치'란 최종 판결이 나오기 전까지 상황을 더 악화시키지 말고, 돌이킬 수 없는 피해가 발생하지 않도록 지금 당장 행동을 멈추거나 제한하는 것을 뜻한다.

예컨대, 2023년 10월 9일 요아브 갈란트 당시 이스라엘 국방장관은 "우리는 인간의 탈을 쓴 동물과 싸우고 있다.(…) 가자는 예전의 가자로 돌아가지 않을 것이다"라고 말했다. 또한 이츠하크 헤르조그 이스라엘 대통령은 이에 앞서 10월 2일 "가자지구의 전체 주민에 책임이 있다.(…) 우리는 그들의 척추를 꺾을 때까지 싸울 것이다"라고 밝혔다. 더 최근에는, 2025년 3월 19일 이스라엘 카츠 국방장관이 공개적으로 다음과 같이 경고했다.

"가자 주민들이여, 이것이 마지막 경고다.(…) 미국 대통령의 충고를 따르라. 인질을 석방하고 하마스를 몰아내면, 새로운 선택지가 열릴 것이다. 원한다면, 세계 각지로 이주할 수도 있다. 그렇지 않으면, 당신들은 파괴될 뿐이다." 이에 대해 국제법 교수인 훌리안 페르난데스와 올리비에 드 프루빌은 다음과 같이 결론짓는다. "우리가 아는 한, 이토록 명확하게 집단학살의 의도가 표현된 전례가 없다."(4)

서방이 계속 방조하는 이스라엘의 식민지적 지배

그러나 국제사회의 제재가 부재한 가운데 이러한 발언들은 별다른 제약 없이 반복되고 있다. 이는 도널드 트럼프 미국 대통령이 제안하고 이스라엘 정부가 승인한 구상과도 맥을 같이한다. 트럼프는 팔레스타인 주민을 가자지구 밖으로 이전시키는 방안을 제시했으며, 이 같은 구상은 민간인 보호를 규정한 제네바 제4협약에 저촉될 수 있고, 국제형사법상 반인도범죄의 구성 요건에 해당할 가능성이 있다는 지적이 제기된다. 이 계획은 명백히 민족 청소의 연장선에 있다.

ICJ는 2024년 7월 19일 발표한 권고 의견에서, 이스라엘의 정책과 관행이 팔레스타인 영토의 인구 구성을 훼손하고 있다고 이미 지적한 바 있다. 현재 이스라엘 내에서는 집단학살적 성격의 담론이 점점 더 빈번하게, 그리고 아무렇지 않게 반복되고 있다 (〈르몽드〉, 2025년 5월 22일자 보도).

언론인과 국제기구의 접근이 제한된 상황에서, 팔레스타인 주민들은 종종 목숨을 걸고 자신들이 겪는 현실에 대한 증거와 증언을 직접 수집해 왔다. 이들이 남긴 기록과 영상은 2023년 12월 남아프리카공화국이 국제사법재판소(ICJ)에 제소하는 과정에서 중요한 근거로 활용됐다.

집단학살의 예방과 중단, 그리고 이에 대한 처벌의 책임은 특정 국가에만 한정되지 않는다. 모든 국가는 「집단학살 방지 및 처벌에 관한 협약」에 따라 이러한 의무를 부담한다. 이에 따라 국제사회는 다양한 대응 수단을 검토할 수 있다. 구체적으로는 이스라엘에 대한 무기 및 탄약 판매를 중단하거나 무기 금수 조치를 시행하는 방안, 유럽연합과 이스라엘 간 연합협정을 일시적으로 정지하는 방안, 집단학살 혐의를 받는 책임자들을 대상으로 한 표적 금융 제재 등이 거론되고 있다.

또한 유엔 헌장 제7장에 따라, 유엔 안전보장이사회는 경제적·외교적·재정적 강제 조치를 포함한 제재 결의안을 채택할 수 있다. 아울러 '보편적 관할권(Universal Jurisdiction)' 원칙에 따라, 국적이나 범죄 발생 장소와 관계없이 각국은 이러한 범죄에 대해 독립적인 형사 수사를 개시할 수 있다. 이는 집단학살과 반인도범죄와 같이 인류 전체에 대한 범죄가 특정 국가의 관할에 한정되지 않고 처벌 대상이 될 수 있다는 국제법상의 원칙에 근거한다. 아울러 팔레스타인 상황과 관련해 국제형사재판소(ICC) 검찰이 진행 중인 수사를 국제사회가 지원하는 방안도 주요한 대응 수단으로 거론되고 있다.

그러나 실제 상황은 이러한 원칙과 거리가 있다. 2025년 2월 2일, 프랑스는 이스라엘 총리 베냐민 네타냐후의 자국 영공 통과를 허가했다.

이는 서방 국가들 가운데 상당수가 국제법상 의무 이행에 소극적임을 보여주는 사례이며, 국제법 적용에 있어 '이중잣대'가 여전히 작동하고 있음을 드러낸다. 가자지구 전쟁은, 현대 국제질서가 평화를 실현하는 데 한계를 보이고 있음을 보여주는 데 그치지 않는다. 그것은 오히려 국제질서가 팔레스타인에 대한 이스라엘의 식민지적 지배를 구조적으로 유지하고, 때로는 정당화하며, 실제로는 방조하고 있음을 드러내는 냉혹한 증거이다.

글 · 인사프 르자귀 Insaf Rezagui

(1) Akram Belkaïd, 「이스라엘, 집단학살 혐의로 고발되다」, 〈르몽드 디플로마티크〉, 2025년 1월.

(2) Julien Fernandez, Olivier de Frouville, 「이스라엘 국방장관의 발언은 가자지구에 대한 집단학살 의도의 분명한 표현」, 〈르몽드〉, 2025년 4월 11일.

(3) Rasha Khatib, Martin McKee, Salim Yusuf, 「가자지구 사망자 수 집계: 어렵지만 필수적인 작업」, 〈란셋〉, 2024년 7월 10일.

(4) Julien Fernandez, Olivier de Frouville, 앞의 글.

가자지구에서 유행하는 '절망의 약'

올리비에 피로네 Olivier Pironet

프랑스의 언론인이자 국제정치·중동 문제 전문 저자. 〈르몽드 디플로마티크〉 기자로 활동하며,
팔레스타인·이스라엘과 아랍 세계의 정치사, 식민주의와 국제법 문제를 비판적인 시각에서 다뤄 왔다.
주요 저서 『가자: 집단학살과 언론(Ci-gît l'humanité. Gaza, le génocide et les médias)』(2025).

2007년 이스라엘의 봉쇄 이후, 가자지구 주민들은 나날이 절망과 무질서 속으로 내몰렸다. 많은 이들은 공허감을 달래거나 잠시나마 현실을 잊기 위해 '트라마돌'에 의존했다. 트라마돌은 암시장에서 손쉽게 유통되는 환각 진통제로, 당국의 단속에도 불구하고 그 암거래는 좀처럼 근절되지 않았다.

가자지구 보건당국은 10여 년 전부터 모르핀 계열의 진통제인 '드라마돌'의 남용을 우려해 왔다. 특유의 붉은 빛깔 때문에 아랍어로 딸기를 뜻하는 '파라울라'라는 별명이 붙은 이 알약은 지역 암시장에서 은밀히 유통되며 사실상 마약처럼 사용됐다. 이러한 약물 남용은 하마스가 통치하는 가자지구에서 이미 심각한 공중보건 문제로 지적돼 왔다.

몇 년 전에는 자치정부가 의약품 남용 방지 캠페인을 벌이기까지 했다. 심지어 2016년에는 마약 밀매를 국가적 위협으로 간주하고, 트라마돌의 불법판매를 근절하기 위한 관련 법까지 제정했다. 중추신경계에 영향을 미치는 트라마돌 남용은, 2006년 이후 다섯 차례의 전쟁(2006년, 2008~2009년, 2012년, 2014년, 2023~2024년)을 겪으며 파국적 위기에 처한 팔레스타인 주민들에게 더없이 심각한 사회·보건 문제로 대두되고 있다.

1962년 독일의 한 화학자가 개발하고, 1977년 독일 제약회사 그뤼네날이 상용화한 트라마돌은 아편 유사 작용을 하는 오피오이드

(opioid) 계열의 마약성 진통제다. 주로 관절통과 근육통 완화를 목적으로 처방되지만, 다량 복용할 경우 쾌감이나 흥분 효과가 나타날 수 있다. 또한 수면장애와 우울증을 비롯해 신장 및 위장 기능 장애, 신경 손상 등 심각한 부작용과 함께 중독 증상을 유발할 위험도 큰 것으로 알려져 있다.

마약성 진통제 '트라마돌', 가자 청년층에서 인기 높아

트라마돌은 2000년대 중반 '알트라말(Ultramol)'이라는 상품명으로 가자지구에 처음 등장했다. 이 약물은 이스라엘군의 공격과 반복된 폭격으로 부상을 입은 주민들의 통증 완화를 위해 처방된 진통제였다. 그러나 시간이 지나면서 트라마돌은 점차 청년층 사이에서 비의료적 용도로 확산되기 시작했다. 일부 청년들은 환각 작용을 동반하는 이 마약성 진통제를 통해 극심한 불안과 절망을 잠시 잊고자 했다. 특히 복제약 전용 연구소가 밀집한 중국과 인도에서 생산된 '알트라말'의 복제약은 유효 성분 함량이 정품의 다섯 배에 이르는 225mg에 달하는 것으로 알려져 있다.

마리화나보다 더 널리 퍼진 트라마돌은 주로 이웃 나라 이집트에서 반입되어 가자지구의 암시장에서 개당 약 15~50셰켈(한화로 약 1,300원~1만5,000원)에 손쉽게 구입할 수 있다. 이 금액은 가자지구의 월평균 소득이 최고 400달러(한화 약 45만 원)인 점을 고려하면 상당한 수준이다.

트라마돌의 소비량이 급증한 것은 2007년 6월 이후다. 팔레스타인 양대 정파 중 하나인 하마스가 경쟁 세력인 파타당의 반대를 무릅쓰고 가자지구를 장악하자, 이스라엘은 이에 대한 보복으로 가자지구를 전면 봉쇄하고 군사적으로 포위했다. 2008년 말, 가자지구 알아자르 대학의 약리학자 마젠 알사카 교수의 추정치(참고 가능한 몇 안되는 자료)에 따르면, 가자지구의 14~30세 남성 중 30%가 트라마돌을 정기복용하며 그중 수천 명이 약물 의존증에 시달리고 있었다.(1)

여성의 남용 실태는 그 추정이 더욱 어렵다. 당시 가자지구 인구는 150만 명이었으나, 오늘날은 200만 명에 달하며 그중 70%가 30세 미만이다. 사실상 트라마돌 의존증은 팔레스타인 사회에 이미 뿌리를 깊게 내린 것으로 보인다. 팔레스타인 보건당국의 2007년 보고서도 이 같은 사실을 강조하며 가자지구 내 "고용량의 트라마돌 남용"을 우려했다.(2)

영토의 전면봉쇄, 계속되는 이스라엘군의 공격, 노동가능인구의 50% 이상과 청년층의 65% 이상에 이르는 실업률, 정치적·사회적 전망의 부재…. 이런 상황은 가자 주민들이 왜 약물에 의존하게 되었는지를 잘 설명해준다. 2016년 인터넷 신문 〈알모니터〉가 해당 지역의 비공식 자료를 근거로 실시한 조사에 따르면, 가구당 1명 이상이 트라마돌 상습 복용자이며, 전체적으로는 수만 명에 이른다.(3) 이처럼 상황이 심각해지자, 가자 당국은 처방전 없이 트라마돌을 판매하는 행위를 2008년부터 전면 금지했다. 상당량의 밀수품이 적발되고 이를 위반한 약국들은 폐쇄 조치를 당했다. 그럼에도 트라마돌의 유통은 근절되지 않았다. 이스라엘이 전면 봉쇄에 나선 이후, 가자지구는 이집트와 연결된 밀수 유통망을 통해 각종 물품을 공급받아 왔다. 이 유통망은 트라마돌을 대량으로 들여오는 통로가 이용되었다. 밀매가 가장 활발했던 시기에는, 가자지구에서만 하루 약 50만 정의 트라마돌이 거래된 것으로 추정된다.(4)

강경한 하마스, 마약밀매는 군사재판 대상

대부분의 밀수 유통망은 2014년부터 2015년 사이 가자지역 남부의 라파 검문소를 통제하는 이집트군에 의해 파괴됐다. 그러나 일부 유통망은 여전히 살아있으며, 다른 경로를 통한 반입 물량도 적지 않다. 2017년 초, 하마스 당국은 한 달 동안에만 2016년 전체 유통량에 해당하는 트라마돌을 적발했는데, 금액으로 환산하면 약 200만 달러에 이른다. 2018년 10월 22일, 가자의 마약 단속반은 2018년초 이후 적발된 트라마돌 150만 정을 불태웠다.

2017년 3월, 하마스 당국은 이른바 "마약과의 전면 전쟁"을 선포했다. 두 명의 마약 딜러에게 사형을 선고한 데 이어 마약 밀매 범죄 재판을 민사법원에서 군사법원의 관할로 이관했다. 그러나 트라마돌은 팔레스타인 주민들 사이에서 여전히 맹위를 떨치고 있다.

상황이 이러함에도 가자지구의 중독치료센터는 단 한 곳뿐이다. 그마저도 병상수는 12개에 불과하다. 인터뷰에 응한 한 트라마돌 중독자가 말했다. "마약에 매달리는 사람들이 주변에서 점점 더 늘고 있다. 가자지구가 처한 절망의 현실이 그렇게 만들고 있다."(5)

글·올리비에 피로네 Olivier Pironet

(1) 「봉쇄와 스트레스에 시달리는 가자 주민들, 암시장의 진통제 희생자가 되다」, 런던, 2008년 12월 15일.
(2) 「팔레스타인 내 불법 약물 사용: 질적 조사」, 팔레스타인 국립공중보건연구소(PNIPH), 팔레스타인 보건부, 라말라, 2007년 11월.
(3) Shlomi Eldar, 「가자는 오피오이드 유행에 직면하고 있는가?」, 2016년 8월 5일.
(4) 앞의 기사.
(5) 「가자의 오피오이드 위기: 가혹한 봉쇄 아래 절망에 빠진 팔레스타인인들, 마약으로 내몰리다」, 아부다비, 2018년 6월 25일.

야만인과 문명인

알랭 그레쉬 Alain Gresh

〈르몽드 디플로마티크〉에서 아랍 전문기자로 일했으며, 현재 온라인 신문 〈오리앙21(Orient XXI)〉의 편집장으로 활동 중이다. 최근 저서로는 『사랑의 노래 : 이스라엘-팔레스타인, 프랑스의 이야기(Un chant d'amour : Israël-Palestine, une histoire française)』(2023)가 있다.

하마스의 기습 공격에 분노하지 않을 사람이 있겠는가. 이스라엘 정부의 보복 폭격 또한 마찬가지다. 그러나 한 가지 차이가 존재한다. 전자는 '테러'로 규정되지만, 후자는 그렇지 않다는 점이다. '테러'라는 개념은 시대와 역사적 맥락에 따라 크게 변해왔다.

아이를 둔 부모에게 그 아이를 잃는 것보다 더 끔찍하고 파괴적인 사건이 있을 수 있을까? 모든 희망은 연기처럼 사라지고, 온갖 꿈은 악몽으로 바뀌며, 많은 계획 또한 무너져 내리고 말 것이다. 직접 겪어보지 않고서는 감히 가늠할 수조차 없는 비극이리라. 부모라면 갑자기 걸려온 전화로 이 충격적인 소식을 듣는 모습을 상상하는 것만으로도 몸서리를 절로 치게 될 것이다. 질병으로 인해 아이를 잃게 된다면 '운명'을 탓할 수밖에 없을 것이고, 교통사고 때문이라면 사고를 일으킨 운전자를 고발할 수도 있을 것이다. 그런데 아이가 그저 학교나 슈퍼마켓을 가던 중 테러 사건에 휘말려 목숨을 잃었다면, 그때는 누구를 탓해야 할까? 화살은 당연히 테러범에게 향하지 않겠는가?

1997년 9월 4일, 예루살렘 도심의 벤 예후다 거리에서 발생한 세 차례의 자살폭탄 테러로 다섯 명이 목숨을 잃었다. 희생자 가운데는 서점에 가려고 집을 나선 열네 살 소녀도 있었다. 소녀의 이름은 '스마다르', 이스라엘 유명 가문의 자손이었다. 조부인 마티티야후 펠레드 장군은 1967년 6월 제3차 중동전쟁에서 이스라엘의 승리를 견인한 주역 중 한

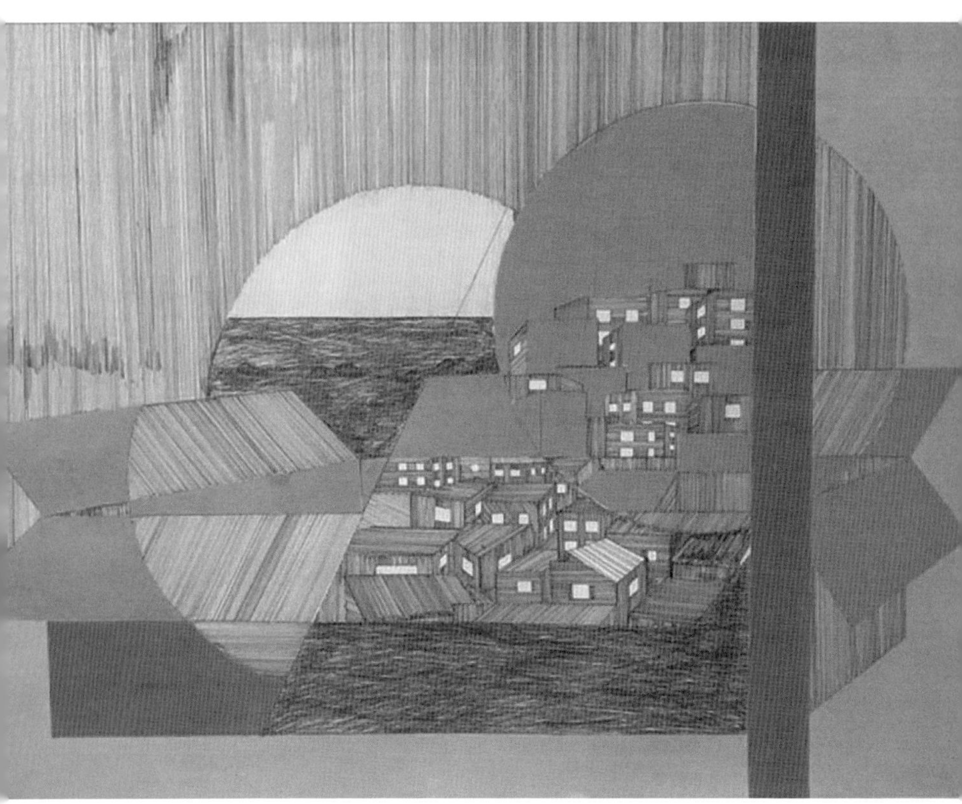

야잔 아부 살라메 – 「선물상자」 시리즈, 2021.

명이다. 그는 이후 평화주의자로 활동하며, PLO 지도부와 이스라엘 시온주의 세력 간에 최초로 열린 비밀 협상 '파리 회담'을 성사시키는 데 중요한 역할을 했다. 테러가 일어난 1997년은 베냐민 네타냐후 이스라엘 총리가 1993년 체결된 '오슬로 협정'을 파기하겠다는 공약을 내놓은 해로, 실제로 그는 이후 이를 실천에 옮겼다. 네타냐후 총리는 스마다르의 모친인 누리트와 어린 시절부터 알고 지낸 사이였는데, 그가 직접 전화를 걸어 애도를 표하자 누리트는 그에게 "비비(베냐민 네타냐후의 애칭), 당신은 뭘 했어?"라고 소리치며 딸의 죽음에 대한 책임을 물었다.(1)

"내 딸의 목숨을 앗아간 테러범이나, 전면 봉쇄를 들먹이며 병원에 가야 하는 팔레스타인인 임산부를 가로막아 결국 아이를 잃게 만든 이스라엘군이나, 내게는 다를 바가 없다. 나는 만약 팔레스타인이 오늘날 '우리'가 그들에게 하듯 우리를 대했더라면, '우리'는 그들의 땅에서 그들보다 백배 더 끔찍한 공포를 퍼뜨렸으리라 확신한다." 누리트는 이 글에서 네타냐후 총리를 "과거 속의 인물"에 지나지 않는다고 덧붙였다.

그러나 그녀의 판단은 빗나갔다. 네타냐후는 여전히 이스라엘 정치를 대표하는 인물로 군림하고 있다. 최근 몇 달간 사법 개혁 추진을 둘러싸고 그가 거센 비판에 직면했던 것은 사실이다. 그럼에도 이스라엘 사회는 현재 가자지구에서 벌어지고 있는 국제법상 '범죄적 정책'을 합리화하기 위해, 다시금 그의 그늘 아래로 집결하는 모습을 보이고 있다. 한편, 가자지구의 연기 자욱한 잔해더미 속에서는 팔레스타인의 차세대 전투 요원들이 자라나고 있다. 이전 세대보다 더 거세고 뜨거운 증오와 분노의 불길을 가슴 속에 품은 채로 말이다.

이스라엘의 전쟁범죄 … 팔레스타인의 테러리즘

어쩌면 1990~2000년대에 잇따라 발생한 자살 폭탄 테러는, 가자지구 봉쇄와 끊임없는 포격 등 이스라엘의 국제법상 '전쟁범죄'를 합리화하는 전제조건으로 작동해 왔는지도 모른다. 2023년 10월 7일 하마스가 감행한 이스라엘 기습 공격 역시 그 연장선에 놓일 수 있다. 이 공격으로 이스라엘 민간인 약 1,000명과 군인 300명이 목숨을 잃었다. 그러나 바로 이 지점에서, '테러리즘'이라는 개념과 그 정의 자체에 대한 의문이 다시 제기된다.

'테러리즘'이라는 카테고리에 포함되는 단체들의 성격과 목표, 활동 방식이 지나치게 제각각인 만큼, 이에 대해 단일한 답을 내놓기는 쉽지 않다.(2) 실제로 1995년 4월 19일 오클라호마 폭탄 테러를 저지른 미국의 극우 민병대 단체와 알카에다, 아일랜드공화국군(IRA), 쿠르드노동자당(PKK) 등을 하나의 범주로 묶는 것은 무리가 있다.

그럼에도 불구하고, 이들은 타협 불가능한 절대적 악(惡)으로 규정되며, 선(善)의 승리를 위해서는 오로지 '박멸'만이 유일한 책략이라는 주장이 반복된다. 하지만 인류 역사는 아일랜드부터 알제리에 이르기까지 그 어디서나 '어제의 테러리스트'가 어느 순간 내일의 지도자가 되기도 한다는 사실을 수없이 입증해 왔다.

최근 서방 다수의 언론은 가자지구를 다루면서 하마스를 '테러단체'로 표현하곤 한다. 그러나 하마스를 테러 단체로 분류하는 조치는 주로 유럽연합과 미국에서 이루어지고 있을 뿐, 하마스와 소통 채널을 유지해 온 여러 국가들은 이를 공식적으로 인정하지 않고 있다. 이스라엘 역시 수년 동안 하마스와 일정한 소통을 지속해 왔으며, 관계 관리 차원에서 카타르가 가자지구로 수억 달러의 자금을 반입하는 것까지 허용한바 있다. 더구나, 2006년 팔레스타인 총선에서 무려 44%의 지지를 얻은 하마스를 어떻게 전면적인 박멸의 대상이라고 단정할 수 있겠는가?

그럼에도 유럽연합은 2000년대 초 제2차 인티파다 이후 하마스를 테러 단체 목록에 포함시켰다. 그러나 프랑스의 입장은 달랐다. 프랑스는 하마스를 정치조직과 테러 조직으로 구분하고, 이슬람주의 운동과의 일정한 소통이 필요하다는 판단 아래 정치조직으로서의 하마스와는 대화를 이어갔다. 다만 이미 테러 조직으로 지정된 하마스의 군사 조직인 '이즈 앗딘 알카삼 여단'은 그 대상에서 제외했다. 팔레스타인해방기구의 주요 분파인 파타당(Fatah Party)과 그들의 군사조직 알 아크사 순교자 여단을 분리하여 보는 것과 같은 맥락이다. 그러나 프랑스는 결국 다른 유럽 국가들의 압박에 밀려 기존 입장을 철회해야 했다. 다만, 현재 정당으로 변모해 레바논 의회에서 활동하며 국내 정치에서 중요한 역할을 하고 있는 헤즈볼라를 테러 조직 목록에 올리라는 요구만큼은 여전히 거부하고 있다.(3)

미사일 등 현대화한 무기로 무차별적 공격

한편, 쿠르드노동자당(PKK)의 사례는 서구 국가들이 안고 있는 정치적 모순을 가장 압축적으로 보여준다. PKK는 유럽과 미국의 테러단체 목록에 등재돼 있으며, 이들을 공개적으로 지지하는 발언은 '테러리즘 옹호' 혐의로 고발될 수도 있다. 그럼에도 서구 국가들은 2014~2015년 이슬람국가(IS)의 이라크 공세를 저지하고 시리아 코바니 지역의 함락을 막기 위해 PKK에 무기를 제공했고,(4) 당시 PKK가 보여준 투지와 전투 능력은 전 세계의 찬사를 받았다.

어쨌든 민간인을 사살하거나 다수의 민간인 피해를 초래하는 '테러 행위'가 실제로 존재한다는 사실 자체는 누구도 부정할 수 없을 것이다. 상황과 규모의 차이는 있지만, 역사적으로 수많은 해방 운동이 테러를 하나의 투쟁 수단으로 활용해 온 것 역시 사실이다. 그러나 이러한 투쟁에 대한 비난과 분노에 앞서, 이들이 전투기와 전차, 미사일로 무장한 현대화된 군대를 상대로 극도로 불균형한 전투를 벌이고 있다는 현실을 먼저 기억할 필요가 있다. 더 나아가 식민 지배자들, 혹은 말살 정책을 일삼아 온 권력의 시선에는 좀처럼 포착되지 않는 일상의 공포가 수십 년 동안 피지배자들의 삶 곳곳에 드리워져 왔으며, 그것이 분노와 격분, 깊은 상실감을 축적해 왔다는 사실 또한 간과해서는 안 된다.

유대인 작가 마네스 슈페르버는 이렇게 적은 바 있다. "공포는 알아 차리기 어렵다. 왜냐하면 그 공포를 직접 겪지 않는 사람들 대다수의 무 관심 속에 감춰지기 때문이다."(5) 슈페르버가 말한 공포는 1930년대 유럽 전역에 퍼져가던 파시즘의 위협을 가리킨 것이지만, 오늘날에도 상황은 크게 다르지 않다. 피지배자들의 '야만적' 폭력성에만 놀라움을 표시하는 지배국가의 압도적 다수에게는, 정작 지배가 만들어낸 공포는 여전히 보이지 않는 듯하다.

모든 해방운동이 테러리즘을 사용하는 것은 아니다. 폭력을 최대한 억제하며 저항을 이어간 사례들도 존재한다. 남아프리카공화국의 해방 투쟁이 대표적이다. 물론 남아공의 투쟁을 단순히 '평화주의'라고 규정 할 수는 없다. 아프리카민족회의(ANC) 역시 무장 투쟁을 전개했으며, 때때로 제한적이지만 테러로 분류될 수 있는 공격을 감행한 적도 있다.

ANC가 비교적 온건한 방식의 저항을 선택할 수 있었던 데에는 국제 적 환경이 큰 영향을 미쳤다. ANC는 당시 소련과 그 위성국, 비동맹운 동 등과 폭넓은 연대를 구축하고 있었고, 서방 국가들에서도 남아공 제 품에 대한 불매운동이 확산되면서 아파르트헤이트 정권을 압박할 수 있 는 여건이 조성됐다. 이러한 국제적 지지는 범죄행위를 수반하지 않고 도 남아공과 아파르트헤이트 체제에 대한 자본 투자 자체를 흔들어놓 는 효과를 가져왔다. 앙골라 전쟁에서의 쿠바 개입도 중요한 전환점으로 평가된다. 피델 카스트로가 이끈 쿠바군은 1988년 1월 쿠이토 쿠아나발레 전투에서 남아공군에 타격을 가했고, 넬슨 만델라는 이 전투가 "남아공과 그 주민들의 해방에 결정적인 계기"가 되었다고 평가한 바 있다.(6)

이처럼 아프리카민족회의가 테러행위를 어느 정도 억제할 수 있었던 데에는 이러한 국제적 지원과 연대가 배경으로 작용했다. 그러나 오늘날 팔레스타인인들은 이러한 조건을 전혀 갖추지 못한 채, 불운한 처지에 내던져져 있으며 심지어 아랍 국가들로부터도 사실상 외면받고 있다. 반면 이스라엘은 서구의 전폭적인 지지를 등에 업고 있다. 이스라엘 정부 내에서 파시즘이나 '유대 우월주의'를 공공연히 주장하는 인물이 각료로 기용되더라도, 서구의 태도는 거의 변하지 않는다.(7)

베네치아 선언 이후,
팔레스타인이 일정기간 테러를 중지했던 이유는?

PLO와 그 구성원들이 직면한 딜레마를 이해하기 위해서는 우선 1967년 점령 이후 이어져 온 팔레스타인 투쟁의 흐름을 살펴볼 필요가 있다. 팔레스타인 무장 게릴라 전투원 '페다인' 활동이 확산되던 시기를 거쳐, 1970~1971년에는 이스라엘이 점령지 통제를 한층 강화했고, 결국 페다인 세력은 요르단에서 추방되는 처지에 놓였다.(8)

팔레스타인 혁명은 심각한 위기에 처했고, 해방에 대한 기대 역시 크게 흔들렸다. 이에 따라 팔레스타인 측은 국경 밖에서 무장 투쟁을 이어 갔으며, 이 과정에서 '검은 9월단'이 결성됐다. 이 조직은 1972년 뮌헨 올림픽에서 이스라엘 선수단을 공격하는 사건을 일으켰다. PLO의 2인자였던 아부 이야드는 당시 상황을 회고하며 "저항운동이 군사적·정치적 목표를 달성하지 못할 때, 이 조직은 일종의 보조 역할을 했다. 단원들이 표출한 깊은 분노와 상실감은, 1970~1971년 '검은 9월'로 알려진 요르단에서의 학살-요르단 정부가 팔레스타인 게릴라 세력을 무력 진압해 수천 명이 희생된 사건-과 이를 가능하게 한 여러 결탁 구조에 대한 팔레스타인인들의 감정이기도 했다"고 그는 설명했다.(9) 한편, 팔레스타인계 기독교인 조르지 하바시가 이끄는 팔레스타인해방인민전선(PFLP)은 항공기 납치 작전을 전개하기 시작했고, 1972년 5월 30일에는 일본 적군파와 연계해 이스라엘 로드 공항 총격 사건을 일으켰다.

그렇다면 PLO가 이러한 '대외 작전'을 중단하게 된 계기는 무엇일까. 가장 먼저, 비동맹국과 사회주의 국가들로부터 정치적 인정을 받기 시작한 점을 들 수 있다. 특히 1974년, PLO 의장이던 야세르 아라파트가 유엔 총회에 초청되면서 PLO는 국제적 정당성을 획득하는 전환점을 맞았다. 이를 계기로 PLO는 외교 무대에 본격적으로 나서기 시작했고, 1974년 파리 회담을 포함해 유럽의 여러 공식 회의에 처음으로 모습을 드러냈다.

테러리즘을 강하게 비판해 온 프랑스는 당시 유럽 국가들 사이에서, 이 분쟁을 해결하는 유일한 열쇠는 이스라엘의 점령을 끝내는 것이며 그 과정은 팔레스타인의 자결권 인정과 PLO와의 협상으로 이어져야 한다고 설득하는 데 중요한 역할을 했다. 이러한 입장은 1980년 '베네치아 선언'으로 공식화됐다. 당시 메나헴 베긴 이스라엘 총리는 유럽이 파타당과의 협상을 요구하고 있다며 반발했다. 그는 이를 "히틀러의 『나의 투쟁』과도 같은 글을 내놓는 단체와 협상을 강요하는 것"이라고 비판했는데, 이는 오늘날 베냐민 네타냐후 총리가 하마스를 규정하는 방식과 크게 다르지 않았다. 그럼에도 팔레스타인은 유럽에서의 이러한 외교적 진전을 계기로 국제무대에서 문을 두드릴 수 있었고, 정치적 절차 또한 본격적으로 가동되기 시작했다. 이로써 팔레스타인 국민은 잠시나마 팔레스타인이 하나의 국가로 서는 꿈을 실현할 수 있을지 모른다는 희망을 품었고, 평화에 대한 기대도 새롭게 형성됐다.

피해자들의 가슴에 오래 묻힌 '문명화된 학살'

여기서 오슬로 협정이 실패로 돌아간 과정을 다시 검토하려는 것은 아니다. 다만 그 여파가 1996년 팔레스타인에서 실시된 자유선거에서, 이슬람주의를 기반으로 한 강경 정치·무장 조직인 하마스 승리에 적잖은 영향을 미쳤다는 점은 분명하다. 수십 년 동안 팔레스타인의 폭력이 고조된 배경에는 이스라엘의 식민지배 확대, 정치 활동에 대한 체계적 탄압, 대규모 구금, 반복되는 국제법 위반 등 팔레스타인인들이 처한 현실적 조건이 자리하고 있었다. 그렇다면 다음과 같은 질문이 제기된다. 하마스의 영향력이 상대적으로 제한적이었던 요르단강 서안지구에서, 이스라엘의 점령 정책과 통치는 과연 가자지구에 비해 더 온건했다고 평가할 수 있는가?

이스라엘은 19세기 말 독일의 한 전문가가 제시한 원칙을 적용해 왔다. 그는 "국제법의 규범이라 하더라도, 이를 '야만인'에게 적용하려 한다면 실제로는 아무런 효력도 없는 공허한 문구에 불과하다." 흑인 부족을 처벌하려면 그들의 마을을 불태우는 것이 가장 효과적이며, 이런 방식으로 본보기를 보여주지 않는다면 아무것도 성취할 수 없다"고 주장했다.(10) 서구 국가의 시민들은 이스라엘인이 기습공격으로 목숨을 잃었다는 소식이 전해질 때 큰 충격을 받곤 한다. 그러나 그들의 시야에

포착되지 않는 또 다른 공포—이스라엘의 폭력적 억압과 군사행동—는 팔레스타인인들에게는 이미 일상의 일부가 되어버렸다.

지난 10월 7일 이후 공개된 여러 영상에서 팔레스타인 전투원들은 "이것은 내 아들의 몫이다", "이것은 내 아버지의 몫이다"와 같은 구호를 외치고 있다.(11) 아래의 인용문은 1945년 5월 8일, 알제리 동부 세티프 지역에서 벌어진 사건 직후 프랑스 조사위원회가 작성한 보고서의 일부다. 보고서는 당시 폭동 과정에서 일부 알제리인들이 프랑스계 주민들을 공격해 103명의 유럽인이 사망하고, 여러 여성이 성폭행을 당했으며, 일부 시신이 훼손되는 등의 잔혹 행위가 있었다고 기록하고 있다. 이 사건은 알제리 세티프에서 벌어진 독립 시위가 출발점이었다. 시위는 프랑스 식민 당국과의 대치 중 한 소년이 경찰 총격으로 사망하면서 폭동으로 번졌고, 이후 프랑스의 대규모 보복 진압으로 이어졌다. 이 보복 작전으로 수천 명의 알제리인이 희생되었으며, 이는 이후 1954년에 시작될 알제리 전쟁을 예고하는 사건으로 평가된다. 프랑스의 당시 대응 방식은 메하라 암라니가 발표한 저서를 통해 더욱 구체적으로 확인

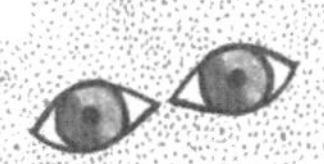

'페다인(Fedayin)'은 '페다이(feda'i 또는 fidâ'i)'의 복수형으로, 문자적 의미는 "대의를 위해 자신을 희생하는 전사들"을 뜻한다. 20세기 동안 이 단어는 중동에서 벌어진 여러 전쟁에 참여한 다양한 유형의 비정규 전투원(유격병)을 가리켰다. 특히 1950년대 이후에는 가자지구와 요르단강 서안의 비정규 전사들을 지칭하는 말로 주로 쓰였는데, 이들은 이집트와 요르단의 보호 아래 이스라엘에 침투하여 이스라엘 군대를 괴롭히고 정착민들을 공격하곤 했다. 1967년 아랍 국가들의 패배 이후, 팔레스타인 무장조직(특히 파타하 대원들)은 이 명칭을 다시 채택했다. 대표적인 계기는 1968년 3월 요르단 카라메(Karameh) 전투였다. 비록 '희생'의 개념을 내포하고 있지만, 페다이라는 용어는 '무자히드(moudjahid, 성전을 수행하는 자)'와 달리 종교적 의미(성전/지하드)는 거의 없다.

— 글·아크람 벨카이드 Akram Belkaïd

할 수 있다.(12)(13)

피지배자들의 이러한 '야만적 행위'를 우리는 어떻게 이해해야 할까. 당시 한 분석가는 "폭력과 함께 하나의 악마적 존재, 곧 야만적이고 잔인한 북아프리카의 '칼리반'이 등장했다. 그들을 멈추게 하려면 더 강한 폭력으로 맞서야 한다. 연합국의 승리를 기념하던 바로 그날 세티프에서 벌어진 일을 설명해주는 역사적·사회적 해석이 바로 이것이다"라고 적었다. 당시 〈르몽드〉 역시 이 시각에서 벗어나지 않았다. 신문은 "폭동이 프랑스의 정치·교육·사회 제도의 영향이 가장 적게 미친 지역에서 발생했다"고 보도했다. 이러한 해석에는 식민 지배가 피지배자들을 '야만성'으로부터 구제할 수 있다는 전제가 깔려 있다. 그러나 실제로는 정반대의 질문이 제기될 수 있다. 피지배자들이 저지른 것으로 보이는 '야만적 행위'가, 오히려 식민 지배 자체가 만들어낸 폭력적 조건 속에서 발생한 것은 아니었을까.

1945년 세티프에서 일어난 학살 사건 이후 이어진 이른바 '원주민 탄압'의 심각성이 제대로 알려지기까지는 수십 년의 시간이 필요했다. 그동안 수만 명의 알제리인 피해자들은 프랑스가 '문명화된 학살'을 저질렀다는 사실을 마주하고 싶지 않은 사람들의 양심 깊숙한 곳에 묻혀 있었던 셈이다.

글 · 알랭 그레쉬 Alain Gresh

(1) Nourit Peled-Elhanan, 「비비, 당신은 무엇을 했는가?」, 〈르몽드 디플로마티크〉 프랑스어판, 1997년 10월호.

(2) Dominique Vidal, 「사설」, 〈마니에르 드 부아르〉 프랑스어판, 제140호, 「테러리즘이라고 말씀하셨나요?」, 2015년 4·5월호.

(3) Nathalie Janne d'Othée, 「테러 집단 목록, 유럽연합을 혼란에 빠뜨리다」, 〈Orient XXI〉, 2022년 1월 10일.

(4) Dora Serwud, 「코바니의 영웅들」, 〈마니에르 드 부아르〉 프랑스어판, 제169호, 「1920~2020, 쿠르드족의 전쟁」, 2020년 2·3월호.

(5) Manès Sperber, 『그리고 숲은 재가 되었다』, Odile Jacob, 파리, 1990.

(6) 「만델라의 진짜 친구는 누구인가」, 〈르몽드 디플로마티크〉 한국어판, 2010년 7월호.

(7) 「이스라엘의 정체성 쿠데타」, 〈르몽드 디플로마티크〉 한국어판, 2023년 3월호.

(8) 「산산조각 난 팔레스타인의 혁명적 유토피아」, 〈르몽드 디플로마티크〉 한국어판, 2020년 12월호.

(9) Abou Iyad, 『고국을 잃은 팔레스타인—에릭 룰로와의 인터뷰』, Fayolle, 파리, 1978.

(10) Sven Lindqvist, 『모든 야수들을 몰살하라!』, Le Serpent à plumes, 파리, 1999.

(11) Ramzy Baroud, 「기억해야 할 하루: '알쿠드스 홍수'가 팔레스타인-이스라엘 관계를 어떻게 영원히 바꿔놓았는가」, 〈The Palestine Chronicle〉, 2023년 10월 10일.

(12) Mehana Amrani, 『알제리, 1945년 5월 8일—세티프·케라타·구엘마 학살 사건에 대한 프랑스의 담화』, L'Harmattan, 파리, 2010.

(13) Mohammed Harbi, 「알제리 전쟁은 세티프에서 시작됐다」, 〈르몽드 디플로마티크〉 프랑스어판, 2005년 5월호.

불법점유, 예루살렘에 관한 근본적인 오류

샤를 앙델랭 Charles Enderlin

프랑스를 대표하는 중동 전문 저널리스트. 프랑스 공영방송 〈France 2〉 중동 특파원으로 오랫동안 이스라엘-팔레스타인 분쟁을 현장에서 취재해 왔다. 주요 저서로 『이스라엘 신전의 이름으로: 유대교 메시아 신앙의 거부할 수 없는 상승세(1967~2013), 』(Seuil, Paris, 2013)등이 있다.

도널드 트럼프 미국 대통령이 예루살렘의 지위를 둘러싼 국제적 합의를 일방적으로 파기하면서, 미국은 국제사회에서 고립을 자초했다. 유엔총회는 과반수가 이를 "평화를 저해하는 조치"로 비판했지만, 팔레스타인 현지에서는 이 같은 정책이 이미 기정사실화된 채 계속 추진되고 있다.

1995년 10월 24일, 미 의회는 텔아비브에 자리한 미 대사관을 1999년 5월 31일까지 예루살렘으로 이전한다는 결정을 담은 법안을 과반수의 찬성으로 통과시켰다.(1) 이 같은 대사관 이전 결정은 1992년 대선공약에도 포함된 사항이었지만, 당시 빌 클린턴 미 대통령은 1995년 11월 8일 '예루살렘 대사관 법'이 발효됐음에도 이에 서명을 거부했다. 그 후임자인 조지 부시 및 버락 오바마 대통령 또한 같은 행보를 보였다. 미국은 이스라엘과 팔레스타인 간 분쟁이 해결되고, 예루살렘의 지위에 대해 국제사회의 합의가 이뤄질 때까지 기다려야 한다고 판단해 왔다. 이러한 이유로 역대 미국 대통령들은 반년마다 유예 서명을 반복해 왔으며, 트럼프 대통령 역시 2017년 6월까지는 이 관행을 유지해 왔다.

이스라엘의 환호, 팔레스타인의 패배감

그러나 2017년 12월 6일, 트럼프 대통령은 예루살렘을 이스라엘의 수도로 공식 인정하며 그동안의 모호한 태도에 종지부를 찍었다. 그는 특히 예루살렘 성지의 지리적·인구학적·역사적 특성과 그 지위를 변경하려는 모든 조치를 "무효"로 선언한 1980년 6월 30일자 유엔 안전보장이사회 결의 476호에도 사실상 반기를 들었다. 결의안 476호가 채택된 지 한 달 뒤인 1980년 7월 30일, 이스라엘 크네세트(국회)는 예루살렘을 "이스라엘의 완전하고 단일한 수도"로 명기한 '기본법'을 통과시키며 맞대응했다. 이에 대해 유엔 안보리는 같은 해 8월 20일, 모든 회원국이 예루살렘 소재 외교공관을 철수할 것을 요구하는 결의안 478호를 채택하며 재차 대응했다. 그 결과 2000년대 초까지 예루살렘에 대사관을 유지했던 코스타리카와 엘살바도르 같은 몇몇 예외를 제외하면, 오늘날 예루살렘에는 소수 영사관만 남아 있을 뿐 대부분의 국가들은 대사관을 텔아비브에 두고 있다.

여하튼 트럼프 대통령의 결정에 이스라엘 대중은 환호했고(2), 이스라엘 당국은 대만족했다. 그러나 백악관은 예루살렘에 대한 이스라엘의 주권 범위, 즉 구체적인 경계선 문제는 최종 협상의 대상이 될 것이라고 선을 그었다. 덧붙이자면, 미 대사관저 건설과 대사관 부지 매입 상황을 고려할 때 미국 대사관은 아직 예루살렘으로 이전할 준비가 돼 있지 않다. 당시 미 국무장관이던 렉스 틸러슨은 미 대사관 이전이 향후 2~3년 내에는 현실적으로 불가능하다는 점을 여러 차례 강조한 바 있다. 다시 말해, 도널드 트럼프 대통령의 임기 내 이전은 사실상 어려웠다는 뜻이다.

그러나 팔레스타인 측으로서는 이는 평화회담이 시작된 이래 어렵게

축적해 온 국제적 정당성을 상실하는 셈이고, 이스라엘에 대한 팔레스타인해방기구(PLO)의 또 한 번의 패배를 의미했다. 여기에는 여러 이유가 작용하고 있으며, 그중 일부는 오슬로 협정 체결 과정까지 거슬러 올라간다. 예컨대 1993년 7월 29일, 이스라엘 사법고문관 요엘 싱어는 노르웨이 할베르스볼레에서 협상이 진행되던 도중, 이스라엘 총리 이츠하크 라빈과 외무부 장관 시몬 페레스에게 다음과 같은 내용의 비밀 보고서를 전달했다. "PLO는 이스라엘군이 먼저 가자지구와 예리코에서 철수하기 전에는, 팔레스타인 자치권을 넘겨받지 않겠다는 입장을 갖고 있다."(3)

당시 튀니스의 망명 PLO 지도부는 협상 주도권 유지를 우선시한 나머지, 현지 정치인과 전문가들의 참여를 경계했다. 그 결과 현장을 가장 잘 아는 인사들이 협상에서 배제됐고, 이는 회담 초기부터 PLO의 구조적 약점으로 작용했다. 1993년 10월 중순, 이집트 시나이반도 남부 타바에서 열린 '가자·예리코 자치권' 회담에서 이러한 한계는 더욱 분명해졌다. 당시 회담에 참여한 예루살렘 동부 출신 지도제작 전문가 칼릴 투파키는 현장에 적합한 인물이 협상팀에서 배제된 현실에 깊은 낙담을 표했다.

당시 그는 회담장 출입 허가조차 받지 못한 상황이었고, 튀니스에서 온 PLO 대표단은 회담 내내 실수를 반복했다. 대표단은 제리코 영토 경계가 표시된 지도 앞에서도 기본적인 지형을 혼동하는 등 준비 부족을 드러냈다. 이스라엘과 팔레스타인 협상팀의 역량 차이도 뚜렷했다. 이스라엘 측은 최신 노트북, 여러 장의 CD 자료, 그리고 정예 법률가들이 사전에 준비한 시뮬레이션을 갖춘 채 회담에 임했다. 반면 팔레스타인 측이 가진 것은 종이 노트와 현장에서 즉석으로 적어 내려가는 메모뿐이었다. 결국 PLO는 뒤늦게 국제 법률 전문가들의 조력을 구할 수밖에 없었다. 팔레스타인 대표단은 해방운동 조직이 지닌 한계와, 이스라엘이라는 주권 국가와의 협상에서 드러나는 구조적 불균형을 끝내 극복하지 못한 채 협상장에 앉아 있었던 것이다.

좁혀지지 않는 2.9%의 차이

팔레스타인의 저명한 지도자 파이살 후세이니(1940~2001)가 이끄는 단체는, 이스라엘의 점령지 정착촌 확대 움직임을 꾸준히 경계해 왔다. 그러나 PLO가 이스라엘과 체결한 협정에는 정착촌 건설 중단을 명시한 조항이 단 한 줄도 들어 있지 않았다. 정착촌 확장 활동은 국제사회에서 오랫동안 불법으로 규정돼 왔다. 가장 최근에는 2016년 12월 유엔 안전보장이사회 결의 2334호가 이를 재확인하며, 점령지 정착촌 건설은 국제법 위반이라는 점을 다시 한번 명백히 밝혔다.

국제사회의 판단과 더불어, 팔레스타인 측은 이스라엘과 체결한 두 문서가 정착촌 건설 활동을 금지하는 근거가 된다고 주장한다. 먼저, 1993년 9월 체결된 '원칙 선언문'(DOP) 제4조는 다음과 같이 규정한다. "양측은 요르단강 서안과 가자지구를, 어느 한쪽도 단독으로 주권을 주장할 수 없는 '특수한' 영토 단위로 간주하며, 그 온전한 상태는 임시 기간 동안 보호되어야 한다." 이어 1995년 9월의 '자치에 관한 임시조약'(이른바 '오슬로 2') 31조 7항은 보다 명확하다. "양측은 요르단강 서안과 가자지구의 영구적 지위에 관한 최종 협상 결과가 도출되기 전까지, 그 지위를 변경할 수 있는 어떠한 조치도 도입하거나 그러한 행위를 해서는 안 된다."고 못 박고 있다.

그러나 역대 이스라엘 행정부는 이러한 팔레스타인 측의 논거를 일관되게 거부해 왔다. 그럼에도 1996년, PLO 지도자 야세르 아라파트의 측근들은 이렇게 말했다. "그건 중요하지 않다. 어차피 우리는 1999년에 우리 정부를 갖게 될 것이고, 정착촌은 더는 존재하지 않을 것이다!"

2001년 5월, 우리는 같은 질문을 팔레스타인 자치정부 수반에게 던졌다. "요르단강 서안의 이스라엘 정착민 수가 매달 증가하고 있다. 이를 어떻게 생각하는가?" 그의 대답은 단 두 마디였다. "그들은 떠날 것이다. 곧 떠날 것이다!"

아라파트는 타협을 통해 분쟁을 해결할 수 있다고 믿었다. 그는 요르단강 서안 중심부에 자리한 이스라엘 정착촌들을, 1949년 4월 3일 이스라엘-요르단 정전협정으로 형성된 '1949 휴전선(그린라인)' 쪽으로 밀어낼 수 있도록 이스라엘과의 영토교환을 추진했다. 또한 2001년 1월 타바 협상 실패 후, 이스라엘과 팔레스타인은 서로 무엇을 합의했고 무엇을 합의하지 못했는지 목록을 만들어 EU 외교관 모라티노스에게 제출했다.(4) 이스라엘은 요르단 계곡의 정착촌은 포기할 수 있다는 입장을 내비쳤고, 그 내용은 협상 테이블에 제출한 지도에도 반영되어 있었다. 하지만 그 지도는 동시에 유대인 정착민이 80% 이상 거주하는 핵심 정착촌들은 이스라엘에 귀속되도록 설계된 인구학적 기준을 따르고 있었다. 이스라엘 측이 팔레스타인 영토의 6%를 병합하는 지도를 제작한 셈이다.(…) 반면 팔레스타인 측 지도는 이스라엘이 병합할 수 있는 구역을 서안 지구의 3.1%로 한정하고 있었다. 이는 대등한 영토교환을 전제로 한 조건부 병합안이었다. 그 결과 양측의 병합 구상 사이에는 2.9%포인트의 격차가 발생했다.

예루살렘 문제의 교착 상태는 끝내 풀리지 않았다. 양측은 예루살렘 동부의 일부 새로운 이스라엘 구역에 대해 부분적 합의에 도달했음을 인정했다. 팔레스타인 측은 구시가지 내 유대인 지구, 아르메니아 지구의 일부, 그리고 통곡의 벽(예루살렘 서쪽 성벽의 일부)에 대한 이스라엘의 주권을 수용하기로 한 것이다. 그러나 성전산, 즉 하람 알샤리프('고귀한 성소')에 대해서는 어떠한 타협도 이끌어내지 못했다. 이곳은 바위의 돔과 알아크사 사원이 자리한 무슬림 최대의 성지이자, 동시에 그곳은 유대교가 최고의 성소로 여기는 예루살렘 성전, 곧 솔로몬 성전(제1성전)과 제2성전이 자리했던 곳으로 인식되기 때문이다.

2002년 3월 어느 늦은 밤, 야세르 아라파트와의 긴 인터뷰를 마친 뒤, 팔레스타인 수반의 한 측근이 비밀을 지켜달라며 조용히 입을 열었다. "잘 아시다시피, 아부 아마르(아라파트의 별명)의 꿈은 하람 알 샤리프에서 팔레스타인의 독립을 직접 선포하는 것입니다. 아마 그는 이렇게 말할 겁니다. '팔레스타인인이 이스라엘로 돌아가 이스라엘인이 되기로 결심할 이유는 없습니다. 팔레스타인인들은 모두 우리와 함께할 것이며, 우리의 국가를 함께 건설할 것입니다!'" 결국 팔레스타인 측은 모든 난민이 이스라엘로 돌아가는 '완전한 귀향권'을 고집하지 않는 대신, 그 대가로 동예루살렘을 미래 팔레스타인 국가의 수도로 확보하는 데 동의했던 것이다. 요컨대 예루살렘 동부는 난민의 귀향권 포기와 맞바꾼 수도인 셈이다.

이미 2000년 10월 10일, 텔아비브의 데이비드 인터컨티넨탈 호텔에서 비밀회담이 열린 다음 날, 팔레스타인 측 협상자이자 전 공보장관인 야세르 아베드 라보는 카메라 앞에서 이렇게 말했다. "이번에는 정말로 협정이 체결될 것 같은 느낌이 든다. 어쩌면 다음 총선에서 우파가 승리할 가능성을 우려해서일지도 모르겠다. 하지만 2~3주 안에는 결론에 도달할 수 있을 것이다. 이스라엘은 처음으로 하람 알 샤리프에 대한 팔레스타인 주권 원칙을 받아들였다." 그러나 같은 날 오후, 이스라엘 측 수석 협상자이자 노동당 총수 에후드 바락의 비서실장인 길라드 셰르는 전혀 다른 입장을 내놓았다. "팔레스타인인들이 왜 우리가 성전산의 주권을 포기할 것이라고 믿는지 이해할 수 없다." 여기에 더해, 당시 이스라엘 외무장관 슬로모 벤 아미는 성전산 주권 문제와 관련해 어떠한 핵심적 양보도 진행할 권한을 부여받지 못한 상태였다. 팔레스타인 측은 이스라엘 대표단이 해당 양보를 공식적으로 확인해 주기를 기대했지만, 그런 확인은 끝내 이루어지지 않았다.(5)

신기루에 불과한 두 국가 간 해결책

이스라엘과 팔레스타인이 영구적 평화협정을 체결하기 위해 모였던 2000년 7월의 캠프데이비드 협상은, 성전산 문제에서 합의점을 찾지 못해 결국 결렬됐다. 이스라엘 대표단은 성전산에 대한 팔레스타인의 주권 요구를 도저히 수용할 수 없는 주장으로 간주했다. 당시 총리 에후드 바락의 태도는 단호했다. "나는 시온주의의 기초가 되는 제1성전과 제2성전(성전산)의 주권을 넘기는 데 서명할 이스라엘 정부 수반이 있을까. 상상할 수 없는 일이다. 구시가지에 대한 팔레스타인 주권을 인정하는 일조차 참기 힘든 고통일 것이다. 그러나 팔레스타인인들과 분리하지 못하고, 이 분쟁에 종지부를 찍지 못한다면, 우리는 결국 비극 속으로 빠져들 수밖에 없다."(6)

2003년 8월, 야세르 아라파트는 공보장관 야세르 아베드 라보가 이끄는 일부 고문단이 이스라엘 야당의 좌파 대표단—요시 베일린 전 법

무장관과 암논 립킨 샤하크 전 참모총장이 주도한 그룹—과 비공식 협상을 진행하는 것을 승인했다. 그 결과, 양측은 그해 12월 '제네바 구상'으로 불리는 하나의 합의안에 도달했다. 이 구상은 상호 교환(trade-off) 원칙, 즉 팔레스타인 측이 난민 귀환권을 포기하는 대신, 하람 알 샤리프/성전산에 대한 팔레스타인 주권을 인정받는 방식을 골자로 하고 있었다. 그러나 이스라엘 정부는 이 제안을 즉각 거부했다. 당시 국무총리 아리엘 샤론은 이 구상에 서명한 이스라엘 측 인사들을 '배신자'로 규정한 반면, 아라파트는 실행력이 없다는 한계에도 불구하고, 협상에 참여한 팔레스타인 측 인사들을 높이 평가했다.

아라파트가 사망한 뒤, 2004년 11월 팔레스타인 자치정부와 PLO 수반으로 선출된 마흐무드 압바스는 겨우 현상 유지를 이루어내는 데 만족해야 했다. 그는 제2차 인티파다(팔레스타인인들의 반이스라엘 봉기) 진압 과정에서 붕괴된 치안·안보 체계를 복구했고, 이스라엘 정보기관 신베트와 이스라엘군과의 안보 공조 체제를 구축했다. 외교적 성과도 일부 거두어, 2011년 팔레스타인은 유네스코에 정식 회원국으로 가입했다. 이어 다음 해 유엔총회에서는 비회원 옵서버 국가로 지위가 격상되는 성과를 얻었다.

무엇보다 시간이 흐르는 동안 이스라엘 내부의 성격 자체가 근본적으로 변한 것이 더 큰 문제였다. 압바스 수반은 이스라엘 역사상 가장 우파적이며, 종교적 요소와 메시아주의를 정치의 중심에 둔 정부를 상대해야 했다. 대내적으로 베냐민 네타냐후 총리가 이끄는 행정부는 '민주주의'를 소수 보호에 다수결 원칙을 덧붙인 정도로 이해했다. 다시 말해, 이스라엘이라는 국가에서 완전한 시민적·정치적 권리를 보장받는 주체를 유대인으로만 한정하는 '민주적 유대국가' 개념을 확립하려 했던 것이다. 2016년 3월 조사에서 이스라엘 유대인의 79%가 '유대인 우대정책'에 찬성한다고 답했다. '유대인 우대정책'은 곧 비유대인에 대한 체계적 차별을 정당화하는 개념이었다.(7)

이런 상황에서, 이스라엘과 팔레스타인이 각각의 국가로 평화롭게 공존할 수 있다는 구상은 사실상 신기루에 가깝다. 오늘날에도 이스라엘의 요르단강 서안 지구 점령은 계속되고 있으며, 서안 지구의 약 60%를 차지하는 정착촌에는 이미 40만 명에 가까운 이스라엘인이 거주하고 있다. 이 지역은 실질적으로 이스라엘에 병합된 상태라고 해도 과언이 아니다. 여기에 더해, 예루살렘 동부의 새로운 유대인 거주지 약 20만 명을 고려하면 그 규모는 더 커진다. 이는 1996년만 해도 서안과 가자 지구의 유대인 인구가 15만1,200명에 불과했던 깃괴 비교해 보며 극적인 변화다. 요르단강 서안 지구 점령에 공개적으로 문제를 제기하고 이를 저지하려 해온 이스라엘 좌파와 비정부기구들은 수없이 '비애국적 배신자'로 낙인찍혀 왔으며, 이들의 활동을 제한하는 각종 법률까지 제정된 상황이다.(8)

이 모든 상황은 이스라엘 국내 정보기관 신베트(신베스)의 주요 분석가였던 매티 스타인버그의 말을 떠올리게 한다. 그는 이렇게 진단했다. "현재의 질서는 불안정하다. 우리는 지금 '두 국가'라는, 흘러내리는 모래와도 같은 현실 속으로 무모하게 걸어 들어가고 있다. 이는 고립된 영토에 갇힌 팔레스타인인들에게, 지배자인 이스라엘이 자신의 의지를 일방적으로 강요하는 체제가 점점 고착되고 있음을 의미한다."(10)

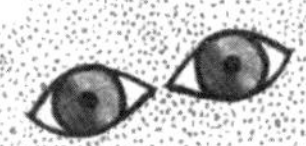

1967년 7월 4일, 유엔총회는 결의안 2253호를 채택했다. 이는 이스라엘이 예루살렘의 지위를 변경하기 위해 취한 일련의 조치들을 무효로 선언하는 내용이었다. 이어 7월 14일에는 결의안 2254호를 통과시키며 같은 입장을 다시 확인했다. 이후에도 유엔 안전보장이사회는 예루살렘 문제에 대해 여러 차례 경고를 이어갔다. 1968년 5월 21일 채택된 결의안 252호 내용이다. "토지와 부동산의 수용을 비롯해, 이스라엘이 예루살렘의 법적·사법적 지위를 변경하기 위해 취한 모든 입법·행정 조치는 효력이 없으며, 이러한 조치는 예루살렘의 지위를 변경할 수 없다."

이러한 국제적 입장은 이후에도 반복되었다. 유엔 안전보장이사회는 1969년 7월 3일자 결의안 267호, 1969년 9월 15일자 결의안 271호, 그리고 1971년 9월 25일자 결의안 298호에서도 예루살렘의 지위를 변경하려는 이스라엘의 모든 조치를 인정하지 않는다는 기존 원칙을 재확인했다. 이어 1980년 3월 1일 채택된 결의안 465호는 다음과 같이 명시하고 있다. "예루살렘을 포함해 1967년 이후 이스라엘이 점령한 팔레스타인 및 기타 아랍 영토 전체 혹은 그 일부의 물리적 특성, 인구 구성, 제도적 구조, 또는 지위를 변경하기 위해 취해진 모든 정책은 법적으로 아무런 효력을 갖지 않는다. 또한 이스라엘이 이들 영토에 자국민 또는 새로운 이민자를 정착시키기 위해 도입한 정책과 관행은, 1949년 8월 12일 채택된 전시 민간인 보호에 관한 제네바 협정을 명확히 위반하는 행위로 간주한다."

1980년 6월 30일, 유엔 안전보장이사회는 결의안 476호를 채택하며 "이스라엘이 1967년 이후 점령해온 아랍 영토의 점령 상태를 종식시켜야 할 절대적 필요성"을 다시 한 번 천명했다. 안보리는 또한 예루살렘의 지리적·인구적·역사적 특성과 지위를 변경하려는 모든 이스라엘의 정책은 전적으로 무효라고 규정했다. 이어 1980년 8월 20일 채택된 결의안 478호는 이스라엘이 제정한 이른바 '기본법'-예루살렘을 '통일된 수도'로 선언한 법률-을 포함해, 예루살렘의 지위와 성격을 변경하려는 모든 행위를 국제사회가 인정하지 않기로 결정했다. 아울러 안보리는 예루살렘에 외교 공관을 두고 있는 모든 국가에 자국 공관을 철수할 것을 요구했다.

마침내 2016년 12월 23일, 유엔 안전보장이사회는 결의안을 통해 다음과 같이 재확인했다. "이스라엘이 1967년 이후 예루살렘 동부를 포함한 팔레스타인 점령지에 건설한 모든 정착촌은 국제법상 어떠한 법적 근거도 없으며, 명백한 국제법 위반이다. 또한 이러한 정착촌이 양측 간 분쟁 해결과 모든 핵심 쟁점을 포함하는 포괄적이고 공정하며 지속 가능한 평화 구축에 중대한 위협이 된다"고 분명히 밝혔다.

— 글·아크람 벨카이드Akram Belkaïd

글 · 샤를 앙델랭 Charles Enderlin

(1) 14표의 찬성과 미국의 기권으로 통과됨.

(2) 2017년 12월 14일 〈예루살렘 포스트〉에 발표된 설문조사에 따르면, 응답한 유대인 가운데 77%가 트럼프 행정부를 '친이스라엘적'이라고 평가했다. 오바마 행정부 출범 첫해에는 이 비율이 4%에 불과했다.

(3) Charles Enderlin, 『평화 혹은 전쟁』, Fayard, 파리, 2004.

(4) Charles Enderlin, 『깨진 꿈』, Fayard, 파리, 2002. 이 협상 문서는 전 이스라엘 법무부 장관 요시 베일린과 팔레스타인 측 주요 협상가 아부 알라가 공동으로 작성했으며, 에우드 바락 총리의 개인 대표이자 비서실장이었던 질레드 셰어에 의해 거부됐다.

(5) Charles Enderlin, 『깨진 꿈』, 앞의 책.

(6) 같은 책.

(7) Aluf Benn, 「오래된 이스라엘의 종말」, 〈Foreign Affairs〉, 2016년 7월호.

(8) Charles Enderlin, 「종교재판 시기에 들어간 이스라엘」, 〈르몽드 디플로마티크〉 프랑스어판 2016년 3월호·한국어판 2016년 5월호.

(9) 매티 스타인버그는 프린스턴대학교, 하이델베르크대학교, 예루살렘 히브리대학교에서 교편을 잡았다.

(10) 2017년 12월 12일, 예루살렘에서 저자가 진행한 인터뷰.

팔레스타인 분쟁은 정의에 관한 문제

알랭 그레쉬 Alain Gresh

〈르몽드 디플로마티크〉에서 아랍 전문기자로 일했으며, 현재 온라인 신문
〈오리앙21(Orient XXI)〉의 편집장으로 활동중이다.
최근 저서로는 『사랑의 노래 : 이스라엘-팔레스타인, 프랑스의 이야기』(2023)가 있다.

1967년 6월 5일 새벽, 이스라엘 군대는 기습적으로 이집트 공군기지를 공격해 지상에 있던 항공기를 파괴했다. 불과 6일 만에 이스라엘은 시나이 반도, 시리아의 골란 고원, 요르단강 서안 지구, 동예루살렘, 그리고 가자 등 팔레스타인 일부 지역을 점령했다. 이 지역들은 1948년 이후 이스라엘의 직접 지배에서 벗어나 있었던 곳들이었다. 그러나 전쟁이 끝난 뒤 50년이 지난 지금까지도 이 지역들에 대한 이스라엘의 점령은 계속되고 있으며, 팔레스타인 국가 건설을 좌절시키려는 이러한 전략은 오랜 역사 속에서 뿌리내린 팔레스타인인들의 저항과 여전히 충돌하고 있다.

2017년 4월 말, 미국 의회 공화당 내 일부 의원들은 '이스라엘 승리'(1)라는 정치 그룹을 결성했다. 이 그룹의 일원이자 대학 교수인 다니엘 파이프는 "이스라엘은 이미 전쟁의 승자이며, 주변 국가들과 평화롭게 지내려면 이 사실이 인정되어야 한다. 적에게도 이스라엘의 의지를 받아들이게 할 필요가 있다"고 주장했다. 마치 이에 대한 응답이기라도 하듯, 팔레스타인의 대표적 지도자이자 장기 수감 중인 마르완 바르구티의 호소에 따라 수백 명의 팔레스타인 정치수감자들이 단식 투쟁에 돌입했다. 이는 그들만의 방식으로 앞으로도 저항을 이어가겠다는 강력한 선언이었다. 이스라엘과 동맹국들이 팔레스타인의 항복과 소멸을 꿈꾸는 일이 처음은 아니기 때문이다.

"난민들은 결국 자신들이 디아스포라가 되었다는 사실을 깨닫게 될 것이다. 그들 중 일부는 저항하겠지만, 일부는 포기할 것이다. 대다수는 사회 최하층으로 떨어져 아랍 세계에서 가장 가난한 계층이 될 것이다."(2) 영향력 있는 시온주의 노동당 지도자이자 훗날 이스라엘 총리가 되는 모셰 샤레트는, 1948~1949년 이스라엘-아랍 전쟁 직후 고향에서 쫓겨난 70만 팔레스타인인들의 암울한 미래를 이렇게 예견했다. 1947년 11월 29일 UN 총회 표결로 팔레스타인 지역을 분할해 유대인 국가와 아랍 국가를 세우려 했던 계획은, 전쟁의 참혹한 패배 속에서 전혀 다른 결과를 맞게 되었다. 그 영토는 세 부분으로 갈라졌다. 갈릴리를 포함한 상당 지역은 이스라엘이 점령했고, 요르단강 서안 지구와 동예루살렘은 요르단에 합병되었으며, 작은 면적의 기자 지구는 제한적 자치권을 부여받은 채 이집트의 통치를 받게 되었다. 이 전쟁의 여파로 팔레스타인 정치 기구들은 깊은 혼란에 빠졌고, 정치적 방향성 역시 상실하게 되었다.

다른 곳에의 정착을 거부하는 팔레스타인인들

팔레스타인은 이런 대재앙을 맞기 훨씬 이전부터 이미 패배의 길로 내몰리고 있었다. 1936~1939년, 팔레스타인 시민들과 무장 세력은 영국의 위임통치를 끝내고 유대인 이주를 중단할 것을 요구하며 대규모 봉기를 일으켰다. 그러나 영국군은 시온주의 민병대와 협력해 이 봉기를 잔혹하게 진압했다. 이 과정에서 시온주의 민병대는 영국이 제공한 무기와 군사 훈련을 습득하게 되었고, 이는 훗날 1948~1949년 아랍 국가들과의 전쟁에서 승리를 거두는 결정적 기반이 되었다.

이웃 국가의 난민촌으로 내몰리거나 이스라엘의 통치 아래에 놓이게 된 팔레스타인인들의 미래는, 모셰 샤레트의 예언대로 사라질 운명처럼 보였다. 그들의 처지는 북미·호주·뉴질랜드 정복 과정에서 학살된 원주민들처럼 될 수도 있었고, 아메리카 인디언처럼 주변부로 밀려난 집단이 될 가능성도 있었다. 혹은 그들을 수용한 아랍 국가 안에서 자연스럽게 동화될 수도 있었다. 그 국가들은 팔레스타인인들과 같은 언어를 사용하고, 문화를 공유하며, 상당수가 같은 종교를 믿고 있었기 때문이다.

이스라엘은 팔레스타인 난민을 흡수하거나 동화시키기를 거부한 아랍 국가들을 비난했다. 그러나 정착을 거부한 것은 저항의 방식으로 귀환을 선택한 팔레스타인인들이었다. 초기의 팔레스타인 난민들은 난민캠프 건설조차 거절했다. 1953년 7월, 가말 압델 나세르가 이끄는 이집트의 '자유장교단' 정부는 국제연합 팔레스타인 난민 구호기구(UNRWA)(3)와 함께 시나이 반도에 수만 명의 난민을 정착시키는 계획에 합의했다. 그러나 팔레스타인인들은 폭력 시위로 이 안을 거부했다. 그들에게 받아들일 수 있는 유일한 희망은 팔레스타인 영토로의 귀환뿐이었다.

1956년 이스라엘이 가자 지구를 짧은 기간 동안 처음으로 점령하며 아랍과 전쟁(4)을 벌였을 당시, 군인이었던 이스라엘의 평화 활동가 우리 아브네리는 자신이 겪었던 강렬한 경험을 들려줬다.

"나는 한 난민 소년에게 어디 출신이냐고 물었다. 그러자 그는 알-쿠밥(Al-Qubab) 마을 출신이라고 대답했다. 나는 그 말을 듣고 충격을 받았다. 그 소년은 겨우 일곱 살이었고, 전쟁 이후 가자 지구에서 태어나 알-쿠밥을 본 적조차 없었기 때문이다. 알-쿠밥은 오래전에 사라진 마을이었다."(5) 60년이 지난 뒤에도 마찬가지였다. 대부분의 팔레스타인인들이 난민 생활 속에서 태어났음에도 불구하고, 어린아이들의 대답은 어른들과 다르지 않았다. 가족이 추방당한 마을은, 실제로 가본 적이 없어도, 그들에게 '고향'이었다. 수천 년 동안 "내년에는 예루살렘에서"라고 기도해온 시온주의 운동의 구호는, 역설적으로 팔레스타인인들이 고향에 품어온 이러한 집요한 애착을 설명해주는 셈이다. 이스라엘과 그 지지 세력에 의해 팔레스타인 영토가 분할·통치되는 재앙을 겪은 이후, 팔레스타인 민족운동은 다시 재건되기 시작했다. 그리고 이스라엘 국가의 수립은 근동 전체를 뒤흔드는 거대한 변화를 불러왔다.

팔레스타인 민족운동의 실패와 성과

1952년 나세르가 이집트 대통령으로 취임한 뒤 아랍 세계 전반에는 급진적 민족주의가 확산되기 시작했다. 1958년 이라크 왕국이 몰락하면서 이러한 흐름은 더욱 가속되었고, 1948년 이스라엘과의 패전이라는 치욕을 씻고 아랍 세계의 주도권을 확보하려는 각국의 경쟁적 민족주의가 강화되는 가운데 아랍연맹이 결성되었다. 1964년에는 팔레스타인 해방기구(PLO)가 창설되었고, 그 무렵까지 널리 알려지지 않았던 조직인 '파타(Fatah, 팔레스타인 민족해방운동)'는 1965년 1월 1일 이스라엘을 상대로 첫 군사작전을 감행했다. 그리고 1967년 6월 아랍 국가들이 다시 한번 이스라엘에 패배하자, 이는 오히려 팔레스타인 독자적 투쟁이 성장할 수 있는 토대를 제공했다.(6) 결국 1969년 2월 1일, 파타의 지도자 야세르 아라파트가 PLO 의장으로 선출되었다.

팔레스타인 민족운동은 미국의 간섭에 맞선 인도차이나의 투쟁, 라틴아메리카의 게릴라 부대, 포르투갈 제국주의와 남아프리카공화국의 인종차별정책에 저항하는 무장 운동 등, 세계 곳곳의 해방운동과 나란히 자리 잡았다. 소설가 장 주네는 『사랑의 포로』(1986)에서 그들의 열망을 이렇게 요약했다. "팔레스타인은 은행에서 은행으로, 오페라에서 오페라로, 감옥에서 법원으로 번져가는 불길, 불꽃 더미와 같은 장엄한 혁명이었다." 즉 팔레스타인 저항은 전쟁터에만 있지 않았다. 일상적 공간, 문화 공간, 억압받는 공간을 모두 가로지르며 곳곳에서 타올랐다.

그러나 이러한 희망은 실현되지 못했다. 팔레스타인은 레바논 내부의 분쟁으로 곤경에 빠졌고, 점령지에서는 이스라엘의 군사작전 표적이 되었으며, 아랍 세계의 분열과 이라크·시리아·요르단 등 일부 국가들의 내정간섭에 시달렸다.

이런 상황 속에서 팔레스타인인인들은 목표를 점차 축소할 수밖에 없었고, 결국 팔레스타인 영토를 이스라엘과 공유하는 방안을 받아들이게 되었다. 이전까지 이루어졌던 항공기 납치 등 대외 무장투쟁은 그들의 대의를 국제사회에 알리는 데 일정한 효과가 있었지만, 서구에서는 이를 '테러리즘'으로 규정했다. 이러한 한계를 인식한 팔레스타인 지도부는 점차 무장투쟁을 줄이고 외교·정치 활동으로 중심을 이동했으며, 청소년 연맹·여성 연맹·노동조합·작가 연맹 등 보다 안정적인 사회 조직을 구축해 나갔다.

1967년 전쟁 이후 가자 지구, 요르단강 서안 지구, 동예루살렘이 이스라엘에 점령되면서 이 지역 팔레스타인 주민들의 결집이 강화되었고, 그와 함께 PLO의 국제적 위상도 높아졌다. PLO 의장 야세르 아라파트는 1974년 UN 총회에 참석해 국제무대에 공식적으로 등장했다. 이후 PLO는 미국과 이스라엘을 제외한 대부분의 국가로부터 정당한 대표로 인정받았다. 이스라엘과 미국이 이러한 입장을 바꾼 것은 1990년대에 들어서였다. 반면 유럽과 프랑스는 훨씬 이른 시기인 1980년대부터 팔레스타인의 자주적 결정권과 PLO와의 대화라는 두 가지 원칙을 국제사회가 받아들이도록 하는 데 중요한 역할을 했다.

1986년 12월 인티파다(민중 봉기)가 일어난 뒤, 냉전 종식이라는 국제 정세의 변화도 맞물리면서 1993년 9월 13일 워싱턴에서는 빌 클린턴 미국 대통령의 중재로 야세르 아라파트 PLO 의장과 이츠하크 라빈 이스라엘 총리가 오슬로 협정에 서명했다. 1994년 7월 1일, 아라파트는 예리코와 가자 지구에 우선 팔레스타인 자치정부를 출범시켰다. 협정문에는 여전히 불명확한 부분이 많았지만, 이는 세 가지 대원칙—1967년 전쟁 이전 정전협정선(그린 라인)을 팔레스타인 국가의 영토 기준으로 삼고, 이스라엘은 1967년 전쟁에서 점령한 넝토를 팔레스타인에 돌려주고 그 대가로 안전 보장과 평화적 공존을 인정받으며, 두 국가가 독립된 형태로 나란히 존재한다는 '두 국가 해법'—을 인정함으로써 해소될 것이라 기대되었다. 그러나 모두가 알다시피 이 평화 프로세스는 실패로 귀결되었다. 자치권이 부여되었음에도 팔레스타인인들의 삶은 오히려 악화되었고, 군사 바리케이드가 늘어난 만큼 이동의 자유는 심각하게 제한되었다. 이스라엘은 좌파 정부든 우파 정부든 상관없이 점령지 식민화를 멈추지 않았다.

실패의 원인에 대해서는 여러 가지 설명이 가능하지만, 핵심적인 원인은 시온주의 운동이 지닌 식민주의적 성격에서 찾을 수 있다. 시온주의는 원주민을 열등하게 보는 태도를 조장했고, 그 결과 이스라엘 지도자들은 팔레스타인의 평등한 권리와 자주적 결정권을 인정하는 것을 끝내 거부했다. 이스라엘 정부는 자국민의 안전은 무엇보다 중시하면서도, 팔레스타인인의 안전은 부차적인 것으로 취급했다. 2000년 9월에 일어난 두 번째 인티파다까지 실패로 돌아가자 팔레스타인 자치정부는 크게 약화되었고, 가자 지구는 이슬람 정당 하마스가, 요르단강 서안 지구는 아라파트의 파타가 각각 지배하는 구조로 분열되었다.

그럼에도 불구하고 팔레스타인은 눈에 띄는 외교적 성과를 거두었다. UN은 팔레스타인에 옵서버 지위를 부여했고, 100여 개국이 이를 국가로 공식 인정했다(프랑스는 제외된다). 또 다른 중요한 성과는 난민으로서 여러 지역을 옮겨 다니며 겪은 경험이 오히려 팔레스타인 민족주의를 더욱 공고히 만들었다는 점이다. 내부 분열도, 이스라엘의 압력도 팔레스타인인들을 굴복시키지 못했다. 점령과 추방을 겪고도 팔레스타인인들은 고향에 대한 애착과 자신의 정체성을 잃지 않았다. 오늘날 옛 영국 위임통치령 팔레스타인 지역에는 약 600만 명의 유대계 이스라엘인보다 더 많은, 약 700만 명의 팔레스타인인이 살고 있다. 이는 '다른 민족 없는 영토'를 꿈꿔온 시온주의 지도자들에게 악몽 같은 현실이다.(7) 한편 마흐무드 압바스 대통령과 국제사회는 평화 프로세스의 복원이 가능하다고 여겼지만, 이는 착각임이 드러났다. 국제법에 기반한 새로운 해법이 부재한 상황에서, 평화 프로세스를 되살리려는 담론은 사실상 현 상태를 유지하려는 행정기구의 변명에 지나지 않았다. 이러한 상황에서 팔레스타인은 어떤 새로운 전략을 선택해야 하는가? 방향을 재정비하는 데는 시간이 필요했다. 1967년 전쟁 이후 열린 정치적 국면은 오슬로 협정의 실패로 완전히 닫혔고, 팔레스타인 내부에서는 격렬한 논쟁이 이어졌다. 영토 분할 구상을 포기해야 하는가? 단일국가를 주장해야 하는가? 팔레스타인 자치정부는 해체해야 하는가? 폭력의 사용은 어떻게 다뤄야 하는가? 엄격한 규율로 알려진 하마스조차 이 논쟁을 피해갈 수 없었다. 결국 하마스는 1967년 국경선을 기반으로 국가를 세우

는 방안을 처음으로 수용하는 새로운 노선을 제시했다.(8)

두 명의 팔레스타인 교수는 현재 상황을 다음과 같이 설명한다. "팔레스타인 문제의 최종적인 정치적 해법이 아직 명확하지 않기 때문에, 지금의 중심 목표들은 기본적인 권리 요구 수준에 머물러 있다. 그러나 이러한 목표들은 단순한 인권 요구가 아니라, 팔레스타인 민족이 스스로 자신의 미래를 결정할 권리—즉 자주적 결정권—을 구성하는 핵심 요소이며, 미래의 정치적 해결 역시 이 목표들을 바탕으로 마련되어야 한다. 구체적으로-점령과 식민 상태에서 벗어날 권리, 난민이 고향으로 돌아가고 자신의 토지를 되찾을 권리,(9) 팔레스타인 국민에 대한 차별 금지와 이스라엘인과의 평등-이 세 가지 목표가 바로 팔레스타인 민족의 자주적 결정권을 이루는 핵심이다. 이 목표가 실현될 때까지 팔레스타인 시민사회는 이스라엘에 대한 불매·투자 철회·제재(BDS) 운동을 계속 추진하고 있다."(10)

무력한 정치가 제 역할을 하지 못한 자리를 시민사회가 대신 메우면서, 2005년 7월 9일 171개 비정부단체가 시작한 BDS 운동은 팔레스타인 역사에 중요한 전환점을 만들었다. 권리의 평등을 요구하는 이 비폭력적 운동은 프랑스를 포함한 일부 국가에서 소송의 대상이 되기도 했지만, 2014년 여름 가자 지구 전쟁 당시에서 보았듯 남미·유럽·아시아 전역으로 광범위하게 확산되었다. 왜일까?

20세기 후반, 국경을 넘어 시민들이 대규모로 결집했던 국제적 대의는 두 가지가 있었다. 바로 베트남전 반대와 남아프리카공화국의 반아파르트헤이트 투쟁이다. 그 분노의 원인이 단순히 사망자 수 때문만은 아니었다. 국제 여론은 사망자 수만으로 움직이지 않는다. 여론은 그 상황이 지닌 상징성, 그리고 그것이 드러내는 시대적 진실에 더욱 민감하게 반응한다. 어느 순간 하나의 분쟁은 좁은 지정학의 틀을 넘어 보편적 의미를 띠게 되고, 그 시대가 가진 핵심적 모순을 드러내는 사건으로 자리 잡는다. 베트남과 남아프리카공화국은 비록 서로 다른 사례지만, 둘 다 '북과 남' 사이의 단층선 위에 있었고, 식민지 구조가 핵심에 놓여 있었다.

팔레스타인 문제 역시 이러한 성격을 공유한다. 그러나 국제 정세는 이미 달라졌다. 남아프리카공화국의 경험은 특히 주목할 의미를 갖는다. 아프리카민족회의(ANC)가 주도한 투쟁은 '흑인 권력'의 배타적 구호를 넘어 백인까지 포괄하며 체제 변화를 이끌어냈다. 더 이상 군사투쟁만이 유일한 길이 아님을 보여주며, 해방과 권리의 평등을 주장하는 새로운 방식이 가능하다는 사실을 전 세계에 입증한 것이다.

팔레스타인 문제는 단순한 '땅싸움'이 아니다

팔레스타인 문제는 오랜 분쟁이지만, 단순한 영토 분쟁에 그치지 않는다. 이는 땅을 둘러싼 다툼을 넘어, 정의와 불공정이 반복되는 구조적 문제다. 이미 세계 여러 지역에서 사라진 식민주의 체제는 팔레스타인에서만큼은 여전히 점령된 영토 안에서 지속되고 있다. 1967년 이후 이스라엘은 요르단강 서안지구와 동예루살렘에 약 65만 명의 유대인 정착민을 이주시켰다. 이러한 행위는 국제형사재판소(ICC)가 전쟁범죄로 규정하는 범주에 해당한다. 그 과정에서 팔레스타인인들의 토지는 몰수되고 주택은 철거됐으며, 수많은 성인 남성들이 체포돼 수감과 고문을 겪었다. 팔레스타인 지역은 무력의 표적이 되었고, 이어 장벽이 세워졌다. 이 장벽은 두 주민 집단을 단순히 '분리'하기 위한 것이 아니라, 팔레스타인 주민을 체계적으로 고립시키기 위해 건설된 것이다. 이스라엘인만 이용할 수 있는 도로망으로 둘러싸인 채 섬처럼 분절된 요르단강 서안지구의 팔레스타인 거주 지역은, 남아프리카공화국의 '반투스탄(Bantustan)' 구조를 연상시키지만, 그곳에서도 찾아보기 어려운 수준의 격리를 보여준다. 팔레스타인 주민들은 인종차별 정책과 유사한 제도와 특별법 아래에서 통치되고 있다. 같은 영토에 거주하면서도 팔레스타인 주민과 이스라엘 정착민은 서로 다른 법 체계를 적용받고, 서로 다른 법원에서 재판을 받아야 한다.(12)

전 세계 곳곳에서 수백만 명이 팔레스타인 문제에 연대하며 거리로 니서는 이유는 단순한 분노 때문만은 아니다. 이는 차별에 맞서고 권리의 평등을 요구하며, 보편적 정의를 억압하는 권력과 구조에 대한 집단적 저항이다. 팔레스타인의 현실은 빈민가로 내몰린 서구의 젊은 세대, 고향 땅에서 쫓겨난 원주민(인디언), 영국의 식민주의에 맞서 싸운 아일랜드의 역사까지 비춰내며 세계 곳곳의 억압 경험과 연결된다. 비록 이러한 연대가 전쟁의 승리를 보장해주지는 못할지라도, 팔레스타인에게는 매우 중요한 힘이다. 국제적 연대는 그들의 대의가 소외되거나 망각되지 않고 계속 이어질 것이라는 하나의 보증이기 때문이다.

1917년 11월 2일, 당시 영국 외무장관이었던 아서 제임스 밸푸어 경은 "영국 정부는 팔레스타인 지역에 '유대 민족'의 국가 건설을 지지한다"(초기 문안에서는 '유대인종'이라고 표현했다)고 밝힌 서한을 보냈다. 이어 그는 "이 목표를 실현하기 위해 모든 노력을 기울일 것"이라고 약속했다. 시온주의를 지지했던 작가 아서 케스틀러는 훗날 이 선언에 대해 "하나의 국가가 공식적으로 다른 국가에게 제3국의 영토를 약속한 것"이라고 회고했다. 이 식민주의적 결정은 이후 한 세기를 불안정과 전쟁, 원한과 증오로 물들였다. 이 지역에서 끊임없이 반복되어 온 갈등과 분노 역시 그로부터 비롯되었다. 팔레스타인의 비극을 해결한다고 해서 즉각적인 평화가 찾아오는 것은 아니다. 그러나 점령이 지속되는 한, 근동 지역에 평화도 안정도 결코 자리 잡을 수 없다는 사실만은 명백하다.

글 · 알랭 그레쉬 Alain Gresh

(1)「미 공화당 친이스라엘 신설 코커스, 팔레스타인에 패배 인정 촉구」, 〈Jewish Telegraphy Agency〉, 2017년 4월 27일.

(2) Alain Gresh, Dominique Vidal, 『팔레스타인 47: 무산된 공유』, Éditions Complexe, 브뤼셀, 1994년(초판 1987년) 인용.

(3) 근동의 팔레스타인 난민을 지원하기 위해 설립된 유엔 난민 구호 기구로, 1949년 12월 8일 창설됨.

(4) 1956년 7월 26일 가말 압델 나세르 이집트 대통령이 수에즈 운하를 국유화하자 프랑스·영국·이스라엘이 이집트를 공격했다. 이스라엘은 군사적으로는 승리했으나, 미국과 소련의 압력으로 철수했다.

(5) 알랭 그레쉬, 도미니크 비달, 앞의 책(op. cit.) 인용.

(6) 1948~1949년 전쟁과 1956년 전쟁에 이어, 1967년 6월 제3차 이스라엘-아랍 전쟁에서 이집트·시리아·요르단이 패배했다. 이 전쟁으로 이스라엘은 시나이반도, 시리아의 골란고원, 요르단강 서안지구, 가자지구, 동예루살렘을 점령했다.

(7) 식민화 시도의 상대적 실패라는 주제는 다음 저서에서 심층적으로 다뤄진다. 알랭 그레쉬, 『팔레스타인에게 이름이란 무엇인가?』, Actes Sud, 아를, 2012년.

(8) Cf. 레일라 소라, 「하마스, 혁명 속의 혁명」, 〈OrientXXI.info〉, 2017년 5월 1일.

(9) 1948년 12월 11일 채택된 유엔 결의안 194호는 "난민이 원할 경우 가능한 한 조속히 고향으로 돌아갈 수 있도록 하며, 귀환을 선택하지 않는 경우에는 재산에 대한 보상을 제공한다"고 규정한다. 결의안 394호와 513호는 이 조항을 재확인한다.

(10) 나디아 히잡, 잉그리드 자라다 가스네, 『팔레스타인에 대해 말하다: 분석의 기준은 무엇인가, 메시지와 목표는 무엇인가』, Agence Médias Palestine, 2017년 4월 12일.

(11) 반투스탄은 남아프리카공화국의 백인 정권이 흑인 주민을 위해 설정한 거주 구역으로, 이 지역에서 주민들의 권리는 극도로 제한됐다. Cf. 〈르몽드 디플로마티크 아틀라스〉「동방 팔레스타인 열도」 지도, 2009년.

(12) Cf. 셸린 르부뤤, 쥘리앵 사랑구, 『인종차별 국가 이스라엘?—사법적·정치적 쟁점』, L'Harmattan, 『중동을 이해하기』 총서, 파리, 2013년.

트럼프 등장 이후
더욱 대담해진 이스라엘 우파

도미니크 비달 Dominique Vidal

프랑스의 중동·팔레스타인 문제 전문 저널리스트이자 국제정치 분석가. 〈르몽드 디플로마티크〉와 〈마니에르 드 부아르〉의 주요 필자로 활동했으며, 〈베르트랑 바디(Bertrand Badie)〉와 더불어 〈레타 뒤몽드(L'Etat du monde)〉의 편집장을 맡고 있다. 주요 공저 저서로 『팔레스타인 47: 무산된 공유』가 있다.

이스라엘 총리는 얼마전 동예루살렘과 요르단강 서안에 3천 채가 넘는 신규 주택 건설 계획을 발표했다. 이는 2016년에 건설된 주택 규모를 뛰어넘는 수치다. 그러나 벤야민 네타냐후의 이러한 공약 경쟁은, 더 강경한 우파 성향의 경쟁자 나프탈리 베네트에게 오히려 압도되고 있다. 베네트는 이스라엘이 점령 중인 팔레스타인 영토의 병합 주장을 서슴치 않는다.

"도널드 트럼프에게서 예견할 수 있는 유일한 것은, 그를 예견할 수 없다는 사실이다."(1) 노엄 촘스키의 이 성찰은 대체로 타당하지만, 근동 문제에 대해서만큼은 예외로 보인다. 한 공화당 후보가 밝힌 세 가지 입장은 향후 대통령의 이스라엘-팔레스타인 분쟁 관련 정책의 틀을 이미 드러내고 있기 때문이다. 첫 번째는 이스라엘 주재 미국 대사관을 텔아비브에서 예루살렘으로 이전한다는 약속이다.(2) 두 번째는 1967년부터 점령한 팔레스타인 영토에서 이스라엘이 건설한 정착촌을 평화 프로세스의 장해물로 간주하지 않는다는 결정이다. 세 번째는 이스라엘 정부에 압력을 넣어 팔레스타인과 협상하도록 강요하지 않겠다는 결정이다. 그리고 적어도 다음 두 인물에 대한 임명은 이러한 방향성을 더욱 분명히 보여준다. 먼저 대통령 사위인 제러드 쿠슈너를 '백악관 고위 고문’으로 임명한 점이다. 그는 유대인 정착촌과 연계된 단체들을 재정적으로 지원해 온 쿠슈너 가문 출신이다. 그리고, 요르단강 서안의 유대인 정착민 단체인 ‘베트엘의 친구들(Friends of Beit El)’을 이끌어 온 데이비드 프리드먼이 이스라엘 주재 미국 대사로 지명된 점이다. 외교관으로 내정된 프리드먼은 “이스라엘의 영원한 수도에서 미국 대사로 근무하고 싶다”(3)는 포부를 밝히며, 예루살렘의 지위를 둘러싼 국제적 합의를 공개적으로 부정하는 태도를 드러냈다.

우연이었을까? 미국의 새로운 행정부는 공교롭게도 이스라엘 극우 세력이 예전과는 달리 팔레스타인 정책을 근본적으로 재편하고 ‘요르단 서안의 병합’을 본격적으로 추진하던 바로 그 시점에 들어섰다. 극단주의적 민족·종교 정당인 ‘유대인의 집’의 당수이자 교육·디아스포라(diaspora) 장관인 나프탈리 베네트는 오래전부터 요르단강 서안에서 이스라엘이 완전한 행정·군사 통제권을 행사하는 이른바 ‘존 C(Zone C)’의 영구 병합을 공개적으로 주장해 왔다. 오슬로 협정에 따라 이스라엘의 전면적·배타적 통제 아래 놓인 ‘존 C’는 요르단 서안 면적의 60% 이상을 차지하는데, 여기에는 요르단 계곡 전역과 모든 정착촌, 그리고 이를 연결하거나 우회하는 도로망이 포함되어 있다. 2016년 12월 5일, 베네트는 마침내 행동에 나섰다. 그는 전초기지(outposts)에 지어진 4천여 채의 주택을 ‘합법화’하는 법안을 이스라엘 의회인 크네세트(Knesset)에 상정하여 1차 표결을 통과시켰다. 이는 정착촌 확장과 영토 병합을 제도적으로 굳히기 위한 첫 단계였다.

이곳의 정착촌들은 팔레스타인 민간 토지에 건설됐기 때문에, 이스라엘 법조차 지금까지 이 정착촌들을 불법적인 건축물로 간주하고 있다.(4) 또한 정착촌 건설은 유엔 결의안 위반은 물론, 점령국이 피점령지

클레망 샤피용-「분리의 벽 베들레헴」, 2016

로 자국민을 이주시켜서는 안 된다고 명시한 제4차 제네바 협약에 명백히 저촉되는 행위다. 그럼에도 불구하고 해당 법안은 여전히 입법 절차를 밟고 있으며, 실제로 발효되기까지는 세 차례의 추가 심의를 거쳐야 하고, 최종적으로 이스라엘 최고법원이 그 법적 효력을 인정해야 한다.

쥘리앙 드 카사비앙카―「예루살렘 출구」, 2015

2부

그치지 않는
100년 전쟁

유대인과 아랍인 사이의 관계는 한 세기 넘게 대립의 굴레 속에 놓여왔다. 이스라엘 건국 이후, 여러 차례의 군사적 충돌에서 승리를 거둔 것은 유대인이었다. 팔레스타인인들에게 현대사는, 끈질긴 저항에도 불구하고, 끝없는 패배와 짓밟힌 권리의 목록과 다름없다.

하마스, 10월 7일 그후

레일라 쇠라 Leila Seurat

아랍정책조사연구소(ACRPS) 연구원, 프랑스 형사법제사회학연구소(CAREP) 객원 연구원.
주요 저서로 『하마스와 세계』(CNRS Éditions, Paris, 2015)가 있다. 본 기사는 2023년 12월 11일
〈Foreign Affairs〉에 실린 영문 기사 'Hamas's goal in Gaza. The strategy that led to the
war – and what it means for the future'를 프랑스어로 번역한 것이다.

시간이 흐르면서 하마스(Hamas)는 두 가지 중대한 변화를 겪었다. 첫째, 군사력 강화, 둘째, 내부 지도부의 영향력이 급속도로 상승했다는 점이다. 2023년 10월 7일 하마스가 감행한 대규모 공격은 단순한 기습이 아니었다. 이는 하마스가 팔레스타인 민족의 유일한 수호자라는 위치를 스스로 굳히고, 전투 이후 정치적 중심축으로 부상하려는 전략적 의도를 담은 행동이었다.

그러나 10월 7일 사건에서 가장 놀라우면서도 정작 간과된 사실이 있다. 바로 그 분쟁의 무대가 가자지구였다는 점이다. 지난 10여 년 동안 팔레스타인 저항의 중심지는 가자지구가 아니었다. 이스라엘군은 2014년 '프로텍티브 엣지(Protective Edge)' 작전을 비롯해 반복적으로 가자를 공격했고, 하마스는 거의 전적으로 방어에 집중했다. 산발적인 로켓 공격은 이어졌으나, 2010년 도입된 아이언 돔(Iron Dome)이라는 첨단 미사일 방어체계를 넘어서지는 못했다. 가자지구는 철저히 봉쇄되었고, 세상과 거의 완전히 차단된 지리적·정치적 고립 상태에 놓여 있었다. 그 점을 고려할 때, 2023년 10월 7일의 공격은 하마스 내부 구조 변화와 전략적 계산이 맞물려 폭발한 불연속적 전환점이었다고 할 수 있다.

이스라엘이 판단 착오를 한 가자지구

분쟁이 가장 두드러진 지역은 요르단강 서안지구였다. 유대인 정착촌이 확장되고 이스라엘 정착민과 군대가 팔레스타인 마을을 공격하면서 서안지구는 성지 예루살렘과 함께 세계 언론의 관심을 독차지했다. 하마스와 여타 팔레스타인 해방운동 단체들은 서안지구를 저항의 중심지로 여겼다. 이스라엘 당국도 마찬가지였다. 지난해 10월 7일 오전 하마스가 공격을 개시했을 때, 이스라엘군은 오로지 서안지구만 주시하고 있었다. 상대적으로 가자지구는 이스라엘 안보에 심각한 위협이 되지 않는다고 판단했다.

하마스의 공격은 이런 인식을 철서히 뒤엎었다. 가자지구의 하마스 부대는 에레즈 국경 검문소를 폭파하고 보안 철조망을 뚫은 후 치명적인 급습을 감행했다. 민간인과 군인 수백 명을 사살하고, 240명을 인질로 잡은 하마스는 당연히 대대적인 이스라엘의 군사적 대응을 예상했다. 하지만 이스라엘의 보복은 상상을 초월했다. 이스라엘이 펼친 '아이언 소드(Iron Sword)' 작전으로 최소 2만 명이 사망했다. 그중 대다수는 민간인이었다. 세계에서 인구밀도가 가장 높은 가자지구는 일순간 폐허로 변했다. 이스라엘의 보복 공격으로 세계 언론과 국제사회의 관심이 다시 가자지구에 쏠렸다. 수년간 잊혀졌던 가자지구는 이스라엘-팔레스타인 분쟁의 중심으로 복귀한 것이다.

가자지구가 새로운 구심점으로 떠오르자, 하마스 지도부의 실제 권력 구조에 대한 의문이 증폭되기 시작했다. 하마스 내부에서는 오랫동안 요르단과 시리아를 거쳐 2012년부터 카타르에 머물고 있는 전통적 해외 지도부가 여전히 핵심 주도권을 행사하는 것으로 여겨져 왔다. 그러나 이러한 인식은 이제 설득력을 잃었다. 2017년 야히아 신와르가 가자지구 내 하마스의 실질적 지도권을 장악한 이후, 조직의 무게 중심은 명백히 가자지구로 이동했다. 신와르는 해외 지도부와 일정한 거리를 두면서 조직의 전략 방향을 재편했고, 하마스를 기존의 정치·사회 조직에서 보다 공격적이고 전투 중심적인 군사 조직으로 탈바꿈시키는 데 주력했다. 그가 추구한 목표는 뚜렷했다. 이스라엘에 대한 무력 행동을 다시 가동하고, 봉쇄된 가자지구를 팔레스타인 전체 투쟁의 전략적·상징적 심장부로 부상시키는 것이었다.

즉, 신와르의 구상은 서안지구와 예루살렘, 특히 늘 긴장이 높은 알아크사 모스크 주변 상황에 더욱 단호하고 공격적으로 대응하는 데 있었다. 아이러니하게도 이스라엘의 가자지구 봉쇄정책은, 가자지구를 오히려 세계적 관심의 중심에 올려놓았다. 이러한 맥락 속에서 정치·군사 조직인 하마스 내부에는 서로 다른 네 개의 권력 축이 존재한다. 첫째, 신와르가 장악한 가자지구 내부 지도부, 둘째, 여전히 저항의 상징적 공간으로 남아 있는 서안지구 활동 세력, 셋째, 다수의 핵심 인사들이 장기 수감되어 독자적 네트워크를 형성하고 있는 이스라엘 교도소 조직, 넷째, 카타르를 비롯한 해외에서 정치국을 실질적으로 운영해온 해외 지도부이다. 이 네 축은 때로 협력하고 때로 긴장 관계를 유지하며, 하마스 조직의 전략과 무게 중심을 끊임없이 재편해 왔다.

1989년 제1차 인티파다 당시 이스라엘의 탄압으로 하마스 지도자들은 요르단, 레바논, 시리아로 흩어졌다. 2000년대 초반부터는 시리아 수도 다마스쿠스가 하마스의 주요 본부 역할을 했다. 이들은 해외 피신 중에도 가자지구에 본부를 둔 하마스의 군사조직 이즈 알딘 알카삼 여단(IDQB)에 대한 통솔권을 유지했고, 외국 지도자들과 외교 관계를 맺었으며, 많은 기부·자선단체들의 후원을 받았다.

1990년대 초 오슬로 평화협정 체결 이후, 이란은 하마스의 해외 지도부를 후원하기 시작했다. 이 시기 하마스 내 권력의 중심축은 해외에 있었다. 정치국 수장 칼리드 마슈알을 비롯한 핵심 지도자들은 망명지에서 정치적 기반을 넓혀갔고, 요르단과 시리아에 머물며 하마스의 주요 의사결정 과정을 실질적으로 장악했다. 팔레스타인 영토 곳곳에 흩어져 활동하던 하마스 부대와 대원들은 이러한 해외 지도부의 전략 구상에 반드시 동의하지는 않았지만, 결국 그들의 방침을 따를 수밖에 없는 구조였다. 해외 지도부는 지리적으로 떨어져 있음에도 하마스 전체의 진략 정치적 방향을 좌우하는 상층 권력으로 기능했다.

하마스 창시자의 피살 ··· 알카삼 여단의 부각

2004년, 하마스의 창시자이자 정신적 지도자인 셰이크 아흐메드 야신이 이스라엘에 의해 암살되었다. 이 사건은 해외 지도부가 장악해온 기존 권력 구조에 균열을 가져왔고, 그 틈을 타 가자지구 내부 지도부의 영향력이 본격적으로 부상하기 시작했다. 이러한 흐름 뒤에는 몇 가지 결정적 요인이 있었다. 2006년 가자지구 선거에서 승리한 하마스는 이듬해인 2007년 6월 가자 전역을 실질적으로 장악하고 독자적인 정부를 구성했다. 이에 이스라엘은 가자지구 봉쇄를 더욱 강화해 가자는 사실상 외부 세계와 단절된 폐쇄 공간이 되었다. 그러나 하마스는 이집트와 연결된 불법 지하터널을 통해 물자·연료·상품을 들여오며 고유한 경제적 기반을 구축한 덕분에 해외 지도부의 재정 지원에 대한 의존도를 현저히 낮출 수 있었다.

2011년 '아랍의 봄' 민중 시위, 특히 시리아 봉기는 하마스 지도부 내부의 권력 재편에 결정적으로 작용했다. 시리아 내전 초기, 다마스쿠스에 머물던 하마스 해외 지도부는 알 아사드 정권과 수니파 반군 사이에서 중재를 시도하며 균형을 유지하려 했다. 그러나 이란이 아사드 정권을 전적으로 지지할 것을 강하게 요구하자, 하마스 지도자들은 이를 거부했고, 결국 2012년 2월 시리아에서 떠날 수밖에 없었다. 하마스 2인자인 무사 아부 마르주크는 이집트 카이로로 거처를 옮겼고, 정치국 수장 칼리드 마슈알은 카타르 도하로 이동해 아사드 정권과 이를 지지하는 이란, 헤즈볼라를 공개적으로 강도 높게 비판했다. 이러한 노선의 급격한 변화는 즉각적인 대가를 불러왔다. 2012년 여름과 2013년 5월, 알카삼 여단은 쿠사이르 전투에서 충성파 시리아군과 헤즈볼라와 직접 충돌했다. 하마스가 사실상 이란·시리아 축과 결별하자, 이란은 하마스에 대한 재정 지원을 대폭 축소했다. 연간 1억 5,000만 달러에 달하던 지원금은 7,500만 달러 이하로 줄어들어, 사실상 반토막이 난 셈이었다.

이란과의 갈등이 깊어지고 역사적 지도자들과의 관계가 소원해지면서 해외 지도부의 영향력은 점차 약화되었다. 2013년 5월, 하마스 대변인 가지 하마드는 가자지구에서 진행한 인터뷰에서 이러한 변화를 솔직하게 인정했다. 그는 "시리아와의 단절은 가자지구 지도부에 상당히 이롭게 작용했다"며 "가자지구 지도부가 해외 지도부를 전복한 것은 아니지만, 양측의 관계가 이전보다 훨씬 더 동등한 수준에 이른 것은 사실"이라고 밝혔다. 가자지구 지도부가 갖는 또 다른 강점은 시리아와의 갈등에도 불구하고 이란과의 관계를 꾸준히 유지해왔다는 점이다. 특히 마르완 이사 부사령관을 포함한 일부 알카삼 여단 지휘관들은 기회가 있을 때마다 이란을 방문하며 군사·기술적 협력을 이어갔다.

알카삼 여단의 독립성이 확대되었다는 사실은 이미 2006년 이스라엘 군인 길라드 샬리트 납치 사건에서 뚜렷하게 드러났다. 당시 작전을 총지휘한 인물은 알카삼 여단의 총사령관 아흐메드 알자바리였다. 그는 2011년 하마스 대변인 가지 하마드와 함께 이스라엘 정부를 상대로 샬리트 석방 협상을 주도하여 초대형 협상을 성사시켰다. 이스라엘 감옥에 수감된 팔레스타인인 1,027명을 샬리트 한 명과 맞교환하는 합의를 끌어낸 것이다. 언론이 대대적으로 보도한 이 협상 결과를 근동 지역 전문가들은 하마스의 전략적 승리로 평가했다. 그러나 다음 해, 이스라엘은 알자바리를 표적 제거(암살)했고, 곧바로 '방어 기둥(Operation Pillar of Defense)'이라는 새로운 군사작전을 개시했다. 이는 알카삼 여단이 확보한 독자적 영향력과 협상력에 대한 이스라엘의 경계심과 대응 전략을 여실히 보여주는 사건이었다.

이스라엘의 반복적인 가자지구 공격은 아이러니하게도 알카삼 여단의 세력을 오히려 강화시키는 결과를 가져왔다. 알카삼 여단은 전장과 동떨어진 채 카타르에서 호화로운 생활을 한다는 의혹을 받는 해외 지도부와 달리, 이스라엘과의 직접적인 전투를 책임지는 최전선의 조직이라는 강한 자부심을 형성했다. 이러한 정체성과 전투력의 축적은 조직 내부에서 영향력으로 직결되었고, 2017년 하마스 내부 선거 결과는 이를 분명하게 보여주었다. 알카삼 여단 소속 부대원 세 명이 정치국에 입성하게 된 것이다.

이스라엘의 가혹한 봉쇄 역시 가자지구에 저항과 희생이라는 상징적 가치를 부여했다. 하마스 지도자들은 가자지구의 상징성을 자신들의 정당성을 강화하는데 이용했다. 2012년 하마스 창설 25주년을 기념해 칼리드 마슈알은 생애 최초로 가자지구를 방문했다. 그는 '영광스러운 순교자들'과 '영원한 가자'의 어머니들에게 바치는 연설에서 "가자를 처음

방문했지만, 나는 가자로 되돌아왔다고 말하고 싶다. 마음은 항상 가자와 함께였기 때문"이라고 외쳤다.

하마스 지도자 신와르, 민중 시위 적극 활용

그러나 가자지구가 하마스 내부 권력 구도에서 결정적 중심축으로 자리 잡은 것은 2017년부터였다. 그해 칼리드 마슈알이 정치국장 직을 가자지구 출신의 이스마엘 하니예에게 넘기면서, 하마스의 권력 중심은 해외 지도부에서 가자 내부 지도부로 본격적으로 이동하기 시작했다. 정치국 수장 교체는 곧바로 외교적 변화를 불러왔고, 하마스는 이란과의 관계를 빠르게 복원했다. 이란은 더 이상 해외 지도부를 경유하지 않고, 직접 가자지구 지도부와 소통하기 시작했다. 다만 하니예는 외교 활동을 위해 가자를 출입할 때마다, 가자지구의 유일한 비(非)이스라엘 통로인 라파 국경의 개방 여부가 전적으로 이집트의 선의에 달려 있다는 구조적 제약과 여러 정치적 이유로 인해, 결국 2019년 12월 카타르 도하로 거처를 옮길 수밖에 없었다. 하니예가 가자지구를 떠나자, 그의 주요 경쟁자였던 전 알카삼 여단 사령관 야히아 신와르가 빠르게 부상하며 하마스의 실질적 권력 중심으로 자리 잡기 시작했다.

신와르는 1980년대부터 알카삼 여단의 존경을 한 몸에 받아 온 인물이다. 이스라엘 감옥에 22년간 투옥됐던 그는 하마스의 새로운 옥중 지도부 구성에 기여했다. 2011년 10월, 길라드 샬리트와 팔레스타인 죄수 맞교환으로 석방된 신와르는 팔레스타인 무장투쟁의 사전 예방적 개념, 즉 이스라엘을 협상 테이블에 끌어내는 것은 무력행사뿐이라는 신념을 구현했다. 가자지구의 강자로 부상한 그는 자신의 비전을 실현하기 위해 분투했다. 그는 가자지구를 장악한 하마스의 영향력을 이용해 이스라엘 정부의 양보를 받아내기로 결심하고 알카삼 여단의 힘을 키워 나갔다. 일부 분석가들에 의하면, 2000년대 1만 명에 불과했던 알카삼 여단의 전투 대원은 2020년 3만 명 이상으로 증가했다.

하마스 내부에서 신와르의 입지 강화에 공개적으로 이의를 제기한 인물은 이스마엘 하니예의 고문을 맡았었던 아흐메드 유세프 뿐이다. 유세프는 하마스의 의사 결정권이 전적으로 팔레스타인 국내로 이양될 경우의 파장을 우려하며 해외 지도부가 최종 결정권을 유지해야 한다고 주장했다. 유세프는 또한 신와르와 알카삼 여단의 밀접한 관계가 전반적 으로는 하마스에 해로운 요소로 작용하고 이스라엘이 가자지구를 테러리 스트들의 소굴로 간주하는 추가적인 구실을 제공할 수 있다고 주장했다.

하지만 신와르는 현실감각을 지닌 지도자임을 입증했다. 2018~ 2019년, 그는 가자지구 국경 철조망 앞에서 '귀환 행진' 시위를 조직해 이스라엘의 봉쇄를 일부 완화시켰다. 하마스는 매주 수만 명의 가자 주 민이 국경에 모여 봉쇄에 항의하는 이 민중 시위를 전략적으로 활용했 다. 이스라엘군 저격수들이 비무장 시위대에게 총구를 겨누는 동안 알 카삼 여단은 이스라엘 영토를 향해 로켓포를 쏘고 방화 풍선을 날려 보 냈다. 이런 전략적 압박에 굴복한 이스라엘 정부는 마침내 국경 일부를 제한적으로 개방하고 카타르가 가자지구 공무원 급여용으로 지원한 자 금의 동결을 해제했다.

이러한 성과에도 불구하고, 가자지구와 서안지구에 거주하는 많은 팔레스타인인들은 여전히 하마스를 회의적으로 바라보았다. 그들은 하 마스가 권위주의적 통치에 대한 내부 비판을 잠재우기 위해 '귀환 행진' 을 이용하고, 조직의 이익을 위해 무력을 남용한다고 비난했다. 그러던

2021년, 신와르에게는 잃어버린 신뢰를 회복할 기회가 찾아왔다. 그해 동예루살렘 셰이크 자라 지역에서 팔레스타인 주민들이 강제로 추방되었고, 이스라엘은 이에 항의하는 시위대를 폭력적으로 진압했다.

5월 20일, 알카삼 여단은 아슈도드, 아슈켈론, 예루살렘, 텔아비브를 향해 수천 발의 로켓을 발사했다. 이와 동시에 이스라엘 주요 도시들에서는 많은 아랍인들이 거리로 쏟아져 나와 추방당한 팔레스타인 주민들과 연대 시위를 벌였다. 이러한 상황은 하마스에게 가자지구 외부의 팔레스타인인인들과 관계를 복원하고, 스스로를 예루살렘의 '수호자'로 자리매김할 기회를 제공했다. 그때부터 예루살렘과 서안지구 곳곳에서 열린 집회에서는 알카삼 여단 대변인 아부 오베이다의 이름이 자연스럽게 구호처럼 울려 퍼지기 시작했다.

바레인, 아랍에미리트, 모로코, 수단 등 여러 아랍 국가들이 이스라엘과의 관계 정상화에 나서자, 가자지구 바깥에서 하마스의 영향력은 오히려 확대되기 시작했다. 이스라엘의 서안지구 합병 위협이 점점 더 현실성을 띠는 가운데, 미국이 중재한 지역 화해 프로젝트인 '아브라함 협정'에 동참한 아랍 지도자들은 서안지구의 미래에 아무런 관심도 없다는 사실을 스스로 드러냈다. 팔레스타인인인들은 이러한 아랍 국가들의 행보를 노골적인 배신으로 받아들였고, 그 결과 서안지구와 예루살렘 점령의 피해자들을 실질적으로 방어하는 유일한 세력은 하마스라는 인식이 점차 강화되었다.

하마스의 언론 캠페인, 외부세계에 참상 전달

2021년 이후 하마스는 이스라엘의 알아크사 모스크에 대한 위협에 분노한 팔레스타인인들의 편에 서며 민심을 획득하기도 했다. 예루살렘에 위치한 이 성지는 팔레스타인 민족의 국가적 상징이자 정체성의 핵심이기 때문이다. 이러한 맥락에서 '알아크사 대홍수'로 명명된 하마스의 유혈 공격은 단순히 가자지구의 방어를 넘어, 팔레스타인 전체 영토를 보호하기 위해 무력을 행사한다는 자신들의 논리와 맞물린다. 특히 지난 10월 7일, 특공대를 투입해 이스라엘 본토를 기습한 하마스의 결정이 해외 지도부가 아닌 가자지구 내부 지도부 단독으로 내려졌다는 사실은 그 전략적 의미가 매우 크다.

하마스는 이번 전쟁 초기부터 가자지구가 팔레스타인 투쟁의 주축임을 강조하고 전투가 한창인 와중에도 외부 세계와 소통하는 미디어 전략에 집중했다. 이스라엘군의 대대석인 가자지구 폭격, 지속적인 인터넷 차단, 통신 인프라 파괴에도 불구하고 하마스는 이스라엘군의 성명을 반박하는 방송을 멈추지 않았다. 하마스는 폭격의 참상이 담긴 영상을 연일 내보내고 민간인을 '인간 방패'로 사용하거나, 병원 내부에 '테러 기지'가 숨겨져 있다는 이스라엘의 발표를 조목조목 반박하며 이스라엘의 반(反)팔레스타인 선전에 제동을 걸었다.

가자지구 지도부가 주도한 이러한 언론 캠페인에는 도하의 하마스 지도부가 관여하지 않은 것으로 보인다. 2008~2009년 이스라엘의 '캐스트 리드(Cast Lead)' 공세 당시 시리아 지도부의 정치국장이 언론 발표를 맡았던 때와는 전혀 다른 상황이다. 이제 이 역할은 가자 현지의 아부 오베이다 사령관에게 넘어갔다. 신와르를 비롯한 가자지구 지도부는 자신들이 포격을 견디는 동안 카타르에서 호사스러운 생활을 누리는 해외 지도부를 경멸했다.

그러나 레바논의 하마스 지도부만은 예외였다. 이들은 가자지구 지도부가 벌인 정보전에 적극적으로 참여했다. 하마스 외교부장을 지냈으며 현재 정치국 핵심 인사로 활동하는 우사마 함단은 베이루트에서 잇따라 기자회견을 열어 이스라엘의 발표를 반박했다. 신와르와 알카삼 여단의 밀접한 관계를 우려한 다른 하마스 지도자들과 달리, 함단은 정치와 군대의 융합을 당연한 것으로 평가하며 팔레스타인의 대의를 진전시킬 유일한 방법은 무력 동원이라는 신념을 공유했다. 2017년 베이루트에서 본지와 인터뷰를 했을 때 함단은 "이스라엘의 네타냐후, 라빈, 바라크, 페레즈 총리 모두 군벌 출신 정치인"이라고 지적하며, 이 점에서 하마스와 이스라엘 지도자들 사이에 오히려 공통점이 있다고 조롱 섞인 어조로 말했다.

성명을 발표할 때마다 함단은 이스라엘과의 전쟁을 하마스만의 문제가 아니라 팔레스타인 해방을 위한 보편적 투쟁으로 인식시키기 위해 힘을 쏟았다. 그는 지난해 10월 7일 하마스가 이스라엘군을 공격함으로써 다수의 팔레스타인 수감자를 석방시키고, 이스라엘 지상군을 궁지로 몰아넣었다고 주장했다. 또한 레바논 접경 도시와 가자지구 인근 일부 지역에서 이스라엘 주민들이 철수하는 성과도 있었다고 강조했다. 아울러 함단은 이스라엘이 휴전과 이스라엘 인질-팔레스타인 수감자 맞교환에 합의한 것도 이스라엘군의 가자지구 작전이 난관에 부딪혔기 때문이며, 12월 1일 이스라엘이 폭격을 재개한 것 역시 전쟁 초기에 목표 달성에 실패했다는 증거라고 주장했다.

일부 아랍 국가의 관영 매체, 특히 전통적으로 하마스에 적대적인 사우디아라비아의 공식 언론은 이러한 발표에 대해 엇갈린 반응을 보였다. 그럼에도 아부 오베이다와 함단의 성명들이 팔레스타인인뿐만 아니라 주변 아랍 국가의 대중에게까지 상당한 영향을 미쳤다는 사실은 부인할 수 없다. 현재 이들은 전쟁 이전보다 훨씬 더 하마스에 공감하고 있다. 10월 7일 공격을 통해 하마스는 이스라엘이 결코 '무적'이 아니라는 점을 입증했고, 그 과정에서 무기력한 대응으로 팔레스타인 내부에서 비판을 받아온 팔레스타인 자치정부와 팔레스타인해방기구(PLO)를 더욱 약화시켰다.

'알아크사 대홍수' 작전은 하마스의 잔혹한 행위와 이스라엘의 무자비한 보복에도 불구하고 팔레스타인 해방 투쟁을 다시 수면 위로 떠올렸다. 이스라엘의 파괴적 침공을 초래한 10월 7일 공격은 국제사회의 관심을 다시 가자지구로 향하게 했으며, 이스라엘의 팔레스타인 점령 현실을 상기시키는 계기가 되었다. 이는 향후 팔레스타인과 이스라엘의 미래에 중요한 영향을 미칠 것이다.

'나크바' 트라우마를 자극한 가자지구 참사

가자지구 주민이 겪는 시련은 팔레스타인 전체의 트라우마를 다시 자극했다. 이스라엘 공보부는 가자지구 북부 가자시티 주민을 남부 해안지대로 강제 이주시킬 계획을 내놓고 이를 인도주의적 보호 조치로 포장했다. 이어 이스라엘 정부는 시나이반도 강제이주 계획까지 발표해, 가자지구 주민들로 하여금 1948년부터 이어진 추방의 기억을 다시 떠올리게 만들었다. 폭탄 세례를 맞을 것인가, 강제이주를 받아들일 것인가? 이는 지나치게 잔혹한 선택지다.

더구나 가자지구 주민 대부분은 이스라엘 건국 이후 고향에서 쫓겨난 팔레스타인 가족의 후손들이다. 2~3세대 난민인 이들에게 지금의 상황은 역사가 반복되는 것처럼 보일 수밖에 없다. 이들 중 수십만 명은 가자지구를 떠나는 것을 거부했다. 그들에게 제2의 나크바(Nakba)를 피하

알-나크바(Al-Nakba)

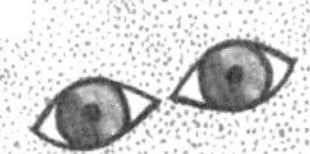

　　대재앙이라는 뜻의 이 용어는 1948년 5월, 이스라엘과 전쟁을 벌인 아랍군의 패배로 팔레스타인인들이 겪은 비참함을 지칭한다. 무엇보다도, 이스라엘 통제 하에 들어간 지역에서 80만 명의 팔레스타인인들이 강제로, 혹은 다양한 방식으로 추방된 집단적 대탈출을 의미한다. 나크바는 팔레스타인 자치정부에 의해 매년 5월 15일 기념된다. 이날은 이스라엘 군에 의해 파괴된 530개 마을의 기억을 되살리고, 팔레스타인 난민들의 귀환권—가자지구나 요르단강 서안에 살고 있는 사람들을 포함하여—을 유엔총회 결의 194호(1948년 12월 11일 채택)에 따라 재확인하는 계기가 된다. 이스라엘 내부에서 이 집단 탈출의 기록·연구는 이른바 '신역사가(new historians)'들의 작업에 이르러서 시작되었다. 여전히 이스라엘 법률은 교과서에서 "나크바"라는 단어 사용을 금지하고 있으며, 나크바 기념 자체를 범죄화해야 한다는 정치인들의 발언이 계속하여 이어지고 있다.

— 글·아크람 벨카이드 Akram Belkaïd

　　는 유일한 방법은 어떤 희생이 따르더라도 가자에 남는 것뿐이었다.

　　7일간의 휴전이 끝나자 이스라엘은 가자지구 폭격을 재개했다. 이스라엘과 미국은 다양한 '전후' 시나리오를 계속 검토해 왔다. 마흐무드 압바스 팔레스타인 자치정부 수반이 참여하는 방안 등 여러 사안에서 두 나라는 견해차를 보였지만, 단 하나 '하마스 박멸'이라는 목표만큼은 공유하고 있다. 그러나 이러한 목표는 하마스의 실상을 제대로 이해하지 못한 데서 비롯된 것이다. 세계 최강의 군대를 자처하는 이스라엘군이 두 달 넘게 학살에 가까운 공격을 퍼부었음에도 하마스가 완전히 제거되었다는 증거는 없다.

하마스는 살아남았을 뿐 아니라 해외 지도부와 아랍 동맹국, 그리고 이란으로부터 사실상 독립했다. 특히 이란은 10월 7일 공격에 대해 사전 경고조차 받지 못했다. 10주에 걸친 침공과 폭격 속에서도 하마스가 생존한 능력, 여전히 건재한 지도부, 미디어를 활용하는 전략, 그리고 하마스를 지탱하는 지지 네트워크의 존재는 향후 가자지구 통치 구상을 논의하는 자리에서 제기된 여러 주장들을 무색하게 만들었다.

`이스라엘은 당초 설정한 목표를 달성하지 못했다. 그 대신 서안지구에 대한 군사적 탄압을 더욱 강화하고 있다. 연일 이어지는 치명적인 공습과 대규모 체포, 조직적인 수탈이 이를 보여준다. 이스라엘 정부는 또한 가자지구를 이스라엘 내 팔레스타인 거주지역과 분리하기 위해 수년간 일관된 정책을 추진해 왔다. 그러나 이러한 조치는 오히려 이스라엘이 서안지구와 가자지구라는 두 개의 전선을 동시에 떠안는 전쟁으로 빠져들 위험을 키우고 있다. 동시에 이는 가자지구를 팔레스타인 해방 투쟁 전체와 연결하려는 하마스의 전략에, 역설적으로 이스라엘군 스스로 힘을 실어줄 가능성도 내포한다.

시온주의 프로젝트의 이중성

질베르 아슈카르 Gilbert Achcar

레바논 출신의 정치이론가이자 중동 현대사·국제정치 분석가. 런던대학교(SOAS 동양·아프리카대학)
교수로 재직하며 제국주의, 아랍 세계, 이스라엘-팔레스타인 문제를 마르크스주의적 관점에서
연구해 왔다. 주요 저서로 『아랍인의 봉기』, 『위험한 동맹』 등이 있다.

테오도르 헤르츨(Theodor Herzl)이 이론화한 '정치적 시온주의'는 팔레스타인에 유대인 국가를 수립하는 것을 목표로 한 정치적 프로젝트였다. 이 시온주의 운동은 동유럽 유대인 공동체가 겪은 반복적인 박해와 서유럽에서 재부상한 반유대주의에 힘입어 급속히 확산되었지만, 그 사상적 토대는 동시에 당대 유럽 식민주의의 세계관과 깊이 연결되어 있다. 역사는 억압받은 집단이 이후 또 다른 억압의 주체가 되는 사례가 드물지 않음을 보여준다. 실제로 여러 해방 운동은 제국주의적 지배에 맞서 싸우는 과정에서, 자국 내 소수 인종이나 종교 집단에 대한 차별과 배제를 재생산해 왔다. 이러한 역사적 사례들은 종종 폭력적 시온주의를 정당화하는 논리로 동원된다. 즉, "다른 민족 해방운동 역시 그러했으므로, 이스라엘 또한 정상 국가로 대우받아야 한다"는 주장이다. 그러나 시온주의가 보여 온 폭력적 이중성은 그러한 사례들과는 본질적으로 다르다.

유럽에서의 유대인 박해와 시온주의의 등장

시온주의가 오랫동안 기독교 유럽에서 소수자로서 억압받아 온 유대인의 고난에 대한 반응으로 등장한 것은 분명하다. 중세에서 19세기에 이르기까지, 기독교 권력 아래에서 유대인들이 겪은 박해는 이슬람 권

력 하에서 겪은 간헐적 차별이나 박해보다 훨씬 더 혹독했다. 그러나 18세기 말 계몽주의와 프랑스 혁명을 거치며 "권리의 평등"을 기반으로 한 시민권 개념이 확산되자, 서유럽에서는 점차 차별이 완화되고 유대인의 사회적 통합이 이루어지기 시작했다.

그러나 19세기 후반 세계 자본주의가 대공황(1873~1896)에 빠지자, 극우 세력은 대중의 불만을 해소하기 위해 희생양을 찾았는데, 유대인이 다시 표적이 된 것이다. 상대적으로 경제 발전이 더딘 동유럽에서는 사회적 위기가 한층 격화되었으며, 특히 러시아 제국 영토(오늘날의 우크라이나·폴란드)에서는 반유대주의적 폭력이 빈발했다. 반복되는 집단학살로 인해 많은 농유립 유대인들은 서유럽이나 북미로 이주할 수밖에 없었다. 하지만 서유럽으로 이주한 유대인들 역시 외국인이자, 천대받던 종교 집단으로 여겨져 배척을 피할 수 없었다. 당시 반유대주의는 인종주의적 '과학'에 의해 정당화되었고, 유대인-나아가 아랍인을 포함한 셈족 전체-은 열등한 인종으로 낙인찍혔다. 이러한 분위기 속에서 광신적 민족주의와 식민주의 옹호가 팽배했으며, 바로 이 정치적·이데올로기적 환경 속에서 근대적 시온주의가 탄생했다.

헤르츨과 국가 시온주의

테오도르 헤르츨은 오스트리아 출신의 유대인이었으며, 파리 특파원으로 활동하던 시절 드레퓌스 사건을 취재하면서 시온주의 사상에 도달했다. 그는 1896년 『유대인 국가(Der Judenstaat)』를 발표했고, 이 책은 이듬해 스위스 바젤에서 열린 제1차 시온주의 회의의 사상적 토대가 되었다. 19세기 유럽의 민족주의 이데올로기가 대체로 해방적이고 민주주의적 색채를 띠었던 것과 달리, 헤르츨의 국가 시온주의는 당시의 식민주의적·반동적 민족주의와 더 가까웠다. 헤르츨 자신도 "유대인의 곤경"이 이 운동의 원동력이라고 설명했지만, 그가 제안한 국가 구상은 근본적으로 식민주의적 논리에 뿌리를 두고 있었다.

빈곤한 유대인과 서유럽 유대인의 불안

헤르츨의 구상은 동유럽의 가난하고 박해받은 유대인들에게는 구원의 방주처럼 보였지만, 실제로는 동유럽 유대인의 대량 유입으로 인해 서유럽 유대인들이 느끼던 사회·경제적 불안을 해소하려는 계획이기도 했다. 그는 자신의 저서 서문에서 서유럽 유대인들이 동방에서 오는 가난한 유대인들보다 "더 큰 혜택"을 보게 될 것이라고 노골적으로 밝혔다. 다시 말해, 일부 이민 단체들은 박해받는 유대인을 보호하기 위해서가 아니라, 오히려 그들을 유럽 사회 밖으로 밀어내기 위해 존재했다는 것이다.

헤르츨은 유대인 문제를 자선으로 해결할 수 있는 문제가 아니라, 유럽 식민주의의 틀 안에서 유대 국가를 건설하는 정치적 프로젝트로 다루어야 한다고 주장했다. 그는 기독교 반유대주의자들조차 유대인을 자국 밖으로 내보내고 싶어할 것이기 때문에, 오히려 시온주의의 자연스러운 동맹자가 될 것이라고 확신했다. 실제로 그는 "반유대주의가 창궐하는 국가들의 정부는 유대 국가에 주권을 부여하는 일을 그들 자신에게도 이익이 되는 일로 여길 것"이라고 적고 있다. 나아가 그는 유대 국가가 수립되면 유대인들 역시 반유대주의자들의 잔혹성을 모방하며 그에 적응해 갈 것('다윈식 적응')이라고까지 예견했다.

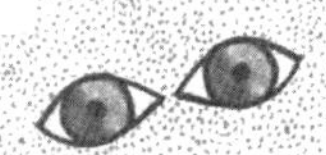

시온주의 이데올로기가 인종주의와 민족주의에 기반한 유럽의 근대적 반유대주의에서 비롯되었다면, 이스라엘 건국을 가능하게 한 역사적 조건들 역시 상당 부분 나치즘과 그 지배가 남긴 결과라고 할 수 있다. 팔레스타인에서 유대인들이 메시아주의적 신념 외에는 역사적 권리를 주장하기 어려웠던 땅 위에 국가를 세우려 했던 시온주의는 제국주의가 형성한 식민지 질서를 적극 활용했으며, 그 목표를 실현하기 위해 서구 제국주의 강대국들 사이를 오가며 각기 다른 후원자에게 의존했다. 물론 20세기 초 유대인 농업 정착 단체들이 팔레스타인 토지의 약 6%를 매입한 사실은 부정할 수 없다. 그러나 이러한 제한적 토지 매입만으로, 유럽의 반유대주의와 나치즘에 아무런 책임도 없었던 팔레스타인 토착민을 희생시키면서 국가를 세우는 과정을 정당화할 수는 없었다.

서구에서는 제2차 세계대전 동안 오로지 생존만을 위해 가장 큰 희생을 감내해야 했던 공동체가 이스라엘을 세웠다는 사실은 외면하기 어렵다. 그러나 동시에 팔레스타인 민족이 그 기본적 권리를 박탈당하고 뿌리째 뽑혀왔다는 사실 역시 부정할 수 없다. 그리고 국가로서 인정받기를 그토록 열망하는 이스라엘 정부가, 자신이 초래한 팔레스타인 민족 문제를 여전히 인정하지 않고 있다는 점에 대해 개탄할 수도 있다. 시온주의는 유대 문제를 해결한다는 명목 아래, 곧 팔레스타인에 유대 민족 국가를 세우는 방식으로 해법을 찾으려 했지만, 불행하게도 그것은 해법이 될 수 없었다.

오늘날 유대인의 대다수는 여전히 이스라엘 밖에서 살고 있다. 이러한 현실에서 시온주의는 필연적으로 새롭게 등장한 아랍 민족주의와 충돌할 수밖에 없었다. 아랍 대중이 이스라엘 국가에 대해 느끼는 반감과 분노는, 흔히 말하듯 단순히 정부의 선전에 의한 세뇌나 유럽식 반유대주의의 반복만으로는 설명되지 않는다. 물론 오늘날 반시온주의와 반유대주의의 경계가 흐려지는 경우가 있으며, 많은 아랍 정부가 내부의 무능과 부패, 실업과 빈곤을 덮기 위해 반시온주의를 활용해 온 것 역시 사실이다. 그러나 이스라엘이 초래한 분노의 근원은 그보다 훨씬 깊다. 아랍 대중의 눈에 이스라엘의 탄생은 서구 제국주의가 다시금 아랍 지역에 개입해 하나의 정착 국가를 만들어낸 결과에 불과하다. 다시 말해 그것은 새로운 국가의 출현이라기보다, 오래된 식민 지배가 다른 형태로 연장된 사건으로 받아들여진 것이다. 실제로 이스라엘은 서구 제국주의의 동의와 지원 위에 건국되었으며, 그 과정에서 팔레스타인인들은 자신들의 영토 4분의 3에서 쫓겨났다.

물론 이스라엘은 전통적 의미에서의 식민지 국가와 완전히 동일하다고 보기는 어렵다. 이스라엘 사회에는 원주민 노동이 창출한 잉여가치를 이스라엘인이 독점하며 지배층으로 군림하는 전형적 식민지 구조가 존재하는 것은 아니기 때문이다. 그러나 이스라엘 국가는 수 세기 동안 그 땅에 정착해 살아온 아랍 공동체의 영토를 무력으로 빼앗아 세워졌다. 이러한 점에서 이스라엘-아랍 갈등, 더 좁게는 이스라엘-팔레스타인 갈등은 명백히 민족적 갈등의 성격을 지닌다.

— 글·제라르 샬리앙 Gérard Chaliand
(프랑스의 지정학자이자 분쟁·게릴라전 연구의 권위자)

발포어 선언과 영국 제국주의

시온주의 지도자들은 헤르츨의 예견대로 제국의 후원을 확보하려 했고, 제1차 세계대전 중 팔레스타인이 오스만 제국에서 이탈해 영국의 통제 아래 들어가면서 결정적인 기회를 맞았다. 1917년 11월 2일, 영국 외무장관 아서 제임스 밸푸어(Arthur James Balfour)는 "팔레스타인에 유대인의 민족적 고향을 세우는 것을 지지한다"는 이른바 밸푸어 선언을 발표했다. 이는 영국 제국의 전략적 이해관계에서 나온 결정으로, 시온주의 운동은 이후 이 선언에 크게 의존하게 되었다. 그러나 영국 내각의 유일한 유대인 장관이었던 에드윈 몬태규(Edwin Montagu)는 벨푸어 선언이 오히려 반유대주의적 성격을 띤다고 강하게 반대했다. 그는 이 정책이 유대인을 보호하기는커녕 오히려 반유대주의를 강화해, 전 세계 반유대주의자들에게 정치적 명분을 제공할 것이라고 경고했다.(2) 더 나아가 그는 밸푸어 선언이 팔레스타인 토착민의 추방을 초래하는 한편, 세계 각지의 유대인들을 자신이 속한 사회에서 '외국인'으로 낙인찍는 결과를 낳을 것이라고 예견했다.

제국주의에 의존하는 오늘날까지의 시온주의

헤르츨 구상에서 볼 수 있는 것처럼, 시온주의는 탄생 단계에서부터 강대국의 보호와 후원에 의존하는 운동이었으며, 이 성격은 오늘날 이스라엘 국가의 구조적 특징으로 남아 있다. 1960년대 이후 그 보호자의 역할은 미국이 맡게 되었다. 따라서 시온주의는 억압받은 민족이 제국주의와 싸워 독립한 운동이 아니라, 유대인의 고난을 정치적 자원으로 활용하여 제국주의의 도움과 반유대주의자의 이해관계를 이용해 팔레스타인에 식민 정착 국가를 만든 독특한 운동이다. 오늘날 네타냐후 총리가 미국의 기독교 시온주의자들, 헝가리의 오르반, 트럼프 등 서방의 극우·반유대주의 세력에 의존하고 있는 현실 역시, 헤르츨이 구상했던 시온주의의 제국 의존적 성격이 한층 더 극단적인 방식으로 재현되고 있음을 보여준다.

글 · 질베르 아슈카르 Gilbert Achcar

(1) Abraham Léon, 『유대인 문제에 대한 유물론적 관점』, 엔트르몽드, 제네바, 2018년 (초판 1946년, 파리 "피오니에" 출판사). 벨기에 출신의 유대계 반시온주의 마르크스주의자로, 1944년 아우슈비츠에서 사망했다.
(2) Edwin Montagu, 「현재 영국 정부의 반유대주의에 관한 각서」, 〈Balfour Project〉.

벨푸어 선언에서 유엔 팔레스타인 난민구호기구(UNRWA) 캠프까지

미셸린 포네 Micheline Paunet

프랑스의 변호사이자 국제형사법·국제인권법 전문가. 〈르몽드 디플로마티크〉에
전쟁범죄와 국제법, 분쟁 책임 문제를 중심으로 분석 글을 기고해 왔다.

1948년 이스라엘-아랍 전쟁의 결과로 발생한 팔레스타인 난민 문제
는 오늘날까지도 해결되지 않았다. 유엔 결의안이 이들에게 귀환권을
보장하고 있음에도, 대부분의 망명자들은 요르단강 서안과 가자지구,
그리고 인근 아랍 국가들에 설치된 난민 캠프에서 삶을 이어가고 있다.
유엔 산하 기구의 지속적인 지원에도 불구하고, 이들은 여전히 심각한
사회적·경제적 곤경에 처해 있으며, 영구적 불안정 속에서 세대를 이어
살아가고 있다.

팔레스타인 아랍인의 대탈출은 1948년 전쟁의 가장 비극적인 장면
가운데 하나였지만, 이스라엘-아랍 갈등의 기원은 그보다 훨씬 이전인
1917년으로 거슬러 올라간다. 그 해는 이 지역 역사에서 결정적 전환점
이었다. 영국이 벨푸어 선언을 통해 유대인의 팔레스타인 정착을 지원
하겠다고 약속하는 한편, 알렌비(Allenby) 장군이 이끄는 영국군이 팔
레스타인을 점령했기 때문이다. 이미 그 무렵 시온주의 운동이 내세운
이상은 상당한 기반을 갖추기 시작했다. 테오도르 헤르츨의 추종자들이
점점 더 많이 '성경의 땅'이라 불린 팔레스타인으로 거주지를 옮기며,
이미 살고 있던 소수의 토착 유대인 공동체와 합류했다. 당시 팔레스타
인에는 약 5만 명가량의 유대인이 있었고, 이들은 대략 50만 명의 아랍
인들-그 다수는 무슬림이었다-과 함께 살고 있었다.

곧 팔레스타인 사회에는 위기감이 퍼지기 시작했다. 유대인 공동체가 언젠가는 소수의 경계를 넘어 다수로 부상할 수 있다는 두려움이었다. 더욱이 새로 이주한 유대인들은 높은 교육 수준과 조직력, 물질적 자원을 갖추고 있어 수적 열세를 충분히 상쇄할 수 있는 집단으로 보였다. 이로써 영국 위임통치 당국과 유대인 공동체 간의 긴장, 그리고 팔레스타인 아랍인과의 충돌이 잇따라 발생했다. 제2차 세계대전 동안 나치의 박해가 유럽 전역으로 확대되자 대규모 유대인 이민이 이루어졌고, 이를 막으려는 영국의 시도는 결국 실패로 돌아갔다. 그리하여 팔레스타인 유대인들은 두 전선에서 싸우는 상황에 놓였다. 먼저 위임통치 당국인 영국과 충돌했고, 이어 팔레스타인 아랍인들과도 갈등이 격화되었다. 마침내 질서 회복에 실패한 영국은 이 문제를 유엔에 넘겼고, 유엔은 1947년 11월 29일 팔레스타인 분할 결의를 채택했다.

유대인들은 이 결의를 만족스럽지는 않지만, 오랜 꿈이었던 유대 국가 건설을 위한 최소한의 타협으로 받아들였다. 반면 아랍인들은 이를 즉각 거부하며 곧바로 무력 행동에 나섰다. 이에 따라 영국은 1948년 5월 위임통치 종료를 선언했다. 1948년 5월 15일 이스라엘 국가가 선포되자 아랍연맹은 전 국경에서 일제히 공격을 개시했다. 전쟁은 격렬하게 전개되었고, 팔레스타인 아랍인들은 불안과 위협 속에서 대규모 탈출을 시작했다. 불과 몇 주 만에 대다수 팔레스타인 아랍인들이 고향을 떠날 수밖에 없었다. 전투가 진행될수록 이스라엘군은 점차 우위를 점했고, 아랍군은 후퇴를 거듭했다. 유엔은 6월 1일 한 달간의 휴전을 강제로 성립시켰으나, 아랍 국가들은 이를 연장하지 않았고, 결국 전세를 뒤집는 데 실패했다.

아랍군 패배의 가장 큰 원인은 군사적·정치적 조직 부족이었다. 유일하게 체계적인 전력을 갖춘 부대는 영국 장교들이 한때 지휘했던 트란스요르단(오늘날 요르단)의 아랍 군단이었으나, 병력은 불과 5천 명에 지나지 않아 팔레스타인 아랍 지역을 방어하기에도 버거웠다. 정치적으로도 아랍 정부들은 분열되어 있었고, 이는 치명적인 약점이 되었다. 트란스요르단은 팔레스타인 아랍 지역에서 자신의 지위를 유지하는 것에 더 관심이 있었고, 영국과의 우호 관계로 인해 다른 아랍 국가들, 특히 이집트의 비난을 받았다. 결국 이스라엘은 분열된 적들을 제압했고, 1948년 11월 새로운 휴전이 체결되었다. 이후 1949년, 아랍 국가들은 각각 이스라엘과 별도의 정전 협정을 맺었으나, 아랍 정부들이 이스라엘을 국가로 인정하지 않았기 때문에 평화 조약은 끝내 체결되지 않았다.

난민 문제와 유엔의 대응

1948년 11월 휴전으로 국경이 안정되자, 유엔은 난민 문제를 본격적으로 다루기 시작했다. 스웨덴 출신 유엔 중재자 번나도트(Bernadotte)의 제안에 따라 특별구호기금이 창설되었고, 이어 12월 11일 총회는 중요한 결의를 채택했다. 그 내용은 "귀환을 원하는 난민들은 가능한 한 조속히 고향으로 돌아가 평화롭게 살아야 하며, 귀환 거부를 선택한 자들에게는 재산 손실에 대한 보상이 이루어져야 한다"는 것이었다.(1) 유엔은 또한 중동 지역 전체의 경제 발전을 촉진하여 난민의 경제적 통합을 도모하기 위해 조정위원회를 설치했다. 위원회는 이른바 클랩(Clapp) 조사단을 현지에 파견해, 레바논·시리아·요르단·이라크·이스라엘 각국의 농업 개발 가능성과 필요를 조사하고 토지 개간, 축산, 관개 사업 등 장기·단기 계획을 제시했다. 보고서는 각 사업의 대략적인 비용과 고용 창출 효과까지 산정한 귀중한 자료였다. 하지만 이 계획들은 단한 건도 실행되지 않았다. 1949년이 다 끝나가도록 정치적 해결은 요원했고, 난민들은 여전히 참혹한 상태로 수용소에 갇혀 있었다. 이에 따라 1949년 12월 8일, 유엔은 임시기구를 대신해 유엔 팔레스타인 난민구호사업기구(UNRWA)를 창설했다. UNRWA는 두 가지 임무를 맡았다. 첫째, 난민들에게 식량·보건·교육 등 직접적인 구호를 제공하는 것. 둘째, 클랩 조사단이 제안한 경제개발 프로그램을 실행하기 위해 난민 수용국 정부들과 협력하는 것이었다.

UNRWA의 한계와 변질

그러나 유엔의 의도는 분명했다. 수백만 명의 난민을 영구히 부양하는 자선기관을 만들려는 것이 아니었다. 단기간 안에 지역 개발 사업이 진행되면 구호사업은 점차 사라져야 했다. 하지만 정치적·재정적 장애물이 앞을 가로막았다. 이스라엘과 아랍 국가들은 모두 강경한 태도를 고수했으며, 난민의 귀환과 정착 문제는 교착 상태에 빠졌다. 이스라엘은 "수십만 명의 아랍 난민을 받아들일 경우 국가 존립이 위태로워진다"고 주장했고, 아랍 국가들은 "귀환이 보장되지 않으면 어떠한 협상도 없다"고 맞섰다. 결국 유엔 결의는 양측을 달래는 절충안에 그쳤을 뿐, 난민 문제에 대한 실질적인 해결책이 되지는 못했다. 이런 상황에서 UNRWA는 원래 부여받았던 경제개발 임무를 포기하고, 난민들의 생존을 위한 긴급 구호에 전념할 수밖에 없었다. 점차 UNRWA는 식량 배급, 의료 서비스, 학교 운영을 담당하는 순수 구호기관으로 변해갔다. 총회 결의는 매년 UNRWA의 임기를 연장했으나, 클랩 조사단이 마련한 경제개발 계획은 더 이상 언급되지 않았다. 대신 난민들의 직업훈련을 통한 경제적 자립만이 강조되었다.

장기적 전망

장기적 측면에서 본다면 이러한 방식에도 긍정적 효과가 있을 것이다. 여전히 잃어버린 조국에 집착하는 난민 1세대에 반해, 난민 캠프나 도시에서 성장한 새로운 세대는 과거의 추억보다 스스로의 삶을 개척하는 데 더 큰 관심을 기울이게 될 것이다. UNRWA가 운영하는 학교와 훈련소에서 교육을 받은 이들은, 언젠가 자신들이 머무는 수용국 사회에 적응하며 보다 안정적이고 정상적인 삶에 대한 열망을 품게 될 것이다.

글 · 미셸린 포네 Micheline Paunet

(1) 유엔 총회 결의 194호, 제3항.

팔레스타인인인들의 눌린 외침

암논 카펠리우크 Amnon Kapeliouk

이스라엘 출신의 프랑스어권 언론인이자 작가. 1962년부터 2009년 사망할 때까지 〈르몽드 디플로마티크〉
필자로 활동하며, 이스라엘-팔레스타인 분쟁과 중동 정치·사회 문제를 비판적으로 다뤄 왔다.
주요 저서로 『아라파트, 굴하지 않는 자』(2004), 『사브라와 샤틸라, 한 학살의 조사』(1982) 등이 있다.

이스라엘이 점령지에서 벌인 팔레스타인 봉기 진압은 국제사회의 비판을 불러일으켰지만, 유엔 안전보장이사회는 "유감" 표명에 그쳤다. 20년이 넘는 점령 속에서 누적된 불안정한 삶을 견뎌온 팔레스타인 민간인들은, 국제적 관심이 걸프전으로 이동한 상황까지 겹치며 한층 고립된 상태에서 저항을 이어가야 했다. 그 결과 팔레스타인 사회는 이전과는 다른 형태의 위협과 한층 승복된 불확실성에 직면하게 되었다.

전례 없는 대규모 봉기

점령지에서 이처럼 규모가 큰 팔레스타인 시위가 발생한 것은 드문 일이다. 남녀노소를 불문한 주민들이 무장한 군인들 앞에서 대거 집결해 항의한 사례도 거의 없었다. 크리스마스 전날 기준 공식 집계에 따르면 사망자는 20명을 넘었고, 약 200명이 부상을 입었으며, 1,000명이 체포됐다. 이에 따라 당국은 임시 구금시설을 추가로 마련했고 재판 일정도 빠르게 진행됐다. 진압 과정은 거칠었다. 이스라엘 의회 외교·국방위원장 아바 에반은 "시간은 우리에게 불리하다. 이 문제에는 군사적 해법이 없다"고 밝히면서도, "새로운 시위 확산을 방지하기 위해서는 무력 동원이 불가피하다"고 말했다.

노동당이 향후 중동 평화회의 개최를 다시 추진할 가능성은 남아 있

지만, 현재로서는 국민통합정부 내부에서 리쿠드와 보조를 맞추고 있
다. 정부는 "국제사회에서 이스라엘의 이미지가 손상되더라도" 현 단계
에서는 강경한 치안 대응을 유지하겠다는 입장을 밝혔다. 이와 달리, 노
동당 소속으로 무임소 장관을 지냈던 에제르 바이츠만은 12월 23일자
〈마아리브〉 기고에서 다른 견해를 제시했다. 그는 "문제의 핵심은 팔레
스타인 사안에 현실적인 해법이 없다는 점"이라며 "이스라엘 아랍인들
도 유사한 조건에 처해 있다. 이들은 오랫동안 열악한 환경에서 살아왔
다"고 지적했다. 이어 "과거 내가 이 문제를 제기했을 때 사람들은 '입
다물어라, 너는 모하메드야, 더럽다'라는 식으로 반응했다"며, "지금의
사태는 그러한 문제 제기를 외면해 온 결과"라고 말했다.

국제적 무관심과 팔레스타인의 절망

20년이 넘는 점령과 평화회의의 반복된 지연은 팔레스타인 사회 전
반에 깊은 좌절감을 남겼다. 걸프전쟁 이후 다수의 아랍 국가들은 미국
과 보조를 맞추며, 이라크에 맞선 전쟁과 그 여파를 관리하는 데 외교적
역량을 집중했다. 1987년 암만에서 열린 아랍 정상회의에서는 팔레스
타인 문제가 눈에 띄게 후순위로 밀려났고, 회의의 중심 의제는 걸프전
쟁과 이라크 문제가 차지했다. 이로써 아랍-이스라엘 분쟁은 사실상 부
차적 항목으로 다뤄졌으며, 팔레스타인해방기구(PLO)의 외교적 활
동 공간도 한층 좁아졌다. 팔레스타인 주민들, 특히 이른바 '내부'
거주민들은 이러한 정세 변화를 인지하고 있었다. 따라서 암만 회의
직후 가자지구와 서안에서 봉기가 일어난 것은 단순한 우연으로 보
기는 어렵다.

불평등한 두 공동체

점령지에는 불평등한 두 민족 집단이 공존한다. 6만 명의 유대인 정착민은 완전한 이스라엘 시민권을 누리지만, 150만 명의 아랍인들은 군사 점령 체제 아래 모든 권리를 박탈당했다. 지방 선거권조차 없다. 각 공동체에는 각각 다른 법과 사법 체계가 적용된다. 팔레스타인 법원은 거의 권한이 없고 이웃 간 다툼 정도만을 다룬다. 반면 이스라엘 군사법원의 판결은 항소도 불가능하며, 의회의 통제도 받지 않는 군사 명령에 근거한다. 남아프리카공화국과 유사한 체제다.

"가자는 소웨토와 같다"

대중지 〈하다호트〉의 논평가는 당시 칼럼에서 가자지구의 상황을 다음과 같이 설명했다. "가자는 소웨토(Soweto)를 연상시킨다-소웨토는 남아프리카공화국 요하네스버그 인근의 흑인 거주지로, 아파르트헤이트 시기 극심한 빈곤·과밀·국가폭력이 집중된 지역을 말한다. 어쩌면 그보다 더 열악할지도 모른다. 인구밀도가 매우 높고, 빈곤하며, 극히 열악한 조건에서 살아간다. 주민들은 분노와 좌절에 차 있으며, 희망을 잃었다. 그들의 삶은 정착민과 이스라엘군에 맞서는 일에 집중돼 있다." 다른 이스라엘인들 역시 가자 주민들을 "인간 시한폭탄"이라고 부르곤 했고, 군인들조차 소웨토를 떠올린다고 말했다.(1) 봉기는 가자와 서안에서 동시에 일어났다. 특히 가자는 63만 명이 340㎢의 좁은 공간에 거주하는, 세계적으로도 인구밀집도가 매우 높은 지역으로 상황은 훨씬 열악했다. 공식 통계에 따르면 가자의 인구는 2000년에 백만 명을 넘어설 것으로 예상되며(2), 현 주민의 59.1%는 19세 미만이다. 다시 말해, 세 명 중 두 명이 점령 이후 태어난 세대다. 이 지역에는 약 2,500명의 유대인 정착민들이 살고 있으며, 이들은 전체 공공 토지의 28%를 점유하고 있다. 물 사용량의 격차도 극심했다. 정착촌 전체 사용량을 1인당 몫으로 환산하면, 정착민의 연간 물 사용량은 2,760만 리터에 달한 반면, 팔레스타인인의 연간 사용량은 20만 리터에 불과했으며 그마저도 네 배나 비싼 비용을 지불해야 했다. 이러한 조건에서는 경제적 발전의 여지를 찾기 어려웠다. 실제로 매일 약 6만 명의 팔레스타인 노동자들이 새벽에 이스라엘로 넘어가 일을 한 뒤, 밤이 되면 다시 가자로 돌아와야 했다.

억압 강화와 '가자 포기론'

리쿠드 지도자들은 해결책으로 더 강력한 억압만을 내세웠다. 노동당 내 일부도 같은 생각이었다. 그러나 다른 이들은 부담을 벗고 싶어 했다. 이집트에 가자 재통제를 맡아 달라는 비밀 제안이 있었으나 거절당했다. 시몬 페레스 외무장관(노동당)은 12월 7일 의회에서 "비무장화" 구상을 꺼냈지만 모호했다. 노동당의 '비둘기파' 일부와 기자들은 결국 "이스라엘은 언젠가 가자를 놓아야 한다"고 주장했다. 〈하아레츠〉의 군사전문가 지에브 시프는 이렇게 썼다. "언젠가 우리는 누군가에게 가자의 문제를 모두 가져가 달라고 호소하게 될 것이다."(3)

갈수록 엄격해지는 억압

이츠하크 라빈 국방장관(노동당)은 협상에 앞서 두 가지 조치가 필요하다고 강조했다. 첫째는 주민들의 생활 수준을 일정 부분 개선하는 것이고, 둘째는 소요를 주도한 인물들에 대한 엄격한 처벌이었다. 실제로 시위 진압 과정에서 20명 넘는 사망자가 발생한 것은 그의 강경 기조를 반영하는 조치였다. 1984년 여름 국민통합정부가 출범한 이후 억압 정책은 오히려 더욱 강화되었다. 통계에 따르면(4) 리쿠드가 집권했던 1977~1984년에는 행정구금(재판 없는 구금) 사례가 비교적 제한적이었으나, 1987년 한 해에만 205명이 재판도 없이 수감되었고, 이로써 재판 없이 구금된 전·현직 팔레스타인인의 누적 규모는 약 5,000명을 넘어섰다. 추방 조치 역시 증가했다. 라빈은 의회에서 "나는 리쿠드 정부보다 세 배 많은 팔레스타인인을 추방했다"고 공개적으로 밝히기도 했나.(5) 또한 같은 해 이스라엘 당국은 팔레스타인인들의 시위와 저항 행위에 대한 보복 조치로 200채의 건물을 폭파했다. 이는 리쿠드 집권 당시 연간 20건을 넘지 않았던 수치와 크게 대비된다.

1967년 이래 변함없는 것은 이스라엘 정보기관의 고문 체제였다. 강압 심문의 제도적 근거를 제공한 '란다우 위원회'라는 국가조사위원회는 1987년 10월 발표에서 이 사실을 공식 확인했다. 수만 가구가 분리된 비극도 계속됐다. 해외에 사는 팔레스타인 가족 구성원은 서안·가자에 합류할 수 없었다. 이는 팔레스타인 인구를 줄이려는 정책이었다. 반면 유대인은 누구나 자유롭게 이주해 시민권을 받았다.

"전출" 구상과 인구 공학

일부 이스라엘 정치권에서는 팔레스타인 문제의 해법으로 이른바 "전출", 사실상 추방에 가까운 방안을 공개적으로 논의했다. 이는 극우

랍비 메이르 카하네만의 주장에 그치지 않았다. 1987년 7월 예비역 장군 레하밤 제에비가 처음 제기한 뒤, 국방차관 미카엘 데켈(리쿠드)(6), 리쿠드 청년부 부의장 메이르 코헨 아디도프, 극우 라테히야당의 유발 네만 교수 등이 잇따라 동조했다. 여론조사에서도 이 제안에 찬성하는 비율이 높았다. 한 조사에서는 50.4%가 찬성했고(7), 다른 조사에서는 찬성 31.5%, 유보 25.6%가 나왔다.(8) 이츠하크 샤미르 총리(리쿠드)는 국제평화회의를 "괴물"이라고 비난하면서도, 전출론에 대해서는 "별일 아니다. 다양한 의견이 있을 수 있다"고 평가했다. 또한 소수 종교당의 요세프 샤피라 무임소 장관은 "팔레스타인인 1인당 2만 달러를 지급해 이주시켜야 한다"고 주장했다.(9)

두 부류의 시민

이스라엘 내 아랍 시민은 약 65만 명으로 전체 인구의 17%를 차지한다. 1987년 12월 21일, 이들은 총파업을 실시해 점령지에서 벌어지는 동족 탄압에 항의하며 연대를 표했다. 1976년 '토지의 날' 이후 유사한 연대 시위가 매년 이어져 왔다. 1967년 전쟁 이후 국경이 사실상 사라지면서 단절됐던 유대인과 팔레스타인인 사이의 연결이 다시 형성된 것도 한 요인이었다.

아랍 시민들은 유대인 다수와의 평등을 원했지만, 현실은 크게 달랐다. 아랍계 장관, 대법관, 대사, 고위 관료는 사실상 존재하지 않았고, 드루즈를 제외한 아랍계 시민은 군 복무에서도 배제되었다. 지방정부 재정 지원도 유대인 지역보다 훨씬 적었으며, 사회보장 수당 역시 낮은 수준이었다. 최근 몇 년간 극우 세력의 폭행 사례도 늘어났고, 특히 혼인 문제와 관련해 "아랍인은 물러가라"는 구호가 빈번하게 등장했다.

그럼에도 이스라엘 내 아랍 시민의 생활 조건은 점령지에 거주하는 팔레스타인인들과는 차이가 있었다. 서안지구와 가자지구의 1인당 GNP는 연간 750달러 수준에 머문 반면, 이스라엘의 1인당 GNP는 약 5,200달러였다. 점령지의 경제 구조는 이스라엘에 크게 의존하고 있었다. 기업 설립에는 군정 당국의 허가가 필요했으며, 팔레스타인 전력회사는 독자적 운영 권한을 상실하고 이스라엘 전력망에 편입됐다. 점령지의 개발 사업은 주로 정착촌을 중심으로 진행됐고, 현지 시장에는 이스라엘산 제품이 대거 유입됐다. 그 결과 1986년 기준으로 점령지의 무역에서 발생한 연간 약 5억 달러 규모의 흑자는 팔레스타인 경제에 재투자되지 않고 이스라엘로 이전됐다.

같은 해 점령지 주민이 납부한 세금 1억 8,800만 달러 가운데 약 8,500만 달러만이 보조금 형태로 환원됐고, 나머지는 이스라엘 정부 재정으로 귀속됐다. 이와 함께 매일 약 12만 명의 팔레스타인 노동자가 이스라엘로 이동해 노동력을 제공했다.

봉기의 이유

팔레스타인인들이 남녀노소를 가리지 않고 거리로 나선 배경에는 점령에 대한 반발뿐 아니라 아랍 세계에 대한 실망도 작용했다. 이란-이라크 전쟁은 팔레스타인 문제로 향하던 역내 외교적 관심을 분산시켰고(10), 암만 정상회의는 팔레스타인해방기구(PLO)를 공식적으로 인정하면서도 관련 사안을 부차적으로 다뤘다. 요르단과 시리아는 각기 다른 이유로 PLO의 영향력을 제한하려는 움직임을 보였다. 요르단에서는 친왕파 성향의 팔레스타인인들을 조직해 국왕에 대한 충성을 공개적으로 표명하게 했고, 이에 대응해 팔레스타인 단체들은 PLO 지지를 확인하는 성명을 발표했다. 이후 이스라엘 당국은 팔레스타인 일간지 〈알 파즈르〉를 일주일간 정간 조치했다. 정치적 긴장이 높아진 가운데 팔레스타인인들은 거리 시위를 통해 국제사회에 자신들의 존재와 요구를 다시 알리고자 했다. 이는 팔레스타인 문제를 외교적 논의의 주변부로 밀어내려는 흐름에 대한 대응으로 해석된다.

글·암논 카펠리우크 Amnon Kapeliouk

(1) 〈Haaretz〉, 1987년 12월 13일.

(2) 2000년 이스라엘·점령지 유대인 420만, 아랍인 350만. 2010년엔 양측 인구가 같아질 것.

(3) 〈Haaretz〉, 1987년 12월 13일.

(4) 〈Davar〉, 1987년 12월 15일.

(5) 〈Yedioth Aharonoth〉, 1987년 12월 10일.

(6) 〈Haaretz〉, 1987년 7월 29일.

(7) 〈Hadachot〉, 1987년 7월 10일.

(8) 〈Maariv〉, 1987년 10월 29일.

(9) 〈Hadachot〉, 1987년 10월 29일.

(10) Amnon Kapeliouk, 「이스라엘은 어떻게 전쟁 장기화에서 이득을 보는가」, 〈르몽드 디플로마티크〉, octobre 1987.

어떻게 이스라엘에 대한
영구적 종속의 위험을 막을 것인가

에드워드 사이드 Edward W. Said (1935~2003)

팔레스타인 출신의 미국 문학이론가이자 사상가. 컬럼비아대학교 교수로 재직하며 1978년 출간된
대표작 『오리엔탈리즘』을 통해 서구 지식과 제국 권력의 관계를 비판적으로 분석했고,
팔레스타인 문제를 국제사회에 제기한 대표적 지성으로 평가된다.

1993년 9월 13일, 언론의 관심이 집중된 가운데 워싱턴에서 열린 오슬로 협정 서명식은 평화의 상징적 장면으로 연출됐다. 그러나 이 과정에서 팔레스타인인들에게 사실상 강요된 양보의 내용은 충분히 드러나지 않았다. 시명식에시의 익수는 국제사회에서 화해의 세스처로 받아들여졌지만, 정작 협정 이행 과정에서는 팔레스타인 사회의 권리가 여러 제약을 받게 됐다. 결과적으로 이 합의는 팔레스타인 민중에게 불리한 조건을 내포한 문서로 평가되며, 일부에서는 이를 일종의 '베르사유 조약'에 비유하기도 한다. 더욱이 지난 15년 동안 PLO가 보다 유리한 조건에서 협상할 수 있었던 기회가 여러 차례 존재했다는 점에서(1) 협정의 결과를 둘러싼 실망과 비판은 한층 더 커졌다.

예컨대 1970년대 말, 미국 국무장관 사이러스 밴스는 필자에게 야세르 아라파트를 설득해, PLO가 제시한 유보 조항을 포함하는 방식으로 유엔 안보리 결의 242의 수용 가능성을 검토해 달라고 요청한 바 있다. 이는 해당 결의를 팔레스타인 민족의 권리와 자결권을 인정하는 방향으로 재해석하는 시도였으며, 미국은 이러한 접근을 받아들일 준비가 되어 있다고 밝혔다. 실제로 그 조건이 충족될 경우, 미국은 즉각 PLO를 공식적인 대화 상대로 인정하고, 이스라엘과의 협상을 개시하겠다고 약

속했다. 그러나 아라파트는 이를 단호히 거부했고, 이후 제시된 유사한 기회들도 모두 거부했다. 걸프전 국면에서 PLO 지도부가 이라크에 대해 취한 정치적 입장은, 미국과 걸프 산유국들의 지지를 동시에 상실하게 만들며 조직의 외교적 고립을 심화시켰다. 1988년 팔레스타인 민족회의(PNC)의 일련의 결정들(2)을 제외하면, 인티파다가 만들어낸 정치적 성과는 대부분 소진된 상태였다. 오늘날 협정을 옹호하는 이들은 "다른 선택이 없었다"고 주장하지만, 실제로 현재의 상황에 이르게 된 데에는 가능한 다른 선택지들을 꾸준히 거부해 온 과정이 적지 않은 영향을 미쳤다는 비판도 존재한다. 팔레스타인 자결권은 자유·주권·평등으로 이어질 때 의미를 갖는다. 그러나 이번 합의는 오히려 이스라엘에 대한 영속적 종속을 제도화한다는 비판이 제기된다. 아라파트의 정치고문 나빌 샤아스는 이번 합의를 "완전한 대등(parité complète)"이라고 평가했지만, 제임스 베이커 전 미국 국무장관은 "이스라엘이 실제로 양보한 것은 'PLO를 팔레스타인 민중의 대표로 인정한 것'뿐"이라고 말했다. 이스라엘 내에서도 유사한 평가가 이어졌다. 9월 14일 〈BBC〉 인터뷰에서 이스라엘의 대표적 '비둘기파' 작가 아모스 오즈는 "이는 시온주의 역사에서 두 번째 위대한 승리"라고까지 표현했다.

팔레스타인 측의 일방적 양보

팔레스타인은 협상 과정에서 이스라엘을 국가로 인정하는 대신, PLO 헌장에 명시돼 있던 무장투쟁 노선과 과거의 저항 방식에 대한 입장을 철회했다. 이와 함께 팔레스타인 민족의 자결권, 귀환권, 국가 수립권을 명시해 온 다수의 유엔 총회 결의들 역시 협상의 기준으로 채택되지 않으면서, 실제 협상 준거로 더 이상 활용되지 않았다. 그 결과 팔레스타인 측에 남은 국제법적 근거는 안보리 결의 242호와 338호로 한정됐다. 그러나 이 두 결의는 '팔레스타인'이라는 정치적 주체를 명시적으로 언급하고 있지는 않다. 반면 유럽공동체, 비동맹운동, 이슬람회의기구(OIC), 아랍연맹, 유엔 등 여러 국제기구는 이스라엘의 정착촌 건설, 예루살렘과 골란고원의 합병, 점령지에서의 각종 위반 행위들을 지속적으로 비판해 왔다. 제1차 인티파다는 테러가 아니라 점령 하 주민들의 저항권 발현으로 평가되었음에도, PLO는 이를 더 이상 협상 전략의 자산으로 활용하지 않겠다는 듯한 태도를 보였다. 9월 13일 서명된 문서의 핵심은 팔레스타인인의 권리 보장이 아니라 이스라엘의 안보 확보에 있었다. 팔레스타인인들이 겪어 온 고통이나 집단적 권리에 대한 언급은 거의 찾아볼 수 없었다. 같은 날 이츠하크 라빈 총리는 "요르단강, 이집트·요르단 국경, 예루살렘, 정착촌, 그리고 도로에 대한 이스라엘의 주권은 유지된다"고 분명히 밝혔고, 이는 이 합의가 어디까지를 양보로, 어디까지를 불가침의 영역으로 설정했는지를 명확히 보여주었다.

이스라엘은 점령지에 200개가 넘는 정착촌을 건설했다. 일부는 폐쇄될 가능성이 있지만, 전략적 요충지에 자리 잡은 주요 정착촌들은 그대로 유지될 전망이다. 이로 인해 팔레스타인 거주 지역의 연속성은 크게 훼손됐고, 점령지의 55% 이상이 정착촌 구역 또는 군·행정 목적으로 수용된 토지로 전환됐다. 예루살렘만 보더라도 최소 25%가 강제로 편입됐으며, 가자지구에서는 17개 정착촌이 전체 토지의 약 30%를 차지했다. 수자원 역시 불균형이 심해, 이스라엘은 해당 지역 물의 약 80%를 점유하고 있다.

협상과정의 불평등

이스라엘은 점령지에서 거둔 막대한 세수(稅收)를 팔레스타인 측과 공유하지 않았다. 팔레스타인 기술위원회들이 존재했지만, 오슬로 협상팀이 이들의 분석과 자료를 충분히 반영했는지는 불분명하다. 협상 과정은 오히려 팔레스타인이 책임을 져야 하는 쪽이고 시온주의가 피해자인 것처럼 전개됐다는 비판도 제기된다. 피란민 수백만 명의 권리, 1948년 80만 명의 추방, 400여 개 마을의 파괴(3), 레바논 침공, 26년에 이르는 군사점령의 폭력 등은 협상 테이블에서 사실상 배제되었다. 이스라엘은 PLO를 공식적으로 인정했지만, 핵심 쟁점인 영토와 주권 문제는 모두 최종 단계로 미뤄졌다. 그 사이 서안과 가자는 국제적 용어상 "분쟁지역(disputed territories)"으로 불리게 되었으며, 이로 인해 점령의 법적 성격이 흐려졌다는 지적도 나온다.

내부 민주주의의 부재

라빈 총리는 PLO가 가자지구에서 경찰 기능을 맡아 내부 반대 세력을 스스로 통제할 것이라고 계산했을 가능성이 있다. 그렇게 될 경우 팔레스타인 측은 최종 협상 단계에 이르기 이전부터 정치적 기반이 약화될 수 있었다. 실제로 PLO는 민주적 제도 없이 권위를 독점한 채 움직였고, 내각 후보 일부를 이미 내정했다는 보도(5)도 나왔다. 일부 PLO 요원들은 모사드와 접촉해 아라파트 경호 문제와 치안 협력 방안을 논의한 것으로 알려졌다.(6) 그러나 이러한 협력 구조는 PLO가 이스라엘 군사행정의 보조 경찰 역할로 전락할 위험을 내포하고 있었다.

경제 종속 구조

발전 문제에 관해서는 일정한 합의가 있었지만, 모든 개발 계획은 이스라엘-팔레스타인 공동경제위원회의 승인을 거쳐야 했다. 이는 실질적으로 이스라엘이 팔레스타인 경제 전반을 통제하는 구조였다. 제조업과 수출, 노동시장 역시 이스라엘에 종속될 가능성이 높았다. 이스라엘 산업협회 회장 도브 로트만은 "팔레스타인 국가든 자치든, 요르단-팔레스타인 연합국이든 상관없다. 경제 경계는 열려 있어야 한다"(7)고 말하며 이러한 구상을 드러냈다. 결과적으로 팔레스타인 경제는 장기적으로 의존 상태에 놓이게 되고, 이스라엘은 아랍 시장으로의 진출 기반을 확보하게 된다. 이는 미국이 주도한 신자유주의적 경제 질서와도 궤를 같이하는 흐름으로 평가된다.

난민과 귀환권

팔레스타인 난민 문제는 최종 협상 단계로 미뤄졌지만, 실제로는 긴급한 대응이 필요했다. 레바논은 이미 35만~40만 명에 이르는 팔레스타인 난민의 귀화를 반대하고 있었고(8), 요르단과 이집트 역시 같은 입장을 보였다. 가장 큰 대가를 치른 이 난민들은 정작 귀환권에서 배제되고 있다. 반면 유대인은 누구나 귀환권을 인정받는다. 모든 난민의 귀환을 기대하기는 어렵지만, 귀환 또는 보상에 대한 선택권 자체를 박탈할 수는 없다. 이는 협상의 최종 단계로 미뤄둘 사안이 아니다. 오히려 해외의 PLO 사무소들이 난민들의 귀환 및 보상 청구를 접수하는 창구 역할을 해야 한다는 지적도 나온다.

결과적으로 오슬로 합의는 팔레스타인 측의 권리와 주권이 제한되는 구조를 제도화했다는 평가가 나온다. 점령과 정착촌 확장이 지속되는 한, 팔레스타인인의 저항은 국제법상 인정되는 권리이며, 비폭력적 시민 불복종 역시 이에 포함된다. PLO는 오슬로 합의에 대한 비판 세력을 테러리스트나 근본주의 세력으로 규정해 왔지만, 실제로 이 비판 진영에는 세속주의자, 민주주의자, 현실주의자 등 다양한 정치적 흐름이 포함돼 있다.(9) 이들 세력의 공통된 요구는 PLO 내부의 민주적 개혁이었다. 한편 이스라엘인과 팔레스타인인 모두의 자결권을 동등하게 인정하는 일부 인사들은, 빈곤과 불의, 군국주의에 맞서 양측이 연대할 필요성을 제기해 왔다. 이러한 연대가 현실화될 경우에만, 1993년 9월 13일의 악수가 실제로 화해와 평화의 출발점이 될 수 있을지에 대한 평가가 가능할 것이다.

글 · 에드워드 사이드 Edward W. Said (1935~2003)

(1) NDLR. - Allon 계획은 1967년에 요르단강을 따라, 사마리아 산지, 예루살렘-예리코 도로에 세 개의 이스라엘 정착촌 띠를 제안했다. 이는 이스라엘의 안보를 보장하기 위한 것이었다. 나머지 서안은 요르단에 할당되고, 예리코만 제외되었다. 이 계획은 공식적으로 승인되지 않았으나, 정착촌 건설에 관해서는 부분적으로 사실상 실행되었다.

(2) NDLR. - 1988년 11월 12~15일 알제에서 열린 제19차 팔레스타인국민의회는, 특히 예루살렘을 수도로 하는 팔레스타인 아랍국가의 독립을 선언하였다.

(3) NDLR. - 1948년 아랍 마을 파괴에 관하여는 Walid Khalidi, 『남아 있는 모든 것: 1948년 이스라엘에 의해 점령·탈주민화된 팔레스타인 마을들』, The Institute for Palestine Studies, Washington, DC, 1992, 636쪽을 참고하라.

(4) Cf. Uzi Benziman dans 〈Haaretz〉, 1993년 9월 3일.

(5) Cf. 〈Al Hayat〉, 런던, 1993년 9월 27일.

(6) Cf. 〈Boston Globe〉, 1993년 9월 17일.

(7) Asher Davidi의 연구를 보라, MERIP, 제184호, 1993년 9~10월호, Washington, DC.

(8) Cf. 〈Christian Science Monitor〉, 1993년 9월 28일.

(9) Mouin Rabbani의 훌륭한 연구를 보라, Middle East International, 1993년 9월 24일.

팔레스타인 국가의 신기루, 오슬로 협정

알랭 그레쉬 Alain Gresh

프랑스의 언론인이자 중동 전문 분석가. 〈르몽드 디플로마티크〉 프랑스어판 편집장을 역임하며 이스라엘-팔레스타인 문제와 아랍 세계의 정치·역사를 비판적으로 분석해 온 대표적 저자다. 온라인 매체 〈Orient XXI〉을 2015년 공동 창립했으며, 주요 저서로 『이슬람, 공화국, 세계』(2004), 『사랑의 노래: 이스라엘-팔레스타인, 프랑스의 역사』(2017) 등이 있다.

1999년 5월 4일은 1993년 오슬로 협정에서 정한 팔레스타인 임시 자치 기간의 종료일이었다. 협정은 5년 동안 예루살렘 문제, 정착촌, 난민, 영구 지위 등 핵심 현안을 해결한다는 목표를 세웠지만, 현실에서는 대부분의 사안이 미해결 상태로 남았다. 기한만 도래했을 뿐, 분쟁의 구조는 거의 변하지 않았다. 일각에서는 이 종료일을 계기로 국제법의 원칙으로 돌아가는 것이 교착 상태를 풀 수 있는 유일한 길이라고 본다. 그러나 이를 실현하려면 국제사회, 특히 유럽연합의 적극적인 개입이 필요하다는 지적이 있다. 결국 선택지는 분명해 보인다. 하나는 이스라엘과 팔레스타인이라는 두 독립 국가를 수립하는 길이고, 다른 하나는 장기 점령이 지속될 경우, 동일한 영토 안에서 집단에 따라 상이한 법적 지위와 권리 체계가 유지되는, 이른바 '아파르트헤이트적' 구조가 고착화될 수 있다는 지적도 제기된다.

1999년 5월 4일, 아라파트의 선택

1999년 5월 4일, 임시 자치 기간이 끝나는 날 야세르 아라파트 팔레스타인 자치정부 수반은 라말라에 모인 군중 앞에서 팔레스타인 국가의 탄생을 공식 선언했다. 120개국 이상, 대부분 남반구 국가들이 이를 즉각 인정했고, 팔레스타인은 이어 유엔 가입 신청을 제출했다.

이에 대한 이스라엘의 대응은 단호했다. 베냐민 네타냐후 총리는 보복 조치로 이스라엘 법 적용 범위를 '유대·사마리아의 모든 안전지대'로 확대한다고 발표했다. 미국은 아라파트의 선언을 공개적으로 비판했고, 유럽연합은 '유감'을 표하면서도 이번 위기의 책임이 이스라엘 정부에도 있음을 지적했다. EU는 양측의 자제를 요구하며 협상 재개의 필요성을 강조했다. 이날을 앞두고 이스라엘 언론과 외교가에서는 전망이 엇갈렸다. 한쪽에서는 팔레스타인 경찰과 이스라엘군 간의 충돌, 대규모 유혈 사태, 나아가 이스라엘군의 요르단강 서안 주요 도시 재진입 가능성을 경고했다. 다른 한편에서는 이번 사태가 교착 상태에 빠진 평화 프로세스를 다시 협상 국면으로 되돌리는 계기가 될 수 있다는 신중한 낙관론도 제기됐다.

아라파트를 밀어붙이는 세 가지 이유

당시 5월 17일 조기 총선—필요할 경우 6월 1일 결선투표까지 이어질 수 있는—은 정국을 불안정하게 만들었다. 이런 정치적 변수로 아라파트로 하여금 국가 선포 결정을 몇 주, 혹은 몇 달 미루게 할 여지도 있었다. 그러나 일정 자체는 변경되지 않았다. 1999년 5월 4일은 오슬로 협정이 규정한 5년간의 임시 자치 기간이 종료된 날로, 최종 지위 협상이 타결되지 않을 경우를 대비한 별도의 규정이 존재하지 않았다. 아라파트는 이 '법적 공백'을 하나의 지렛대로 삼으려 했다. 그는 "팔레스타인 땅 위에 팔레스타인 국가를 세울 권리"를 국제적으로 인정받고자 했으며, 지난 몇 달 동안 이러한 요구를 꾸준히 강화해왔다. 아라파트는 "5월 4일은 다른 날과 같을 수 없다"고 반복적으로 강조해왔고, 그를 압박하는 요인은 크게 세 가지로 요약된다.

자치 기간을 연장하는 방안은 자치의 종료 여부가 이스라엘 정부에 달려 있음을 인정하는 셈이 되었다. 이는 결과적으로 점령지의 미래를 좌우하는 데 있어 사실상의 '거부권'을 이스라엘에 부여하는 효과를 낳았다. 당시 아리엘 샤론 외무장관은 이미 새로운 단계를 제안한 바 있었다. 형식적으로는 '잠정적'이라고 하지만, 실질적으로는 기한 없는 연장을 의미하는 구상이었다. 문제는 이스라엘 내부의 정치적 구도에서 난민, 정착촌, 예루살렘과 같은 핵심 쟁점들이 사실상 해결 불가능한 사안으로 취급되었다는 점이다.(2) 이러한 조건에서는 협상의 진전을 기대하기 어렵고, 결국 현상 유지가 굳어지는 결과만 남게 되었다.

당시 아라파트는 내부 여론도 무시할 수 없었다. 팔레스타인 사회에서는 자치 체제가 점차 본래의 약속과 멀어지고, 또 다른 형태의 점령처럼 변질되고 있다는 인식이 확산되었다. 자치정부 내부의 부패와 독단, 경제 운영 실패에 대한 불만 역시 적지 않았다 아직까지는 대중적 지지를 유지하고 있지만, 평화 프로세스에 대한 신뢰는 언제든 빠르게 사라질 수 있었다. 이런 상황에서 '국가 선포'는 흩어진 여론을 다시 결집시키는 정치적 계기가 될 수 있었다. 일부 내부 반대파를 포용할 수 있다는 분석도 있다. 아울러 아라파트의 개인적 사정도 작용했다. 지지자들 사이에서 '노인'으로 불리는 아라파트는 그해 8월이면 일흔을 맞게 되었다. 그는 자신에게 남은 시간이 많지 않다는 인식 속에서, 가능한 한 이른 시점에 독립 팔레스타인 건국을 선언한 지도자로 기록되기를 바라는 계산이 작용했다는 해석도 제기되었다.

오슬로 프로세스의 균열

아라파트는 복잡한 정세를 자신의 정치적 결단으로 돌파하고, 국제적 인정을 확보하는 한편, 이스라엘 정부가 어떤 정치 세력에 의해 구성되더라도 지속 가능한 평화의 틀을 수용하도록 만드는 것을 목표로 했다. 그는 1998년 12월 5일, 비교적 주목을 받지 못한 오슬로 관련 행사에서의 연설을 통해 이러한 평화 구상의 윤곽을 제시했다. 이 구상의 핵심은 두 국가의 공존이다. 아라파트는 양측의 안보가 보장되는 조건 아래, 팔레스타인이 군비 경쟁이나 이스라엘과의 군사적 충돌에 관여하지 않겠다는 입장을 밝혔다. 또한 예루살렘을 분단되지 않은 '개방 도시'로 유지해, 팔레스타인과 이스라엘 주민들이 서로의 주권과 법을 침해하지 않는 범위에서 자유롭게 생활하고, 일하며, 이동할 수 있어야 한다고 강조했다. 그는 이러한 구상을 '전쟁과 대결의 논리에서 평화의 논리로의 전환'으로 규정하며, 국제사회가 수용할 수 있는 유일한 방향이라고 주장했다.(4)

이 연설은 1993년 9월 13일 워싱턴에서 야세르 아라파트와 이츠하크 라빈의 악수로 출범한 이른바 '오슬로 프로세스'가 사실상 교착 상태에 이르렀음을 간접적으로 인정한 것으로 해석된다. 오슬로 협정에 따라 자치와 팔레스타인 자치정부는 최종 지위 합의가 이뤄질 때까지 적용되는 5년간의 한시적 과도 체제로 규정됐다. 이 과정에서 난민 문제와 예루살렘의 지위, 정착촌 문제는 최종 지위 협상으로 유보됐다. 반면 안전 통로 설치, 정치범 전면 석방, 1967년 전쟁 이후 추방된 이들의 제한적 귀환 등은 협정에 명시된 이행 조치였으나, 대부분 이행되지 않았다.

식민화와 평화 사이

하마스의 자살 공격은 이스라엘의 일방 조치에 명분을 주었고, 그 결과 하마스는 협상에 참여하지 않으면서도, 폭력행위를 통해 평화 과정의 진전을 저지할 수 있는 영향력을 사실상 확보하였다. 오슬로 협상의 이스라엘 측 대표였던 우리 사비르(Uri Savir)는 훗날 테러리즘을 협상의 핵심 쟁점으로 삼은 선택이 결과적으로 평화 반대 세력의 영향력을 키웠다고 회고했다. 그는 "테러는 진정한 평화가 체결될 때까지 계속될 것"이라며, 이에 굴복해서는 안 된다는 입장을 밝혔다.(6) 1994년 2월 25일, 정착민 바루크 골드스타인이 헤브론의 한 모스크에서 29명의 무슬림 신자를 살해한 사건이 하마스의 자살공격을 촉발시켰다는 점은 상기할 필요가 있다.

식민화와 평화 사이

어떤 교착 상황에 부딪혀도 이를 중재할 장치는 애초부터 없었다. 일란 알레비(Ilan Halévi)는 1994년에 이렇게 지적했다. "이 협정에는, 어느 한쪽이 협정을 위반했을 때 제소할 수 있는 기구와 방법이 포함되어 있지 않다" (7). 따라서 이스라엘 노동당 정부는 아무런 불이익 없이 약속을 피기할 수 있었다. 유일하게 입력을 가할 수 있는 나라는 미국이었으나, 워싱턴은 늘 텔아비브 편이었다. "영토와 평화의 교환" 원칙에 대한 이스라엘의 거부는 정착 정책의 지속으로 확인되었다. 1993년~1996년 사이, 요르단강 서안 정착민은 11만 명에서 14만5천 명으로, 가자 지구는 3천 명에서 5천5백 명으로 늘었다. 토지 몰수와 기반 시설 공사는 오슬로 이후에도 계속됐다. 라빈 정부는 요르단강 서안 전역에서 철수하는 대신, 오슬로 II 협정에 따라 이를 A·B·C 세 구역으로 나누는 관리·통제 체계를 도입했다. 그 결과 점령은 종료되지 않은 채, 행정·군사적 통치 방식만 재편됐다. A구역은 라말라와 나블루스 등 주요 도시 지역으로, 팔레스타인 자치정부가 민정과 치안을 전면적으로 관할한다. 다만 헤브론은 이스라엘 정착민 거주 지역이 함께 존재한다는 이유로 예외적으로 '특수 지위'가 부여됐다. B구역은 약 450개의 팔레스타인 마을로 이루어져 있으며, 행정은 팔레스타인 측이 맡지만 이스라엘 군은 언제든 진입해 수색이나 체포 작전을 펼칠 수 있다. C구역은 서안 대부분을 차지하며 팔레스타인 주민이 거의 없다. 이 지역은 완전히 이스라엘의 통제 아래 남아 있다. 오슬로 협상가였던 우리 사비르(Uri Savir)에 따르면, 라빈은 군의 평가-'안보상 필수 지역'과 '정착촌 보호 필요성'-에 근거해 잠정기간이 끝난 뒤에도 서안의 절반 이상을 팔레스타인에 넘길 의사가 없었다고 한다. 라빈은 1995년 11월 4일 암살되기 직전, PLO를 협상의 완전한 파트너로 인정하고 평화의 기회를 놓쳐서는 안 된다는 방향으로 조금씩 움직이고 있었지만, 이미 상황을 바꾸기에는 늦은 시점이었다.

네타냐후와 정착 가속화

1996년 5월 집권한 이스라엘 우파 정부는 겉으로는 오슬로 협정을 유지했지만, 실제 정책은 점점 더 강경해졌다. 정착촌 확대는 오히려 가속화됐다. '평화 지금(La Paix Maintenant)'의 자료에 따르면, 1998년 9개월 동안 열 개 주요 정착촌의 인구는 5.9% 증가했는데, 이는 자연 증가율의 약 세 배에 해당한다. 같은 기간 인구는 8만 7,331명에서 9만2,584명으로 늘어났다.(9) 네타냐후 정부는 기존 정착촌의 확장뿐 아니라 새로운 정착촌 건설도 적극 밀어붙였다. 아리엘 샤론의 요구에 따라 정착민들은 서안의 언덕 꼭대기를 점거하기 시작했고, 이 조치는 미국조차 "평화 진전에 매우 파괴적"이라며 우려를 표할 정도였다. 그럼에도 워싱턴은 1980년대와 달리 이를 '불법'으로 규정하는 데는 소극적이었다.(10) 정착민들이 아랍 마을을 통과하지 않고도 이스라엘 본토로 쉽게 이동할 수 있도록 하는 우회도로가 계속 늘어나면서, 서안 지역은 점점 더 촘촘한 통제망 속에 갇히게 됐다. 이러한 변화는 협상과 별개로 현장의 지형을 재구성하며, 사실상 분리의 구조를 굳히는 결과를 낳았다.

팔레스타인 자치의 실상

5년의 임시 자치 기간이 끝났을 때, 팔레스타인 자치정부가 실질적으로 통제할 수 있는 요르단강 서안 지역은 전체의 10% 남짓에 그쳤다. A구역과 B구역을 모두 합쳐도 30%를 넘지 못했다. 가자 지구 역시 약 3분의 2만 팔레스타인 자치 아래에 있었다.(11) 이처럼 자치권은 서로 연결되지 못한 조각들에 흩어져 있었고, 주민들은 한 지역에서 다른 지역으로 이동할 때마다 수많은 검문소와 통제 절차를 거쳐야 했다. 해외로 나가는 길은 더욱 좁아졌고, 가능 여부는 이스라엘 당국의 판단에 좌우됐다. 1998년 12월 개장한 가자 국제공항도 외형만 국제공항일 뿐, 실제 운영은 이스라엘 경찰이 맡아 벤구리온 공항의 분점과 다르지 않았다.(12) 이런 환경에서 이동의 자유는 기본권이라기보다, 점령 당국이 허용할 때만 가능해지는 제한적 '특권'으로 남아 있었다.

오슬로 체제의 수혜자는 누구인가

협상이 반복될 때마다 아라파트는 서안 곳곳에 흩어진 작은 자치 구역을 확보하기 위해 상당한 양보를 감수해야 했다. 협상의 핵심 의제로는 일관되게 '이스라엘의 안보'가 강조됐고, 오슬로 합의에서 제시됐던 '영토와 평화의 교환'이라는 원칙은 점차 비중이 낮아졌다. 이 과정에서 이스라엘은 경제·안보 협력 구조를 활용해 일부 팔레스타인 엘리트를 의존적 지위에 묶어 두었다. 그들의 권력·특권·사회적 지위는 점령 당국과 직접 연결돼 있었고, 이는 자치정부 내부에도 구조적 제약을 만들었다. 한편 CIA는 가자와 라말라에 훈련센터를 설치해 팔레스타인 경찰을 교육·감독했다. 그 결과, 아라파트 이후의 지도부 결정 과정에 미국 정보기관이 사실상 '킹메이커'로 관여할 수 있는 통로가 형성됐다. 이스라엘은 이러한 구조 속에서 여러 실질적 이익을 얻었다. 첫째, 팔레스타인 지역 내 일상적 치안은 팔레스타인 경찰이 맡아 이스라엘군의 부담이 줄었다. 둘째, 점령 비용의 상당 부분이 국제사회의 대규모 지원금으로 상쇄됐다. 셋째, 예루살렘 동부 유대화와 정착촌 확장은 큰 제약 없이 지속됐다. 마지막으로, 이러한 협력 구도를 통해 이스라엘은 외교적 고립에서도 일정 부분 벗어날 수 있었다.

오슬로의 역설

그러나 오슬로 협정은 동시에 일부 되돌리기 어려운 현실적 변화를 만들어냈다. 팔레스타인의 정치적·사회적 존재는 더 이상 부정할 수 없는 사실로 굳어졌고, 이는 이스라엘과 미국을 포함한 국제사회에서도 공식적으로 인정받았다. PLO에 대한 외교적 지위와 지원 역시 이전보다 강화됐다. 자치정부가 권위주의적 성격을 띠었다는 비판은 있었지만, 그 내부에서는 국가 기구의 형성과 제도적 축적이 점진적으로 이루어졌다. 1996년 1월 선출된 입법위원회를 비롯해 다양한 행정 기관과 비정부기구(NGO)가 팔레스타인 지역에서 실제 활동 기반을 마련하기 시작했다. 이는 장기적으로 국가 체계를 구성하는 기초적 요소로 평가된다. 그러나 5년간의 협상이 마무리됐지만 핵심 쟁점들은 여전히 풀리지 않은 상태로 남아 있었다. 난민 문제는 유엔 총회 결의안이 '귀환권'을 명시하고 있음에도 구체적 진전이 없었고, 국경 문제 역시 이스라엘이 1967년 6월 4일 이전 경계선으로의 복귀를 거부하면서 협상이 반복적으로 교착됐다. 세 종교의 성지가 모여 있는 예루살렘은 가장 민감한 사안으로 남았다. 이스라엘은 도시를 '재통일된 영원한 수도'로 규정한 채 정착 확대와 아랍 주민 축출을 지속했다. 물 문제 또한 복잡성과 민감성을 이유로 논의가 계속 미뤄졌으며, 희소한 자원을 둘러싼 갈등은 장기적으로 새로운 분쟁의 씨앗이 될 가능성을 남겼다.

인구와 국제법이라는 카드

비록 팔레스타인 측이 전반적으로 약세에 놓여 있지만, 주목할 만한 강점도 존재한다. 첫째는 인구학적 변화다. 팔레스타인 역사적 영토 전체를 기준으로 보면 2007년에서 2013년 사이 팔레스타인 인구가 다수를 차지할 것으로 전망됐다. 이는 이스라엘이 결국 선택의 기로에 서게 된다는 점을 시사한다. 두 개의 독립·주권 국가를 수용할 것인지, 불법적인 영토 점유를 지속하며 아파르트헤이트적 억압 구조를 고착화할 것인지, 혹은 아랍인과 유대인이 동등한 시민으로 참여하는 단일국가 체제로 나아갈 것인지가 불가피한 질문으로 떠오른다. 둘째로 국제법은 여전히 팔레스타인 측이 활용할 수 있는 중요한 수단이다. 오슬로 협정에서 어떤 변화가 있었든, 가자지구·요르단강 서안·예루살렘 동부는 국제법상 불법 점령지이고, 정착촌은 불법이라는 사실은 달라지지 않는다. 이스라엘은 이 지역들에 대해 주권을 갖지 못하며, 단지 사실상의 통제만 행사하고 있을 뿐이다. 5월 4일 이후의 전망은 더욱 복잡해졌다. 이스라엘 총선을 앞두고 유럽연합과 미국은 아라파트에게 시한 연기를 요구했다. 노동당의 요시 베일린과 전 장군 오렌 샤호르는 하나의 절충안을 제시했는데, 이스라엘이 팔레스타인 국가의 권리를 인정하는 대신 자치 기간을 2001년 1월 1일까지 연장하는 구상이었다. 그러나 이 제안이 교착을 풀 현실적 방안이 될지는 여전히 불확실했다.

그렇다면 아라파트가 국가 선포를 강행한다면, 혹은 몇 달 미루더라도, 팔레스타인인들의 '다음 날'은 달라질 수 있을까. 이에 대해 회의적인 시각도 적지 않다. 이스라엘 국회의 아랍계 의원 아즈미 비샤라는 국가 선포가 기대와는 다른 결과를 가져올 수 있다고 본다. 그는 국가 선포가 팔레스타인 사회의 에너지를 새 국가의 국제적 인정 문제에 집중시키는 반면, 정착 철거, 1967년 점령지 회복, 예루살렘 문제와 같은 핵심 과제들은 오히려 뒤로 밀릴 수 있다고 지적한다.(13) 하마스의 정신적 지도자로 불리는 아흐마드 야신 역시 같은 의문을 제기한다. 그는 "팔레스타인 국가를 또 선포한다고? 어디에? 국가를 선포할 해방된 영토가 존재하는가?"라고 반문하며, 1988년 알제리에서의 국가 선포가 실제로 무엇을 바꾸었는지 되묻는다.(14) 팔레스타인 지식인 에드워드 사이드 역시 냉소적인 평가를 내놓는다. 그는 "이스라엘은 우리 땅을 체계적으로 빼앗고 있고, 우리는 그저 '그들은 빼앗지 않았다'고 말하며 그 땅을 우리 국가라 부른다"고 지적하며,(15) 선언이 현실을 바꾸지 못하는 구조적 한계를 지적했다.

국제사회의 책임

궁극적으로 향후 전개는 국제사회의 대응에 달려 있다. 국제법은 정의롭고 지속 가능한 평화를 위한 기본 원칙을 이미 제시해왔다. 1967년 점령지 전부에서의 이스라엘 철수, 팔레스타인 민족의 자결권 보장, 그리고 이스라엘이 국제적으로 인정된 국경 안에서 안전을 보장받는 것 역시 국제법이 제시하는 기본 원칙이다. 아라파트가 국가 선포를 통해 미국과 유럽연합의 보다 적극적인 개입을 유도하려는 이유도 여기에 있다. 오슬로 프로세스가 이미 구조적 한계에 봉착했다는 판단 때문이다. 1991년 10월 걸프전 직후 개최된 마드리드 회의는 중동사에서 중요한 전환점으로 평가된다. 당시 주요 분쟁 당사자들이 처음으로 타협의 기초를 마련했다. 지금 필요한 것은 이 회의를 워싱턴, 모스크바, 브뤼셀의 공동 주도로 다시 열어 이스라엘과 팔레스타인뿐 아니라 시리아, 레바논, 아랍 세계 전체를 아우르는 포괄적 평화를 모색하는 일이라는 지적이 나온다.

글 · 알랭 그레쉬 Alain Gresh

(1) 예: Uri Avnery, 〈Maariv〉 일간지; 〈Mideast Mirror〉, 런던, 1998년 6월 23일자 재인용; 〈The Jerusalem Report〉, 예루살렘, 1998년 7월 6일자 특집; Gershon Baskin, Zakaria al-Haq, 『그다음 날』, 이스라엘-팔레스타인 연구 정보센터, 예루살렘, 1998년 12월.

(2) Akiva Eldar, 「샤론의 새로운 계획」, 〈Haaretz〉, 텔아비브, 1998년 11월 5일.

(3) Khalil Shikaki, 「지금의 평화인가, 이후의 하마스인가」, 〈Foreign Affairs〉, 뉴욕, 1998년 7-8월호.

(4) 1998년 12월 8일 〈Fofognet〉 인터넷 게시.

(5) '추방된 사람들'은 1967년 전쟁 당시 추방된 팔레스타인인들을 가리킨다. 당시 약 25만 명으로 추산됐으며, 현재는 약 100만 명에 이르는 것으로 보인다.

(6) Uri Savir, 『중동을 바꾼 1,100일』, Odile Jacob, 파리, 1998년, 174쪽.

(7) Ilan Halévi, 「이스라엘-팔레스타인 협상의 용어 해설」, 〈Revue d'études palestiniennes〉, 파리, 제50호, 1994년 겨울호.

(8) Uri Savir, 앞의 책, 218쪽.

(9) 〈Haaretz〉, 1999년 2월 16일자; 〈Summary of World Broadcasts〉, 런던, 1999년 2월 18일자 재인용.

(10) 「서안지구 장악: 언덕 하나씩」, 〈International Herald Tribune〉, 파리, 1999년 3월 17일.

(11) 만약 와이 플랜테이션 협정이 완전히 이행되었다면, 구역 분할은 다음과 같았을 것이다. A구역 18.2%, B구역 21.8%(이 중 3%는 '자연공원'), C구역 60%.

(12) 「새로운 팔레스타인 권력: 아라파트 부인」, 〈International Herald Tribune〉, 파리, 1999년 2월 5일.

(13) 〈Al Hayat〉, 런던, 〈Mideast Mirror〉, 런던, 1998년 8월 26일자 재인용.

(14) 〈Mideast Mirror〉, 런던, 1998년 5월 22일자.

(15) Edward Said, 「마지막 땅 이후」, 〈Al Ahram Weekly〉, 카이로, 1998년 7월 23-29일자.

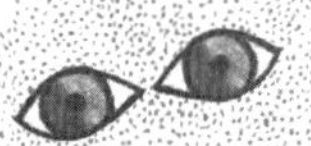

　2014년 7~8월 이스라엘군의 가자지구 공격을 보도하는 과정에서, 일부 언론은 분쟁 당사자 간의 구조적 불균형을 충분히 짚지 않은 채 양측의 주장을 병렬적으로 제시하는 방식을 취했다. 이러한 보도 관행은 사실관계의 맥락과 힘의 비대칭을 설명하는 데 한계를 드러냈다. 극우 성향의 〈폭스뉴스(Fox News)〉가 스스로를 "공정하고 균형 잡힌(fair and balanced)" 매체로 자임해 온 점은, 언론이 말하는 '균형'이 어떻게 구조적 폭력과 책임의 비대칭을 흐릴 수 있는지를 보여주는 대표적 사례다.

　그러나 중동 분쟁을 다루는 언론에서 흔히 동원되는 '균형'의 논리는, 책임이 결코 대등하게 분배되지 않은 현실을 마치 동일한 조건의 충돌인 것처럼 보이게 만들고, 결국 누가 점령 권력을 행사하고 있는지조차 흐릿하게 만든다. 다른 국제적 위기에서는 이런 보도 방식이 거의 없다는 점에서 이러한 왜곡은 더욱 두드러진다. 실질적 균형 보도가 어려운 데에는 이유가 있다. 가자에서 벌어지는 대규모 민간인 학살과 텔아비브 해변에서 울리는 로켓 경보음을 같은 비중으로 다루려 한다면, 저울은 이미 한쪽으로 기울어진 것이나 다름 없다.(1) 피해의 규모와 성격은 애초에 비교의 대상이 아니다. 여기에 더해 분쟁 당사자들 사이에는 정보 생산과 유통 능력에서도 뚜렷한 격차가 존재한다. 이스라엘은 체계화된 홍보 조직을 통해 서방 언론과 적극적으로 소통하며 친이스라엘 보도를 확산시킬 수 있는 반면, 팔레스타인 측은 유력 언론에 대한 접근이 크게 제한되어 있고, 외부로 전달할 수 있는 내용 또한 대체로 민간인의 피해와 고통에 머문다. 이러한 구조적 비대칭 속에서 '균형 보도'라는 개념은 사실상 현실과 거리를 둘 수밖에 없다.

　서방 언론이 주목하는 것은 점령지의 고통과 연민이 아니라, 사건을 해석하는 틀과 이를 조직하는 서사의 선점이다. 이러한 담론 구조가 대중의 인식을 형성하는 데 훨씬 더 결정적인 역할을 하기 때문이다. 수십 년 동안 반복되어 온 설명은 동일하다. 이스라엘은 언제나 "보복"하거나 "응수"한다는 인식이다. 마치 군사적 열세에 놓인 작은 국가가, 강력한 동맹도 없고 방어적 위치에 있으면서도, 매번 공격에 맞서 압도적인 승리를 거두는 것처럼 그려져 왔다. 때로는 이스라엘 측 피해가 거의 없었음에도 이러한 구도는 유지돼 왔다. 요컨대 이 같은 서사적 틀 속에서 모든 충돌은, 이스라엘이 납치·테러·공격·암살 등 원인 불명의 공격을 먼저 당한 뒤 불가피하게 대응에 나선 것처럼 구조화된다. 바로 이 잘 설계된 이야기 구조 위에서 '균형'이라는 논리가 전개된다. 언론 시장에서 한쪽에서는 민간인을 향한 로켓 발사를 비판하고, 다른 쪽에서는 이스라엘의 대응 폭격이 훨씬 더 큰 살상을 초래했다고 지적하는 식이다. 그 결과, 전쟁범죄의 책임이 양측 모두에게 있다는 식으로 결론되며, 논점이 마치 중간 지점 어딘가에 있는 것처럼 처리된다.

그러는 사이 분쟁의 본질은 종종 가려진다. 요르단강 서안의 군사 점령, 가자지구에 대한 경제 봉쇄, 그리고 계속되는 정착지 확장이 그것이다. 〈24시간 뉴스〉 채널들은 이런 구조적 문제를 충분히 다루지 않고 표면적 사건에만 초점을 맞추곤 한다. 예컨대 1967년의 6일 전쟁과 2003년 이라크 전쟁 사이, 36년 동안 유엔 안전보장이사회 결의 위반 사례의 3분의 1 이상이 단 한 국가, 이스라엘에 의해 발생했으며, 그중 상당수는 팔레스타인 영토의 식민화와 직접적으로 관련되어 있다는 사실을 시청자들 가운데 얼마나 알고 있을까.(2) 이런 맥락을 배제한 채 가자에서 단순히 휴전을 체결하는 것은, 국제법상 이미 인정된 위반 상태를 지속시키는 것에 불과하다는 비판이 나온다.

이제는 프랑스조차 이러한 현실을 방관하고 있다. 2014년 가자 전쟁 당시 하마스의 로켓 발사와 관련해, 프랑수아 올랑드 대통령은 2014년 7월 9일 발표한 성명에서 수십 명에 이르던 팔레스타인 민간인 희생에 대해서는 언급하지 않은 채, 이스라엘 정부가 "자국민을 보호하기 위해 필요한 모든 조치를 취해야 한다"고 밝혔다. 이 발언이 나온 순간, 그의 태도는 더 이상 균형을 유지하려는 외교적 입장과는 거리가 멀어졌다. 오히려 이스라엘 우파의 논리를 사실상 대변하는 입장에 가까웠다.

— 글·세르주 알리미 Serge Halimi
(1) 이 충돌은 총 팔레스타인인 2천 명 이상, 이스라엘인 66명의 목숨을 앗아갔다.
(2) 「Deux poids, deux mesures」(이중 잣대), 〈르몽드 디플로마티크〉 2002년 10월호

크리스토퍼 앤더슨 -「순교자들을 묘사한 포스터들, 나블루스, 요르단강 서안」, 2002년

3부
굽히지 않는 저항

팔레스타인인들에게 이스라엘의 지배 아래에서 살아간다는 것은 곧 생존을 위한 끊임없는 투쟁을 뜻한다. 그러나 이러한 현1실은 동시에 내부의 정치적 경쟁을 자극하고, 팔레스타인 사회의 분열을 심화시키는 요인으로 작용한다. 특히 폭력이 동족 간 충돌로까지 번질 경우 그 파장은 더욱 커진다. 팔레스타인 국민의 열망을 공식적으로 대변하는 기구인 팔레스타인 자치정부는 점령 세력에 대한 비판과 규탄의 요구에 직면해 있다. 동시에 안보 문제를 둘러싸고 이스라엘과 일정 수준의 조정을 강요받는 현실적 제약도 안고 있다. 이 두 요구 사이에서 자치정부는 끊임없이 위태로운 균형을 유지해야 하는 처지에 놓여 있다.

쉼 없이 이어지는 인티파다,
움직이는 팔레스타인 사회

나딘 피카두 Nadine Picaudou)

프랑스의 역사학자이자 중동 전문가. 팔레스타인과 근현대 아랍 세계의 정치·사회사를 연구해 왔다.
주요 저서로는 『팔레스타인인들, 한 세기 역사』와 『중동을 뒤흔든 10년(1914~1923)』 등이 있다.

아리엘 샤론 정부에 노동당이 '보증인' 자격으로 참여하기로 한 결정은 내부의 격렬한 반발 끝에 내려진 것으로, 강경 우파 노선에 대한 사실상의 항복으로 평가된다. 이 선택은 이미 고착된 이스라엘-팔레스타인 간 정치적 교착 상태를 더욱 굳히는 결과를 낳았다. 한편, 미국 국무장관의 중동 순방은 워싱턴의 정책 우선순위가 더 이상 이스라엘-팔레스타인 평화가 아니라 이라크 문제에 맞춰져 있음을 분명히 보여주었다. 그 사이 요르단강 서안과 가자지구에서는 강압적 조치가 계속되고, 팔레스타인 사회는 제1차 인티파다(1987~1993) 때와는 다른 방식으로 새로운 형태의 조직과 대응을 모색하고 있다.

인티파다 알-악사와 새로운 전선

2000년 9월 말에 시작된 봉기는 곧바로 전 세계에 그 이름과 상징을 각인시켰다. 국제 여론은 이를 "알-악사 인티파다"라 불렀지만, 이 명칭만으로 당시 상황을 설명하기는 어렵다. 표면적으로는 제1차 인티파다와 유사해 보이지만, 두 봉기 사이에는 분명한 단절이 존재한다. 무엇보다 충돌이 벌어진 공간적 구조가 크게 달라졌다. 제1차 인티파다는 무장하지 않은 민간인들이 도심에서 점령군과 대치하는 형태였지만, 이번 봉기는 팔레스타인 자치구역의 경계, 정착촌 주변, 군 검문소 등 일종의 '전선'에서 제한적이고 격렬한 충돌이 이어졌다. 이처럼 구획된 공간에서의 대결은 전례 없는 수준의 폭력을 동반했다. 이스라엘군이 저격수 배치와 헬리콥터 미사일 공습 같은 군사적 수단을 적극적으로 동원하면서, 봉기는 과거와는 전혀 다른 양상으로 전개되었다.(1)

현재의 충돌 지형은 오슬로 프로세스가 만들어낸 구조의 결과다. 제 1차 인티파다 이후 탄생한 팔레스타인 자치 체제는 시간이 흐르며 본래의 취지와 달리, 이스라엘이 팔레스타인 대중을 간접적으로 통제하기 위한 '치안 대리인' 역할로 전락하였다. 이는 이스라엘의 식민지적 무력 진압에 따르는 정치적·외교적 비용을 줄이면서도 봉기의 급진화를 막기 위한 전략이있다. 이 과정에서 '분리'는 이스라엘이 선택한 핵심 성책이 되었고, 이를 폭력으로부터 스스로를 보호하는 가장 효과적인 방패로 제시하는 담론도 강화됐다. 최근 이스라엘 내부에서는 장벽과 분리 구조를 더욱 강화해야 한다는 주장이 커지고 있으며, 서방에서도 일부는 인구 이동이 수반되더라도 이러한 정책이 불가피한 해결책이라고 주장하고 있다.

이스라엘이 가장 우려하는 시나리오는 '두 국가'의 출현이다. 지중해와 요르단강 사이의 전체 인구 구성', 즉 이스라엘 본토와 점령지(동예루살렘, 서안지구, 가자지구)를 모두 포함한 지역의 인구 분포를 보면, 2010년 무렵에는 아랍 인구가 유대인 인구를 넘어설 것이라는 인구학적 전망이 꾸준히 제기돼 왔다. 출산율 또한 이스라엘인 여성 1인당 2.7명, 팔레스타인 여성 1인당 5.64명으로 큰 차이가 난다.(2) 이 인구 구조의 변화는 이스라엘이 추구해 온 '대(大)이스라엘' 구상에 중대한 도전으로 받아들여졌다. 이러한 우려는 오슬로 프로세스의 설계에도 반영됐다. 오슬로 체제의 핵심은 주권과 인구를 분리해 관리하는 구상이었다. 국경과 영공, 지하수-특히 물-와 토지의 일부는 이스라엘이 계속 통제함으로써 실질적 주권을 유지하는 한편, 팔레스타인 사람들만 서안지구·가자지구 같은 자치 구역으로 따로 떼어 놓고 관리한다는 방식이었다. 이 구조에서 정착촌은 핵심적인 장치였다. 정착촌은 팔레스타인 측의 주권을 잠식하는 동시에, 정착민 보호를 명분으로 이스라엘군을 현장에 상주시킬 수 있는 명분을 제공했다.

좌절과 무력감 속의 팔레스타인 사회

팔레스타인인들에게 정착촌 철거는 온전한 주권을 확보하기 위한 필수 조건이다. 그러나 현실에서 정착촌은 매일 팔레스타인 마을과 도시를 압박하며, 주민들을 서서히 밀어내는 식민화의 상징이 되고 있다. 많은 팔레스타인인들이 "알-악사 모스크를 위해 죽겠다"고 외치지만, 실제로 목숨을 잃는 장소는 종종 네짜림(Netzarim) 교차로와 같은 정착촌 인근의 갈등 지대다. 이번 봉기의 사회적 성격 또한 제1차 인티파다와는 뚜렷한 차이를 보인다. 과거에는 비무장 민간인이 대거 참여한 대중적 저항이 중심이었지만, 이번 봉기는 상대적으로 소수의 적극적 참여자에게 의존하고 있다. 다수의 팔레스타인인들은 봉기를 지지하면서도, 분노와 피로, 그리고 직접 참여하지 못하는 현실이 뒤섞인 복합적인 정서 속에 머물러 있다. 일상의 불안정은 이러한 분위기를 더욱 심화시키는 요인이 되었다. 자치 체제는 실업의 악화와 이동의 제약을 초래했고, 이는 생활 수준뿐 아니라 사회적 유대 약화로 이어졌다. 소득이 줄어들면서 사람들은 가족·친족 중심의 전통적 연대로 돌아가게 되었고, 이는 개인의 독립성을 약화시키는 한편, 국가적 차원의 연대보다는 혈연·이

빙고 (Bingo)

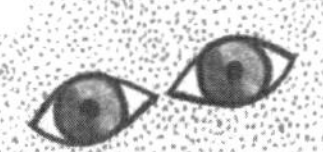

팔레스타인 지역에서 '빙고(bingo)'라는 표현은 이스라엘군이 주시하는 인물로 분류된다. 이는 활동가로서의 이력이나 시위 참여 여부 등과 관련이 있으며, 해당 당사자가 자유롭게 지낼 수 있는 시간이 얼마 남지 않았음을 암시한다. 이 용어는 제1차 인티파다(1987~1993) 시기에 등장했다. 당시 팔레스타인인이 체포되어 수감되면, 이스라엘 점령 당국이 발급한 오렌지 카드(일반 신분증)는 일시적으로 효력을 잃었다. 석방 시에는 그린 카드가 발급되었는데, 이는 구속 경험자를 나타내는 신분증으로 6개월간 유효하며 연장도 가능했다. 군사 검문소에서 그린 카드를 제시하면, 이스라엘 군인들이 "빙고"라고 외치며 해당 인물을 다시 체포하거나 장시간 심문하는 일이 적지 않았다. 이로 인해 '빙고'는 곧 특별 감시 대상자를 지칭하는 말로 굳어졌다.

제2차 인티파다(2000~2005) 동안 이 표현은 더 무거운 의미를 띠었다. 당시 이스라엘은 사전 통보나 법적 절차 없이 표적 암살을 자주 시행했으며, '빙고'로 분류된 이들은 더 치명적인 위험에 노출되었다. 특히 오늘날 빙고라는 표현은 이스라엘의 탄압 대상 1순위로 지목된 팔레스타인 청년들을 가리킨다. 1994년 팔레스타인 자치정부 출범 이후에도 신분증 체계의 기본 구조는 크게 달라지지 않았다. 현재 팔레스타인 주민증도 녹색으로 발급되며, 과거 오렌지 카드 시절의 식별 번호 체계가 그대로 이어지고 있다. 이는 점령 행정이 남긴 제도적 흔적이 여전히 팔레스타인의 일상적 관리와 감시 체계 속에 살아 있음을 보여준다.

— 글·올리비에 피로네 Olivier Pironet

웃 중심의 관계를 중시하게 되었다.(3) 검문소와 허가제는 팔레스타인 사회 내부의 위계를 더욱 뚜렷하게 만들었다. 자치정부 고위 관료는 자유통행증을 소지해 비교적 자유롭게 이동할 수 있었지만, 상인과 노동자는 정기적으로 갱신해야 하는 허가증에 의존해야 했다. 대다수 주민은 아예 봉쇄 구역 안에 묶여 있었다. 자치는 점령을 완화하기는커녕, 오히려 이스라엘 당국의 결정과 자의적 판단에 더욱 의존하게 만들었다는 좌절감을 키웠다. 제1차 인티파다 시기에 형성됐던 조직망은 해체됐고, 팔레스타인 사회 전반에는 점차 탈정치화의 경향이 확산됐다.

협회, 민중조직, 그리고 NGO

팔레스타인 사회에는 다양한 시민사회 협회들이 엮여 형성된, 유대감이 강한 촘촘한 조직망이 존재한다. 가족·마을 공동체·종교 조직과 더불어 이러한 네트워크는 점령에 대한 저항의 기반이 되었다. 협회들은 보건·교육 등 이스라엘 당국이 방치한 영역에서 주민들의 기본적 필요를 충족시키는 한편, 정치·사회적 동원을 이끌어내는 역할도 수행했다. 여러 협회는 PLO 산하 정파들과 연계돼 있었고, 노조·여성단체·학생회를 둘러싸고 파타(Fatah), 좌파 조직, 민족주의 세력, 이슬람주의 단체 간에 이른바 '기관 전쟁'이 벌어지기도 했다.(4) 이러한 시민사회 조직들은 미래 국가의 기초가 될 수 있는 제도적 싹으로 여겨졌다.

1982년 봄 이스라엘의 강경 탄압으로 국가 건설의 전망이 어둡게 되자, 팔레스타인 내부의 활동은 정치 중심에서 사회 참여로 방향을 옮겼다. 그 과정에서 자원봉사 중심의 인민위원회가 등장해 도시 환경 정비, 빈민을 위한 의료·법률 지원, 협동조합, 가족계획 센터 등 다양한 영역으로 활동을 확대했다. 이 조직들은 정치 단체의 인력 풀 역할을 하는 동시에, 광범위한 민중 동원을 이끌어내는 기반이 되었다. 1988~1989년 인티파다는 바로 이 구조를 통해 민간 불복종 운동과 대안적 사회·경제 실험을 확산시킬 수 있었다.

그러나 1990년대로 들어오면서 NGO들은 점차 전문화되고 탈정치화됐다.(5) 국제 원조의 상당 부분이 팔레스타인 자치정부로 흘러들어가면서, 과거 동원의 촉매 역할을 하던 NGO들은 점차 단순한 '개발 기구'로 기능이 축소되었다. 1994년부터 1999년 사이 정당 소속 비율은 절반 이하로 감소했고, 무소속은 두 배 이상 증가했다. 이러한 변화는 특히 교육 수준이 높은 층에서 두드러졌으며, 젊은 세대에서는 정치적 무관심과 이민 희망이 뚜렷하게 나타났다.(6)

오슬로 체제의 위기와 이중과제

오슬로 체제가 낳은 이러한 구조적 모순과 의존 관계는, '빨리 평화를 만들자'는 조급함이 오히려 지속 불가능한 평화 구조를 만들어냈음을 보여준다. 팔레스타인 지도부는 불리한 힘의 비대칭 속에서 7년간 지속적으로 압박을 받았고, 국가 건설 과정은 내부적 필요가 아니라 외부 요구와 국제적 협상에 의해 움직였다. 그만큼 국가의 성립이 자발적 축적이 아닌 외부적 '시혜'로 귀결될 위험이 컸다. 2000년 7월 캠프 데이비드 협상이 결렬된 뒤 아라파트가 귀환했을 때 환영 물결이 일었던 것도, "처음으로 세계 앞에서 NO라고 말했다"는 안도감의 표현이었다. 문제는 팔레스타인 자치정부 자체가 지닌 이중성과 모순이다. 자치정부는 해방운동의 산물이지만, 동시에 이스라엘과 실질적으로 연결되어 있는 구조였다. 특히 치안 분야에서 그러했다. 혼합 순찰과 정보기관 간 협력 체제는 자치정부가 점령 질서로부터 완전히 독립하지 못한 현실을 드러냈다.(7) 팔레스타인 지도부가 가진 거의 유일한 압박 수단은 이스라엘과의 보안협력을 중단하는 것이었다. 그러나 최근 협력자 처형

알-나크사(Al-Naksa)

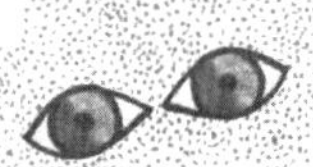

  '나크사(Naksa)'는 팔레스타인 현대사에서 중요한 사건으로 언급되지만, 보다 널리 기억되는 '나크바(Nakba, 대재앙)'에 비하면 상대적으로 덜 알려진 용어다. 아랍어로 '재추락' 또는 '퇴행'을 뜻하는 이 단어는 1967년 6일 전쟁에서의 아랍 측 패배와 그 후폭풍을 포괄적으로 지칭한다. 이 전쟁으로 약 30만 명의 팔레스타인인들이 요르단강 서안, 가자지구, 동예루살렘에서 이주해야 했다. 이는 1948년 나크바 이후 팔레스타인 공동체의 강제적 흩어짐과 장기적 불안정을 재현한 사건이었다. 그러나 나크사가 의미하는 바는 단순한 영토 상실이나 인구 이동에 그치지 않는다.

  이는 당시 아랍 국가들이 추진하던 진보적·민족주의적·근대화 프로젝트가 좌절된 전환점을 뜻하기도 한다. 이러한 국가적 구상은 이집트의 가말 압델 나세르가 이끌었던 나세르주의, 그리고 시리아와 이라크에서 국가 이데올로기로 채택되었던 바아스주의(Baathisme)를 중심으로 전개되었으며, 그 절정은 1958~1961년 이집트와 시리아가 결성한 아랍연합공화국이었다. 이는 아랍 세계의 정치·경제적 통합을 목표로 한 가장 야심찬 시도였지만, 1967년의 패전 이후 추진 동력이 크게 약화되었고, 이후 아랍 민족주의는 빠른 속도로 쇠퇴기에 접어들었다.

  1950년대부터 1967년까지 약 20년 가까이 아랍 사회는 1948~1949년 팔레스타인 상실(나크바)이라는 근본적 비극을 되돌릴 두 번째 기회를 기다려 왔다. 당시 아랍 지도층과 대중 사이에서는 지역 질서를 재편하고 잃어버린 영토를 회복할 수 있다는 기대가 꾸준히 유지됐다. 그러나 1967년 6일 전쟁 이후 정세는 결정적으로 변화했다. 이스라엘 국가는 지역 내에서 영속적인 정치적 현실로 자리 잡았고, 전쟁 이후 점령지에 대한 통제는 점차 되돌릴 수 없는 구조로 고착되기 시작했다. 이러한 변화는 정치·외교적 담론뿐 아니라 아랍 세계 내부의 전략적 사고 전반에도 뚜렷한 전환을 가져왔다. 그 결과 전후의 정치 지형은 이스라엘의 우위를 기정사실로 받아들이는 방향으로 재편되었다. 팔레스타인에서는 매년 6월 5일을 '나크사' 기념일로 지정해 1967년 패전과 그 여파를 기억

사례는 실제 정책 변화라기보다 여론을 진정시키기 위한 상징적 조치에 가까웠다. 경제적 의존 구조 속에서 팔레스타인 공기업들은 특정 수입품의 독점 이익을 확보했고, 이는 이스라엘 당국과의 새로운 이해관계망을 형성했다.(8) 그 결과 팔레스타인 자치체제는 '해방운동과 점령당국과의 협력'이라는 역설적 상황에 갇히게 됐다.

팔레스타인 사회는 동시에 두 가지 과제를 수행해야 했다. 하나는 여전히 완수되지 않은 민족해방이고, 다른 하나는 이미 시작된 국가 건설이다. 이 두 단계가 겹치면서 여러 갈등이 드러났다. 난민과 원주민 사이의 긴장, NGO와 자치정부 간의 역할 충돌, 혁명적 정통성과 헌정적 합법성의 충돌 등 다양한 형태로 균열이 표출됐다.(9)(10)

야당의 약세와 파타의 주도

이번 인티파다에서 주목되는 점은 야당의 존재감이 거의 드러나지 않는다는 사실이다. 오슬로 협정에 반대해온 세력들이 봉기를 주도한 것도 아니었다. 좌파 민족주의 진영은 대안을 제시하는 데 실패했고, 지식인들은 사회시민 담론을 반복하는 데 그쳤다. 이슬람주의자들 역시 중심적 역할을 하지 못했다. 최근 조사에서 하마스의 지지율은 13%에 머물렀는데, 이는 1990년대 초반 30% 수준에서 크게 하락한 수치다. 하마스 내부에서는 '현실주의파 대 강경파'의 갈등이 더 심화되었고, 일부 무장 파벌의 공격에 의존할 가능성도 커졌다. 그럼에도 정치적 주도권은 여전히 파타에 있다. 파타는 자치정부의 관료 조직, 치안 기구, 입법의회 다수를 장악하며 후원 네트워크를 넓혀왔고, '민족주의적 대중 동원' 능력을 유지해왔다. 2000년 여름 조사에서 파타 지지율은 35%였으며, 무소속층 역시 35%를 넘어섰다.(11) 이런 정치적 양극화가 이번 봉기의 중요한 배경이 되었다.

탄짐(Tanzim)과 무력 투쟁

대중 시위는 비교적 짧은 시간 안에 군사화 단계로 넘어갔다. 제1차 인티파다에서 수년에 걸쳐 나타난 변화가, 이번에는 몇 주 만에 전개된 것이다. 청년과 청소년들은 돌과 화염병을 던지며 일종의 '통과의례'처럼 충돌에 참여했지만, 봉기의 주도 세력은 파타의 무장조직인 탄짐(Tanzim)이었다. 탄짐은 파타 내 강경파에서 비롯된 조직으로, 일부는 지브릴 라주브와 모하메드 다흘란이 이끄는 자치정부 보안부대로 편입되었지만, 여전히 독자적으로 활동하는 그룹도 많았다. 이들은 정착민 공격을 통해 정착촌에 대한 압박을 가하는 전략을 취하고 있다. 마르완 바르구티는 탄짐의 대표적 지도자로 부상하며 봉기의 확대를 공개적으로 촉구했다.

아라파트, 협상과 봉기 사이

팔레스타인 자치정부는 겉으로는 대중의 분노를 '기록'하는 데 그치는 듯 보이지만, 실제로는 이를 협상의 지렛대로 활용하려 한다. 이러한 상황 속에서 아라파트와 현장 활동가들 사이에는 암묵적인 역할 분담이 형성되었다. 한편 마르완 바르구티는 차기 지도자로 거론될 만큼 영향력을 확대하고 있다. 그는 '튀니지 출신' 고위 관료층을 비판해 온 요르단강 서안의 신세대 지역 지도자들과 함께, 무장 저항과 평화적 동원, 협상을 병행하는 새로운 전략을 모색하고 있다.

글 · 나딘 피카두 Nadine Picaudou)

(1) Salim Tamari, Rema Hammami, 「오슬로를 넘어: 새로운 봉기」, 〈Middle East Report〉, 워싱턴, 제217호, 2000~2001년 겨울호.

(2) Sergio Della Pergola, Philippe Fargues 발표(INED 세미나, 2000년 11월 30일, 주제: '이스라엘-팔레스타인 폭력의 인구학적 배경'); Philippe Fargues, 『아랍의 세대들: 숫자의 연금술』, Fayard, 파리, 2000년.

(3) Majdi al-Malki, 「팔레스타인에서의 비공식 지원 체계와 새로운 후견주의 관계」, 〈Les Annales de l'Autre Islam〉, INALCO, 파리, 2001년 발간 예정.

(4) Mohamed Muslih, 「팔레스타인 시민사회」, 〈Middle East Journal〉, 워싱턴, 제47권 제2호, 1993년 봄호.

(5) Rema Hammami, 「비정부기구: 정치의 전문직화」, 〈Race and Class〉, 런던, 제37권 제2호, 1995년.

(6) Mudar Kassis, 「팔레스타인에서 참여적 민주주의 구축 가능성에 대한 성찰」, 〈Les Annales de l'Autre Islam〉, 발간 예정.

(7) 1995년 9월 28일 워싱턴에서 서명된 자치 확대 협정에 따르면, A구역은 안보와 행정 모두 자치, B구역은 행정만 자치, C구역은 전면적인 이스라엘 군 통제 하에 놓이게 된다.

(8) Laetitia Bucaille, 『가자: 평화의 폭력』, Presses de Sciences Po, 파리, 1998년.

(9) Aude Signoles, 「난민 캠프·도시 난민·원주민 가족: 서안지구 지방 권력의 재편을 향하여」, 〈Les Annales de l'Autre Islam〉, 발간 예정.

(10) Assad Maalouf, 「주권국가, 실패한 건설」, 〈Revue d'études palestiniennes〉, 파리, 제25호, 2000년 가을호.

(11) Jamil Hilal, 「역경 속의 국가 형성」, 〈Les Annales de l'Autre Islam〉, 발간 예정.

팔레스타인 저항의 전략적 교착

그레이엄 우셔 Graham Usher(1958~2013)

영국 출신의 언론인이자 중동 전문 분석가. 〈르몽드 디플로마티크〉와 〈Middle East Report〉 등에
기고하며 팔레스타인 정치와 사회, 이슬람 운동을 비판적으로 분석해 왔다.

2003년 6월 4일 아카바 정상회담에서 팔레스타인 총리 마흐무드
압바스(아부 마젠)는 미국 대통령 조지 W. 부시와 이스라엘 총리 아리
엘 샤론 앞에서 '수용 가능한 팔레스타인 지도자'로 자리매김했다. 이
는 그와 주변 지도부가 최소 1년 전부터 주장해 온 정치적 노선의 성과
였다. 이들의 설명에 따르면, 팔레스타인 자치정부 체제를 유지하고, 이
스라엘이 재점령한 지역에서 철수를 유도하며, 부시 행정부를 협상 구
도로 되돌려 세우기 위해서는 무장 인티파다를 종식하는 것이 불가피
했다. 이 과정에서 그들은 약 3천 명의 팔레스타인인이 사망한 민중 봉
기가 실질적으로 패배했음을 인정한 셈이 되었다. 봉기 종료의 조건은
2002년 12월 20일 미국·러시아·유럽연합(EU)·유엔(UN)으로 구성된 국
제 중재기구 '쿼르텟(Quartet)'이 채택한 '평화 로드맵'에 명시되어 있
었다.(1)

인티파다의 패배

목표와 전략이 부재한 채, 오슬로 협정의 조항을 '어떻게든 수정해야
한다'는 막연한 민족주의적 동력만으로 지속된 봉기는 이미 한계가 분
명했다. 패배는 예견된 결과였다. 결정적인 전환점은 2002년 3월이었
다. 그 한 달 동안 팔레스타인인 275명, 이스라엘인 105명이 사망했고,

3월 27일에는 네타냐의 한 호텔에서 유월절 만찬을 하던 이스라엘 민간인 30여 명이 폭탄 공격으로 목숨을 잃었다. 네타냐에서 발생한 이 공격은 당시 이스라엘 총리였던 아리엘 샤론에게 중대한 정치적 계기로 작용했다. 그는 이를 '테러와의 전쟁'에 결부시키며 야세르 아라파트, 팔레스타인 자치정부, 그리고 오슬로 체제 전반을 압박하고 무력화할 수 있는 정치적 공간을 확보했다. 역설적으로 같은 날, 베이루트에서는 아랍연맹이 주도한 아랍 평화 구상이 공식 채택됐다.

3월 29일부터 4월 4일까지 진행된 '방패(Rempart)' 작전에서 이스라엘군은 요르단강 서안을 대규모로 침공해 헤브론과 여리고를 제외한 대부분의 주요 도시를 점령했다. 이 작전으로 팔레스타인인 250명이 사망하고 수천 명이 부상했으며, 약 8천 명이 체포되었다. 이스라엘은 팔레스타인 자치정부의 행정·치안 제도를 광범위하게 파괴했고, 정착촌과 군사 완충지대를 중심으로 재편된 새로운 서안 지형을 사실상 고착시켰다. 조지 W. 부시 미국 대통령이 이스라엘에 '더 신속한 철수'를 공개적으로 요구했음에도, 아리엘 샤론 총리는 이를 수용하지 않았다. 미국 국무장관 콜린 파월은 라바트, 리야드, 카이로, 암만, 마드리드를 거쳐 8일 만에 예루살렘에 도착했으나, 휴전이나 즉각적인 철수를 이끌어내지는 못했다. 결과적으로 협상은 모호한 일정 조정에 머물렀다. 당시 미국이 아랍 측에 제공한 사실상의 양보는, 제닌 난민캠프 공격 이후 라말라의 폐허 속에 고립돼 있던 야세르 아라파트를 형식적으로 방문한 행보 정도에 그쳤다.

미국은 당시까지 야세르 아라파트를 완전히 배제할 수 없었다. 그는 1996년 선거를 통해 선출된 팔레스타인 자치정부의 대통령이었고, 이를 무시할 뚜렷한 대안도 존재하지 않았다. 그러나 아리엘 샤론 총리는 다른 국면을 만들어냈다. 조지 W. 부시 미국 대통령이 2002년 6월 24일 연설에서 '이스라엘과 공존할 팔레스타인 국가'를 처음 언급하면서, 그 전제 조건으로 '새로운 팔레스타인 지도부'의 등장을 요구했기 때문이다. 이와 함께 민주주의 정착, 시장경제 체제 도입, 대테러 개혁을 포함한 광범위한 내부 개혁이 제시되었다. 이러한 조건이 충족되어야만 이스라엘이 설정한 경계 안에서 '잠정적' 팔레스타인 국가의 수립이 가능하며, 최종 지위 협상은 최소 3년 뒤에야 추진될 수 있다는 구상이었다. 이 접근은 이후 '평화 로드맵'의 기본 틀로 자리 잡았다.

저항의 무력화

팔레스타인 내부, 특히 현장에서 인티파다를 이끌었던 파타(Fatah) 산하 탄짐(Tanzim) 조직은 무장투쟁 전략, 그중에서도 이스라엘 내부를 겨냥한 자살 공격이 팔레스타인 대의에 심각한 악영향을 미쳤다는 점을 인식하게 됐다. 이러한 공격은 아리엘 샤론 총리에게 정착촌 확장을 정당화할 명분을 제공했고, 국제사회, 특히 유럽의 동정과 지지를 약화시키는 결과를 낳았다. 2002년 4월 15일, 탄짐의 핵심 인물이자 대중적 영향력이 컸던 마르완 바르구티가 체포되었고, 여러 지역의 파타 지도자들이 잇따라 사망했다. 그 공백은 젊고 경험이 부족한 지휘관들로 채워졌으며, 파타 조직은 군사·정치 양 측면에서 혼란과 분열에 직면했다. 이 상황에서 탄짐은 세 가지 변화를 요구했다. 첫째, 전략 수립과 협상을 총괄할 새로운 '국가비상지도부'의 구성. 둘째, 자치정부 내에 국민에게 책임성을 갖춘 기술관료 중심의 개혁 내각 수립. 셋째, 하마스를 포함한 모든 팔레스타인 세력이 저항의 방식과 범위를 공동으로 합의할 것. 그러나 기존 지도부는 이러한 요구를 '혁명 내부의 또 다른 혁명'으로 간주하며 받아들이지 않았다.

'개혁'과 미국식 로드맵

결국 마흐무드 압바스와 팔레스타인 지도부는 '개혁'이라는 표현을 사용해 무장투쟁 노선을 사실상 접었다. 이는 미국과 쿼르텟이 요구해 온 방향과도 일치했다. 당시 개혁은 CIA와 IMF가 제시한 치안 기구 재편과 재정 제도 정비를 포함한 구조적 변화로 이해되었다. 압바스는 무장투쟁 대신 모든 파벌이 합의하는 일방적 휴전을 제안했고, 이후 자치정부 경찰이 단계적으로 치안권을 회복해야 한다고 주장했다. 그러나 이러한 접근은 많은 팔레스타인인들에게 '미국과 이스라엘이 추진하는 정권 교체 구상'으로 비춰졌다. 특히 아리엘 샤론과 조지 W. 부시가 모두 '아라파트 배제'를 전제로 하고 있었던 만큼, 개혁 요구는 아라파트 축출을 겨냥한 압력으로 받아들여졌다. 2003년 3월 9일 압바스가 총리로 선출되자, 부시 대통령은 그를 "팔레스타인의 새로운 지도자"라고 규정했다. 그에게 부여된 임무는 팔레스타인 저항의 공식적 종료를 제도화하는 것이었다.

하마스의 부상

그러나 이 시기 하마스는 이미 대안적 세력으로 부상하고 있었다. 이스라엘 군사작전에 따라 탄짐이 약화되면서, 하마스는 가장 조직적이고 독립적인 저항 세력으로 자리 잡았다. 여론조사에서도 파타와 유사한 수준의 지지를 확보했으며, 무장 활동뿐 아니라 학교·병원·구호사업 등 사회 기반 활동을 통해 자치정부의 운영 능력 부족과는 뚜렷한 대비를 이뤘다. 2002~2003년 가자와 카이로에서 진행된 회담에서 파타는 하마스에게 '1967년 점령지 안에서의 제한적 저항'과 '국민통합정부 참여'를 제안했다. 그러나 하마스 지도자 압델 아지즈 란티시는 이 제안을 거부하며, "팔레스타인 전역에서의 저항권"을 강조했고 "파타와 하마스 사이에 공유할 정치적 기반은 없다"고 말했다. 결과적으로 2003년 6월 29일 하마스, 이슬라믹 지하드, 파타는 조건부 휴전에 합의했으나, 8월 19일 예루살렘에서 발생한 버스 폭탄 공격 이후 휴전은 종료되었다.

세 개의 리더십

이 시기 팔레스타인 민족운동은 세 갈래의 흐름으로 분열됐다. 아라파트와 마흐무드 압바스로 대표되는 기존 지도부는 「중동 평화를 위한 로드맵(Roadmap for Peace)」-2003년 4월 미국·EU·러시아·유엔으로 구성된 중동 평화 4자 중재기구(Quartet)가 제시-을 수용하며, 무장투쟁을 공식적으로 종결하는 방향으로 노선을 전환했다. 반면 탄짐(Tanzim)을 중심으로 한 신세대 지도부는 1967년 제3차 중동전쟁 이후 이스라엘이 점령한 서안 지구(동예루살렘 포함)와 가자 지구를 기반으로 한 국가 수립 목표를 유지했으나, 누적된 피해와 조직 약화로 인해 전략 조정이 불가피했다. 여기에 하마스, 알아크사 순교여단, 인민저항위원회 등 무장 조직들은 무력 투쟁만이 실질적 대응이라는 입장을 고수했다. 이러한 세 갈래의 노선 분화는 오슬로 체제 이후 팔레스타인 민족운동이 직면한 가장 심각한 내부 분열로 평가된다.

유일한 출구

많은 팔레스타인 관측통들은 유일한 출구로 '민중이 직접 새로운 해방 전략을 수립하는 과정'을 꼽는다. 이를 위해서는 지방선거, 국회의원 선거, 대통령 선거 등 제도적 절차가 필요하다는 지적이 제기된다. 선거는 서로 다른 정치적 흐름이 정당성을 확보한 채 경쟁할 수 있는 사실상 유일한 장이기 때문이다. 수감 중인 마르완 바르구티 역시 "선거는 무능한 지도자들을 합법적이고 민주적으로 교체할 수 있는 수단"이라고 강조했다. 하마스 지도부 또한 "자유로운 선거가 보장된다면 다수의 결정을 존중하겠다"고 밝힌 바 있다. 그러나 이러한 접근은 선거 결과를 불안정 요인으로 보는 이스라엘과 미국의 입장과 충돌한다. 선거 부재 상태가 지속될 경우, 인티파다는 민족 해방이라는 공동 목표를 상실한 채 파벌 간 권력 투쟁의 장으로 전환될 수 있다는 우려가 확산되고 있다.

글 · 그레이엄 우셔 Graham Usher

(1) Nadine Picaudou, 「한 인티파다에서 다른 인티파다로: 움직이는 팔레스타인 사회」, 〈르몽드 디플로마티크〉, 2001년 3월.

역사 속의 야세르 아라파트

에릭 룰로 Éric Rouleau(1926~2015)

이집트 출신 프랑스 언론인이자 외교관. 오랫동안 〈르몽드〉의 중동 특파원으로 활동하며,
아랍 세계와 서방의 관계, 팔레스타인 문제, 이슬람 정치를 깊이 있게 다루었다.
주요 저서로는 『고국을 잃은 팔레스타인』, 『사담 후세인』 등이 있다.

미국·영국 등 영어권 서방 국가의 주요 언론을 통칭하는 앵글로색슨 언론은 야세르 아라파트를 두고 "생존자(the Survivor)", "불침함(unsinkable)"이라는 표현을 사용해왔다. 그는 반세기에 걸친 정치적·군사적 투쟁 속에서 12차례가 넘는 암살 시도에도 살아남았다. 1970년 요르단군의 암만 폭격, 1982년 레바논에서의 이스라엘 공습, 1985년 튀니지 공습 등 여러 사건에서 목숨을 건졌다. 그는 수차례 전복 계획을 무산시켰고, 무장한 채 요르단·레바논·시리아에서 추방되었으며, 튀니지에서는 약 10년 동안 사실상 감시 상태에 놓여 있었다. 그는 망명과 지하활동, 투옥, 라말라에서의 장기간 가택 연금까지 갖은 고초를 겪었다.

또한 그는 여러 이스라엘 총리들과 맞섰고, 때로는 그를 불신하던 아랍 국가 정상들보다 더 오래 정치적 생명을 유지했으며, 1960년대 이후 역대 모든 미국 대통령들과 협상과 갈등을 반복해 왔다. 아라파트의 정치적 장수는 흔히 '신의 축복(baraka)'이나 행운으로 설명되지만, 그것이 전부는 아니다. 그는 기본적으로 현실주의적 접근을 취했으며, 정세 변화에 따라 전술을 유연하게 조정하면서도 최종 목표만큼은 일관되게 팔레스타인 독립국가 건설에 두고 있었다.

현실주의자의 선택

젊은 시절 아라파트는 유대인과 아랍인이 공존하는 통합적·민주적 팔레스타인 국가를 지향했으나, 그 비현실성과 정치적 기반의 한계로 인해 점차 후퇴할 수밖에 없었다. 1974년 그는 PLO의 의회 격인 팔레스타인 국민평의회에서 '팔레스타인 소국'의 가능성을 열어두는 결의를 통과시키도록 했다. 이는 훗날 이스라엘과 국제사회가 수용한 '두 국가 해법'의 씨앗이었다. 1973년, 그는 무장투쟁만으로는 승리할 수 없다는 결론을 내렸다. 1974년 유엔 총회 연설에서 아라파트는 한 손에 올리브 가지를, 다른 한 손에 소총을 들고 연단에 섰다. 이는 외교적 해결과 무장 저항 사이에서 새로운 노선 전환을 상징적으로 제시한 장면으로 평가된다. 폭력은 계속되었지만, 그는 꾸준히 타협의 길을 모색했다. 처음에는 이스라엘 내 평화주의자들과 비밀 접촉을 했고, 이어 이스라엘 시온주의 정당 인사들과도 교류했으며, 이는 1993년 오슬로 협정까지 이어졌다. 1976년 아라파트는 당시 이스라엘 총리였던 이츠하크 라빈에게 서안과 가자에서의 비무장 팔레스타인 국가 수립을 조건으로 종전 의사를 전달했다. 1980년대 중반에는 프랑스를 통해 시몬 페레스가 이끄는 이스라엘 정부와 고위급 접촉을 조성해달라고 요청하는 등 비밀·공개 채널을 모두 활용해 협상 가능성을 타진했다. 1988년, 그는 결정적 전환을 단행했다. 국민평의회의 격렬한 논쟁 속에서 아라파트는 유엔 안보리 결의 242호, 즉 이스라엘의 존재를 인정하는 입장을 수용하도록 했고, 이어 테러리즘을 명확히 규탄하는 결의도 통과시켰다. 그러나 이러한 조치들은 실질적인 변화를 가져오지 못했다. 당시 이스라엘에는 '테러 조직과는 협상하지 않는다'는 원칙이 확고하게 자리 잡고 있었다. 실제로 이스라엘은 점령지 일부를 요르단에 귀속시키고 나머지를 이스라엘에 병합하는 이른바 '요르단 옵션'을 선호했으며, 독립된 팔레스타인 국가 구상에는 사실상 관심이 없었다.

내부와 외부에서의 싸움

아라파트의 외교적 시도는 종종 비밀리에 진행되었다. 동시에 그는 내부 반대 세력과도 대치해야 했다. 일부 조직과 활동가들은 이스라엘과의 대화 자체를 거부했고, 아라파트는 오랫동안 '유대 국가의 존재를 인정하지 않는' 대중적 정서를 설득해야 했다. 이들에게 '역사적 타협'의 불가피성을 이해시키는 것이 그의 핵심 과제였다. 아부 아마르(Abou Ammar)라는 전투명으로 불린 아라파트와 측근들은 국민평의회의 장시간 논쟁, 거리의 분노, PLO 내부의 반복되는 분열에 끊임없이 직면했다. 일부에서는 반대 세력을 강경하게 제압해야 한다는 요구도 있었지만, 그는 알제리 민족해방전선(FLN)이 1954~1962년 독립전쟁 과정에서 경쟁 조직을 무력으로 제거하며 조직 통일을 유지했던 강경한 방식과는 거리를 두었다. 아라파트의 목표는 무엇보다 조직 내부의 통합을 유지하는 데 있었다. 1950년대 초 이집트에서 활동하던 시기, 그는 이슬람주의자부터 공산주의자까지 다양한 성향의 지지를 확보해 팔레스타인 학생연합 회장에 선출되었다. 1969년 PLO 의장에 오른 후에도 파타(Fatah)의 영향력을 의도적으로 제한하며 여러 정파와 소집단의 참여를 허용했다. 그 결과, 일부 단체는 그의 노선과 달리 무장 공격을 지속했고, 1980년대 말에는 이슬람주의 세력의 도전에 직면해야 했다.

수무드 (Soumoud)

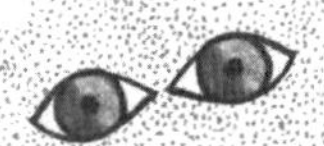

팔레스타인을 이야기하는 맥락에서 자주 쓰이는 '수무드(soumoud)'라는 말은 그 번역이 쉽지만은 않다. 이는 팔레스타인 저항의 또 다른 얼굴로, "꿋꿋이 버티기", 즉 역경 속에서도 끈질기게 견디고, 인내하며, 흔들리지 않는 자세를 뜻한다. 여기서 역경이란 곧 나라를 빼앗긴 경험, 점령, 식민화, 일상적으로 겪는 신체적·정신적 폭력을 말한다. 수무드란 이런 상황 속에서도 팔레스타인을 지키고 그 땅에 존재하며 살아남으려는 저항적 태도를 의미한다.

예를 들어, 점령군이 토지를 파괴하거나 몰수하려 할 때 기어이 땅을 지켜내는 농부, 막막한 미래에도 나라를 떠나지 않고 남아서 삶을 붙드는 사람, 무너진 집을 다시 일으켜 세우는 사람, 비록 난민이지만 팔레스타인 안팎에서 옛 가족 집의 열쇠를 간직하며 언젠가 고향으로 돌아가리라는 희망을 버리지 않는 이들…이 모두가 '수무드'를 실천하는 사람들이다.

이러한 "저항의 정신"은 무장투쟁이 핵심인 '무까와마'(mouqawama)와 짝을 이루는, 또 다른 차원의 저항이다. 이는 평화적·민중적·경제적·문화적 차원의 끊임없는 저항이며, 팔레스타인인들의 영혼을 지탱하는 힘이다. 팔레스타인인들의 삶을 지탱해 온 이 정신은 시인 마흐무드 다르위시(Mahmoud Darwich)와 타우피크 자이야드(Tawfik Zayyad) 등의 작품 속에서도 반복적으로 노래됐다. 수무드는 자신들의 권리를 반드시 되찾고자 하는 팔레스타인 민족 전체의 집단적 의지를 떠받치는 정신적 토대로 자리하고 있다.

— 글·올리비에 피로네 Olivier Pironet
〈르몽드 디플로마티크〉 기자

모호함과 생존술

아라파트는 '이중 언어', 모호한 발언, 절반의 진실, 침묵을 사용한다는 비판을 반복적으로 받아왔다. 그러나 복잡한 동맹 구도와 불리한 국제 환경 속에서 그가 정치적 생존을 이어가고 팔레스타인 민족운동을 유지할 수 있었던 것은 그러한 유연성 덕분이었다. 그는 대중 연설을 가급적 자제했으며, 발언 역시 짧고 구호 중심에 머무는 경우가 많았다. "팔레스타인 해방", "예루살렘 회복", "난민 귀환권", "공정한 평화"처럼 의미는 포괄적이지만 폭넓은 합의를 이끌어낼 수 있는 표현을 주로 사용했고, 협상 국면에서는 가능한 한 유연한 태도를 유지했다. 2001년 1월, 아리엘 샤론 집권 직전 열린 타바 협상에서 양측은 역사상 가장 타협에 근접한 지점에 도달했다는 평가를 받았다.

'캠프 데이비드' 신화와 침묵

아라파트가 겪은 가장 큰 여론전 대응 실패는 2000년 캠프 데이비드 회담을 둘러싼 왜곡된 인식에 효과적으로 대응하지 못했다는 점이었다. 당시 에후드 바라크 이스라엘 총리는 "아라파트가 이스라엘의 관대한 제안을 거부했다"고 주장했고, 이 주장은 빠르게 국제사회에 확산됐다. 회담에 동석했던 미국과 이스라엘 측 인사들이 이후 이를 반박했지만, 형성된 여론의 흐름을 되돌리지는 못했다. 바라크 본인조차 훗날 "나는 아라파트에게 아무것도 양보하지 않았다. 다만 이스라엘의 모든 전제조건을 받아들이라고 요구했을 뿐"이라고 인정했음에도, 아라파트는 공개적인 반박에 나서지 않았다. 그 이유를 묻는 질문에 그는 "내가 반박해도 이스라엘 언론은 이를 조롱하거나 무시했을 것"이라고 말했다.(1)

오슬로와 비판들

팔레스타인 지식인들 중 일부는 아라파트를 '배신자'로 규정하며, 오슬로 협정이 이스라엘에 일방적으로 유리했다고 비판했다. 반대로 이스라엘의 우파와 극우 세력은 이츠하크 라빈이 팔레스타인 측에 지나치게 양보했다고 비난했다. 그러나 두 비판 모두 정확하지 않다. 라빈은 제1차 인티파다를 종결시키고 이스라엘을 협상 궤도에 올려놓았으며, 아라파트는 미국의 제약 속에서 선택 가능한 범위 내에서 움직였다. 오슬로 협정은 당시 존재했던 힘의 불균형을 반영했지만, 그럼에도 PLO의 공식 인정, 팔레스타인 전사들의 귀환, 점령군의 부분 철수, 분쟁 핵심 의세에 대한 협상 개시라는 중요한 성과를 낳았다. 물론 그는 "치욕적"이라는 비판을 받을 만한 조치도 취했다. 가장 충격적인 것은 이스라엘과의 치안 협력이었다. 아라파트는 수백 명의 이슬람주의 활동가들을 체포하고, 무장 저항을 억제하기 위해 이스라엘 정보기관과 협력하기도 했다. 전례 없는 조치였지만, 라빈 정부가 '협상 여부와 무관하게 테러는 억제한다'는 원칙을 견지하고 있었던 만큼 불가피한 선택이었다는 게 측근들의 설명이다. 당시 팔레스타인 사회에서는 '평화가 가까워지고 있다'는 인식이 널리 퍼져 있었고, 반대파는 여론에서 상대적으로 고립돼 있었다. 아라파트는 이러한 분위기를 활용해 조직 내부의 이견을 일정 부분 억제할 수 있었다. 그러나 이후 이스라엘에서 우파가 집권하면서 이러한 정치적 공간은 유지되지 않았다. 예루살렘의 극우 세력은 이츠하크 라빈 총리 암살을 계기로 평화 프로세스를 사실상 중단시켰고, 노동당 내부의 일부 인사들 역시 아라파트를 비난하는 여론전에 가세했다. 이러한 환경 속에서 아라파트는 제2차 인티파다를 효과적으로 통제하지 못했다.

통치 방식과 유산

팔레스타인 내부 반대파는 언론과 의회를 통해 지속적으로 아라파트를 비판했고, 때로는 정부 구성 과정에 제동을 걸기도 했다. 그러나 아라파트는 이러한 압박을 대체로 무시하거나 우회하는 방식을 선택했다. 국경도, 통합된 영토도 없는 분절된 정치 공간을 통치하면서 그는 망명 시절과 유사한 '부족장적(paternaliste)' 운영 방식을 적용했다. 긴 회의와 논쟁, 전진과 후퇴가 반복되는 통치 구조였다. 그의 권력은 인민의 충성, 재정에 대한 통제, 치안 기구라는 세 가지 기반 위에 유지되었다. 여러 판단 착오와 정책적 오류에도 불구하고, 야세르 아라파트는 팔레스타인 민족운동의 역사에서 '건국의 아버지'로 자리매김할 것이다.

글 · 에릭 룰로 Éric Rouleau

(1) Ehud Barak, 〈Yedioth Aharonot〉, 2003년 8월 29일.

팔레스타인은 사라지지 않았다
이스라엘 건국 50주년을 맞아

에드워드 사이드 Edward W. Said (1935~2003)

나는 최근 예루살렘과 요르단강 서안에서 두 차례의 촬영을 마치고 돌아왔다. BBC가 이스라엘 건국 50주년을 맞아 5월 10일 방영할 다큐멘터리 제작을 위한 취재였다. 이번 작업은 어디까지나 개인적 체험에 기초했고, 무엇보다 팔레스타인인의 시각에서 현실을 바라보려는 시도였다. 현장에서 마주한 경험은 매우 다양했고, 되새겨볼 만한 장면들로 가득했다. 감독과 제작진은 매우 개방적이었으며, 심지어 팀의 음향 기사조차 촬영 과정에서 자신의 기존 신념이 흔들리는 경험을 했다고 털어놓았다. 그는 전형적인 시온주의 교육을 받은 이스라엘인이었지만, 지금은 스스로를 "'평화 지금(La Paix maintenant)' 성향의 자유주의자"라고 설명했다. 그러나 팔레스타인 사회의 일상과 억압 구조를 마주한 뒤, 그는 촬영 마지막 날 이렇게 말했다. "다시 이스라엘인으로 돌아가는 게 쉽지 않겠군요."

두 가지 상반된 인상

촬영 내내 가장 강하게 남은 두 가지 인상은 모두 1948년 이후 팔레스타인 사회에 각인된 구조적 흔적이었다. 첫째, 1948년 이후 이어진 추방과 억압 속에서도 팔레스타인과 팔레스타인인들은 사라지지 않았다는 사실이다. 이스라엘은 건국 이후 줄곧 이들을 제거하거나 정치적으로 무력화하려 해 왔지만, 그 시도는 목표를 달성하지 못했다. 팔레스타인과 그 민족은 단지 하나의 '개념'이나 '기억'에 머무르지 않았고, 때로는 은폐되고 보이지 않는 형태로 존재해 왔을지라도 현실 속에서 지속되어 왔다. 팔레스타인의 모든 것에 가해진 끊임없는 적대에도 불구하고, 그 존재와 정체성은 오늘날까지 이어지고 있다. 특히 네타냐후 정부가 반(反)아랍적 배타주의를 강화할수록, 팔레스타인 사회는 오히려 더욱 굳건하게 버티며 이에 대응해 왔다.

이러한 흐름은 특히 이스라엘 내 약 100만 명의 팔레스타인 시민들 사이에서 두드러진다. 나는 이들을 대표하는 인물 중 한 명인 국회의원 아즈미 비샤라(Azmi Bishara)(1)를 만나 장시간 인터뷰했다. 그의 지적이고 단호한 태도는 현장에서 만난 팔레스타인 청년 세대에게도 강한 인상을 남겼다. 비샤라를 비롯해 이스라엘 국적을 보유한 팔레스타인 시민들이 제기하는 핵심 요구는 '평등'과 '시민권'이다. 이스라엘이 스스로를 '유대인 국가'로 규정하는 한, 비유대인 시민은 구조적으로 주변화될 수밖에 없다는 문제의식이 그 바탕에 놓여 있다. 결국 이스라엘은 의도와 달리 팔레스타인의 존재를 강화시켰다. 이는 일부 유대인 시민들이 팔레스타인인 배제 정책에 점차 지쳐가고 있음을 보여준다. 팔레스타인인은 어디에나 존재한다. 때로는 겸손하고 침묵하는 노동자로서-역설적이게도 정착촌을 건설한 인부들로서-현장에 서 있고, 때로는 식당 종업원과 요리사로 일상의 공간을 채운다. 또 다른 한편에서는 헤브론에서처럼 점령에 맞서 저항하는 거센 민중으로 모습을 드러낸다.

둘째, 팔레스타인인들은 매 순간 땅을 잃고 있다는 사실이다. 거의 모든 도로, 우회로, 마을에서 똑같은 광경이 펼쳐졌다. 땅은 몰수되고, 밭은 짓밟히고, 나무는 뽑히고, 수확은 강탈당하고, 집은 허물어졌다.

팔레스타인인들은 그 자리에 서서 아무것도 할 수 없었고, 아라파트의 자치정부도, 부유한 동족도 이들을 도와주지 않았다. 나는 예루살렘에서 헤브론으로 이동하던 중, 군인들의 경호 아래 불도저들이 비옥한 팔레스타인 농지를 파헤치는 장면을 목격했다. 땅의 주인인 농부들은 수 세대 동안 일궈 온 토지가 정착민 도로 확장 공사로 인해 파괴되는 모습을 그저 지켜볼 수밖에 없었다. 한 농부는 분노를 감추지 못했다. "왜 120미터나 되는 도로가 필요한 겁니까? 왜 제 땅을 빼앗습니까? 제 아이들은 어떻게 먹고 살아야 합니까?" 그들은 어떠한 사전 통보도 받지 못했다고 말했다. 이스라엘 병사들은 카메라 앞 인터뷰를 주저했지만, 한 병사는 이렇게 말했다. "이건 그들의 땅이 아닙니다. 이스라엘 국가의 땅이죠." 나는 팔레스티인 농민의 토지 소유를 부정하는 이 논리가 과거 유럽에서 유대인의 재산과 권리를 박탈하는 데 사용되었던 국가 권력의 언어와 다르지 않다고 지적했다. 60년 전 독일에서 유대인에게 적용되었던 언어가 이제는 팔레스타인인에게 향하고 있었다. 병사는 이에 대해 답변하지 않은 채 현장을 떠났다.

고아가 된 민족

이런 상황은 예루살렘만이 아니라 모든 영토에서 반복되고 있다. 그럼에도, 팔레스타인인들은 서로를 도울 수 없다. 베들레헴 대학을 찾아갔을 때 나는 물었다. 왜 자치정부의 5만여 경찰과 수만 명의 관료들은 현장에 나가 불도저를 막지 않느냐고. 그들은 왜 책상에 앉아 월급만 챙기는 것이냐고. 결국 팔레스타인 민중은 고립되었다. 그 어디에서도 자치정부나 오슬로 합의, 미국 정책을 옹호하는 사람을 만나기 힘들었다.

자치정부는 이스라엘의 안전과 정착민만 보호하는 존재로 비친다. 화려한 저택을 짓는 지도자들은 민중의 곤궁 속에서 오히려 혐오의 대상이 된다. 민중에게 봉사하고 희생할 준비가 되어 있음을 보여주지 못하는 한, 그들은 정당성을 잃는다. 오늘의 팔레스타인인은 말 그대로 '고아 민족'이다.

예루살렘, 헤브론, 그리고 희망의 틈새

예루살렘은 계속해서 팽창하며 아랍인의 생활 공간을 압박하고 있다. 1996년 '터널 사태' 이후 팔레스타인인들 사이에서는 저항 자체가 무의미하다는 인식이 퍼졌다. 당시 이스라엘은 통곡의 벽 북쪽 아래 약 400m 길이의 지하 통로에 새 출구를 개방했고, 팔레스타인인들은 이를 성지 침범이자 주권 침해로 받아들여 강하게 반발했다. "60명이 죽었지만, 터널은 여전히 열려 있다. 아라파트는 결국 네타냐후와 다시 만났다. 무엇을 위해 계속 싸워야 하나?"라는 냉소가 그 배경을 보여준다. 이스라엘 학계 내부에서도 균열은 나타나고 있다. 하이파 대학의 일란 파페(Ilan Pappé)는 '신역사가들'의 한 사람으로, 1948년 아랍인 추방이 체계적이었다는 사실을 연구를 통해 확인하고 있다. 그의 강연 요청은 이어지고 있지만, 새로 제작된 교과서에는 여전히 팔레스타인인의 존재가 언급되지 않는다. 그럼에도 이스라엘 사회 내부에서 변화의 조짐이 감지되는 것도 사실이다. 헤브론은 오슬로 협정의 모순을 집약적으로 드러내는 지역이다. 30만 도시 한복판을 불과 300명의 정착민이 장악하고, 10만 명의 팔레스타인 주민은 주변부로 밀려났다. 식수까지 통제당한 주민들은 자치정부 협상단이 이 같은 불균형을 받아들였다는 사실에 깊은 실망을 드러냈다. 이는 공존의 진전이 아니라 극우 세력의 점령으로 받아들여지고 있다. 이번 경험에서 뜻밖의 순간도 있었다. 피아니스트 다니엘 바렌보임(Daniel Barenboim)과의 만남이었다. 그는 연주회에서 첫 앙코르를 '팔레스타인 여인'에게 헌정했고, 이스라엘 청중은 기립 박수로 화답했다. 이는 변화의 가능성을 보여주는 징후였다. 레바논과 시리아 난민캠프를 찾지 못한 것은 아쉽지만, 중요한 것은 팔레스타인 대의의 지속성과 힘이 여전히 사람들을 움직이고 있다는 사실이다. 상황은 암울하지만, 새로운 가능성의 빛줄기 또한 존재한다. 그러나 당분간은 미국·이스라엘·팔레스타인 지도부 모두의 무능으로 인해 불의와 혼란의 먹구름이 성지를 더욱 뒤덮을 것이다.

글 · 에드워드 사이드 Edward W. Said

(1) 1996년 5월 29일 총선에서 공산주의 계열과 그 동맹 세력, 그리고 이슬람주의 세력과 연대한 아랍민주당이 총 9석(120석 중)을 차지해 아랍계 정치 세력으로서는 최대 성과를 거두었다. 이 과정에서 아즈미 비샤라(Azmi Bishara)가 이끈 「이스라엘 아랍인의 자치권을 옹호」가 중요한 역할을 했다.

가자지구, 팔레스타인 문제의 열쇠

장 피에르 필리유 Jean-Pierre Filiu

프랑스의 역사학자이자 아랍학 전문가로, 중동 현대사와 이슬람 정치운동, 특히 지하드주의와 팔레스타인 문제를 연구하고 있다. 프랑스 국립행정학교(ENA) 출신으로 외교관과 중동 담당 자문관으로 일한 뒤, 현재는 파리 정치대학(Sciences Po) 교수로 재직 중이다.

최근 가자지구에서 폭력이 재차 고조되고 있는 배경에는, 장기화된 현지의 불안정한 상황과 이를 관리·통제하려는 이스라엘 전략의 한계가 복합적으로 작용하고 있다. 가자지구는 1948~49년 전쟁으로 형성된 자치 지역으로, 전쟁 중 쫓겨난 팔레스타인인인들이 대거 몰려들었다. 이에 대해 당시 이스라엘 초대 총리였던 다비드 벤구리온은 난민의 과도한 밀집이 가자지구를 장기적으로 불안정하게 만드는 요인이 될 수 있다고 판단했다. 시나이사막이라는 지형적 장벽 때문에 난민들이 다른 지역으로 이동해 흩어질 수도 없었다. 이러한 현상은 암만·베이루트·다마스쿠스 주변에 대규모 난민촌이 형성된 과정과 동일했다. 그 결과 가자지구 인구의 약 3분의 2는 거대한 난민촌을 이루게 되었다. 벤구리온은 가자지구를 이스라엘에 병합해 문제를 해결하려 했지만, 1949년 로잔 회의에서 영토 병합안은 받아들여지지 않았다. 이후 가자지구는 이스라엘 남부 전선의 구조적 취약점이 되었고, 반복적인 공습과 무차별 포격의 표적이자 시험장이 되어 버렸다.

1956년 수에즈 운하 위기 당시 이스라엘은 가자지구를 군사적으로 장악해 통제를 시도했으나, 국제사회의 외교적 압력으로 점령을 유지하지 못한 채 철수했다. 당시 벤구리온은 가자지구를 직접 점령해 관리하는 것보다, 이집트의 나세르 정권 아래 두는 편이 장기적으로 더 안정적

이라고 판단했다. 실제로 1956년 이후 1967년까지 가자지구는 이집트의 직접 통치 아래 놓여 강한 통제와 봉쇄 속에서 관리됐으며, 이는 안정이라기보다 사실상 억압에 가까운 질서였다. 1967년 6월 6일 전쟁으로 이스라엘은 다시 가자지구를 점령했지만, 이전과 달리 조직적이고 강경한 팔레스타인 게릴라의 저항에 직면했다. 모셰 다얀 장군은 봉기를 강경 진압한 뒤, 이스라엘과 요르단강 서안 간의 자유 통행을 허용해 가자지구의 폐쇄성을 약화시키는 정책을 추진했다. 이 조치는 약 20년 동안 일정한 효과를 거뒀다. 그러나 1993년에는 이츠하크 라빈 총리가 가자지구 봉쇄를 제도화하는 동시에 팔레스타인해방기구(PLO)와의 대화를 병행하기로 결정하면서 새로운 국면이 열렸다.

이스라엘은 가자지구를 오래전부터 '골칫거리'로 여겨왔으며, 그에 따라 가자지구를 정치적·군사적으로 무력화하려는 전략을 지속적으로 추구해 왔다. 이스라엘은 위협 등 유사시에 언제든 군사적으로 개입할 수 있다는 것을 전제로, 일상적 치안과 행정은 팔레스타인 측에 맡기는 방식을 선호했다. 이러한 전략적 연속성은 1994년 오슬로 체제하의 부분적 철수에서도, 2005년 아리엘 샤론 정부가 단행한 일방적 철수에서도 그대로 유지되었다. 다만 가자지구에 대해 이츠하크 라빈은 '평화를 시작할 공간'으로, 아리엘 샤론은 이미 '평화가 달성된 지역'으로 각기 다르게 간주했다는 점에서 양측의 접근 방식 또한 차이가 있었다.

불안과 공포, 폭력의 중간지대

2005년 이후 이스라엘의 안전보장 전략은 점차 한계에 직면했다. 위기 국면마다 안보를 명분으로 취해진 강경 조치는 국제사회의 비판을 증폭시키며 외교적 고립을 심화시켰다. 이러한 상황 속에서 가자지구의 인도적 위기를 완화하려는 국제 시민사회의 '시민 대표단'이 나서기도 했지만, 그 시도 역시 현지 주민들의 삶을 근본적으로 변화시키지는 못했다. 가자지구 주민들의 처지는 파타(Fatah)가 2006년 1월 선거에서 이슬람주의 세력의 승리를 인정하지 않았던 사건, 그리고 2007년 이후 가자지구를 장악한 하마스와의 권력 대립으로 더욱 복잡해졌다. 군사력과 봉쇄 조치에 의존해 온 이스라엘의 가자지구 관리 전략은 근본적인 해결책을 마련하지 못한 채, 오히려 인도주의적 위기를 심화시켰다. 파타와 하마스 간의 지속적인 권력 갈등은 주민들의 생활 여건을 더욱 피폐하게 만들었고, 정치적 불안정을 심화시켰다. 이러한 전략적 실패와 인도적 붕괴, 내부 정치 분열이 서로를 증폭시키는 악순환 속에서, 가자지구 주민 150만 명은 전례 없는 고립 상태에 처했다.

물러설 수 없는 악순환

2005년 여름, 이스라엘군 철수와 정착촌 해체가 단행된 지 한 달 뒤, 가자지구에서는 '영원한 되풀이'라는 이름의 군사 작전이 시작됐다. 이후 이스라엘의 공습은 반복적으로 이어졌고, 가장 최근의 대규모 공격은 3월에 감행됐다. 2006년 6월 25일 이스라엘군 병사 길라드 샬리트가 포로가 되자, 이스라엘은 가자지구에 대한 군사 개입을 더욱 확대했다. 2008년 6월부터 12월까지 유지되던 '하마스-이스라엘 간 휴전'이 깨지면서 상황은 급격히 악화됐다. '완전 봉쇄' 작전과 함께 폭력의 강도 또한 높아졌고, 그 결과 양측의 희생자가 100여 명에 이른 것으로 보고되었다. 2009년에도 이스라엘을 향한 로켓포 발사는 계속되었다.

2010년 상반기 6개월 동안 이스라엘군은 가자지구에서 팔레스타인 주민 34명을 사살했으며, 그중 11명은 민간인이었다. 같은 기간 이스라엘 측 사망자는 3명으로 모두 군인이었다.(1) 2010년 하반기 6개월 동안에는 팔레스타인 사망자가 37명(민간인 12명)인데 반해 이스라엘 측 희생자는 한 명도 없었다.(2) 이스라엘은 이러한 작전 방식을 통해 남부 국경 관리 모델을 확립했다고 평가하지만, 가자지구 주민들의 관점에서 보면 그 대가는 지나치게 혹독했다. 그럼에도 이스라엘 내부 여론은 이를 당연한 조치로 받아들이고 있다.

2011년 1월 25일 갑작스럽게 시작해 18일 만에 호스니 무바라크 대통령을 퇴진시킨 이집트 혁명은, 이스라엘이 오랫동안 유지해온 전략적 계산을 단숨에 뒤흔들었다. 혁명 과정에서 수에즈 운하 일대가 대규모 시위와 폭동으로 마비되면서, 카이로와 시나이·라파 지역을 잇는 주요 통로가 끊겼다. 그 결과 이집트 정부는 라파에 필요한 식량과 물자를 보낼 수 없었고, 오히려 가자지구가 지하터널을 통해 이 지역을 지원하는 역설적인 상황이 벌어졌다. 이스라엘은 1979년 이집트와의 평화협정을 근거로 시나이반도에 이집트군 주둔을 일관되게 제한해왔지만, 이번 사태에서는 혁명 소요를 진정시키기 위해 예외적으로 수에즈 동쪽 지역까지 이집트군 배치를 허용했다.

길라드 샬리트의 이슬람 영웅들

2011년 10월 11일, 카이로와 독일 정보국의 중재로 하마스와 이스라엘이 포로 교환에 합의했다. 일주일 뒤 이스라엘군 병사 길라드 샬리트는 팔레스타인 포로 1,027명과 맞교환되었다. 이 가운데 477명은 양

측이 사전에 합의한 명단에 따라 석방됐고, 나머지 550명은 두 달 안에 이스라엘의 재량으로 추가 석방됐다. 이번 합의로 하마스는 파타, 인민 저항위원회(PRC), 이슬람 지하드 등 여러 조직의 전사들을 포함해 대규모 석방을 확보했다. 특히 반이스라엘 공격에 가담해 무기징역을 선고받았던 하마스 간부와 '영웅적 투사'로 불린 인물들이 석방 명단에 포함됐다. 그러나 하마스는 파타의 차세대 민족 지도자로 거론되던 마르완 바르구티와, 팔레스타인 좌파 민족해방 전통을 대표하는 PFLP의 아흐메드 사다트 등 정치적 상징성을 지닌 인물들의 석방은 끝내 얻어내지 못했다.

샬리트가 생포된 다음 날 하마스가 제시한 핵심 요구를 이스라엘이 수용하기까지는 약 2천 일이 걸렸다. 그 5년 6개월 동안 이스라엘군은 하마스를 무력화하거나 최소한 통제 가능한 수준으로 만들기 위해 반복적으로 공격을 감행했지만, 뚜렷한 성과를 거두지 못했다. 베냐민 네타냐후 정부 역시 가자지구에서 하마스의 통제력을 실질적으로 약화시키는 데 실패했다. 그럼에도 네타냐후 정부는 연이은 군사적 실패에서 교훈을 찾지 못한 채 같은 전략을 되풀이했다. 반면 하마스는 지하터널이라는 우회적 통로를 활용해 봉쇄망을 피해 나가며 최소한의 저항 역량을 유지했다. 유엔은 당시 가자지구에 약 600개에 달하는 지하터널이 있는 것으로 추산했다.

2011년 겨울, 가자지구의 전례 없는 시위와 정치적 움직임은 튀니스와 카이로에서 불붙은 민중 봉기와 궤를 같이했다. 이집트 혁명을 지지하는 가자지구 내 시위는 1월 31일 금지되었지만, 2월 11일 무바라크 대통령이 퇴진하자 팔레스타인 반체제 인사들은 큰 활력을 얻었다. '국민은 체제를 전복할 수 있다'는 구호는 가자지구에서 '국민은 분열을 끝내고 싶다'는 요구로 바뀌었고, 이는 국민적 이익을 명분으로 하마스와 파타 모두에 대한 비판으로 이어졌다. 2011년 3월 14일에는 수천 명의 젊은 청년들이 구호를 외치며 시위에 나섰고, 다음 날 참여 규모는 10배 이상으로 늘어났다. 반면 요르단강 서안에서의 시위는 훨씬 제한적이었다. 이는 시위 과정에서 하마스 활동가들이 팔레스타인 국기만 사용하자는 시민들의 입장과 달리 하마스의 상징 문장을 강요하며 집회의 성격을 바꾸어 놓았기 때문이다.

예기치 못한 정세 변화 속에서도 내부 통합을 요구하는 흐름은, 하마스와 파타가 형식적이나마 화해를 모색하도록 만들었다. 그동안 중재보다는 이슬람 운동 억제에 무게를 두어 온 바샤르 알아사드 정권이 약화되자, 시리아는 다마스쿠스에 머물던 하마스 망명 지도부에 대해 가자지구에서 분출된 내부 통합 요구를 보다 유연하게 수용할 것을 요구했다. 2011년 5월 4일에는, 4년 전 메카에서의 일시적 '민족연합' 합의 이후 한동안 만나지 않았던 하마스의 칼레드 메샬과 파타의 마무드 아바스가 카이로에서 새로운 협정에 서명하기 위해 다시 만났다. 이 자리에서는 라말라와 가자의 정보기관 간 협력 방안이 논의됐으며, PLO의 이스라엘과의 협상 노선이 하마스에 의해 승인되기도 했다. 비록 하마스가 협상 과정에 직접 참여하고 있다고 보기는 어렵지만, 하마스는 협상 결과를 받아들일 준비가 되어 있다고 밝혔다.

소통, 개발, 비무장화만이 갈 길

많은 희생과 잃어버린 기회 끝에, 가자지구 주민들은 더 이상 팔레스타인 내부가 서로를 적으로 돌리던 시대로 돌아가고 싶지 않다고 말한다. 2007년 6월 이후 극심한 고립과 폭력의 악순환에 빠진 가자지구를 되살리기 위해서는 하마스와 파타의 실질적 화해가 절대적으로 필요하다. 그 전환점은 결국 칼레드 메샬과 마무드 아바스의 결정에 달려 있다. 그러나 현실적으로 아바스는 라말라에, 메샬은 다마스쿠스를 떠난 뒤 카타르에서 사실상 현안에서 소외된 채 머물고 있어 두 사람 사이의 조율이 쉽지 않다. 양측을 뒷받침하는 민병대들 역시 상호 보복심과 과도한 관료주의(3)로 인해 지속 가능한 협력 구조를 만들기 어렵다. 그럼에도 하마스와 파타라는 두 주요 세력이 계속 대립한다면, 가자지구 주민들에게 더 나은 미래와 공동체의 방향을 제시하는 일은 요원할 수밖에 없다.

가자지구라는 좁고 길게 이어진 땅에서 이미 세 세대가 성장했다. 1947~67년의 '슬픈 세대'는 1967~87년의 '짓밟힌 세대'로 이어졌고, 이어 1987~2007년의 '인티파다 세대'가 등장했다. 세대마다 고통과 투쟁의 양상은 달랐지만, 이 땅이 겪어온 공동체적 악몽에서 벗어나는 일은 불가능한 과제가 아니다. 그 해법은 소통의 개선, 경제·사회적 개발, 비무장화라는 세 가지 요소를 과감하게 실천하는 데 있다. 이러한 삼위일체적 접근만이 20년 넘게 반복되어 온 불행한 흐름을 바꿀 수 있으며, 가자지구 청년들이 지난해 3월 대규모 집회에서 보여준 단호함은 그 가능성을 증명했다. 팔레스타인이 불행의 숙명론을 거부하려면, 결국 오슬로 협정의 핵심 전제였던 '가자지구 우선' 원칙으로 돌아가야 한다는 점도 분명해 보인다.

글· 장 피에르 필리유 Jean-Pierre Filiu

(1) 유엔 인도주의 업무조정국 주간 보고서, 2010년 7월 2일.

(2) 유엔 인도주의 업무조정국 주간 보고서, 2011년 1월 7일.

(3) 하마스는 가자지구에서 공무원 3만1천 명의 봉급을 지급하고, 팔레스타인 당국은 가자지구에서 요원 7만여 명을 유지하며 그들에게 급료를 주고 있다.

불평등 공간에 갇힌 팔레스타인 사람들

올리비에 피로네 Olivier Pironet

프랑스의 언론인이자 국제정치·중동 문제 전문 저자. 〈르몽드 디플로마티크〉 기자로 활동하며,
팔레스타인·이스라엘과 아랍 세계의 정치사, 식민주의와 국제법 문제를 비판적인 시각에서 다뤄 왔다.
주요 저서 『가자: 집단학살과 언론(Ci-gît l'humanité. Gaza, le génocide et les médias)』(2025).

나블루스에 도착하자 자동차 타이어를 태우는 매캐한 냄새가 코를
찔렀다. 불붙은 고무타이어에서 피어나는 검은 연기와 길바닥에 널브러
져 있는 돌들 때문에 택시 운전사들은 속도를 줄여야 했다. 팔레스타인
인 수십 명이 이틀 전에 발생한 알라 아와드 살해에 항의하기 위해 모여
있있다. 이들 내부분은 '셰바브'('젊은이'라는 뜻)라 불리는 청년들이었
다. 30세 상인으로 두 아이의 아버지였던 아와드는 자타라 검문소(1)-
나블루스를 에워싸고 있는 유대인 정착촌을 '보호'하기 위해 이스라엘
이 나블루스 주변에 설치한 작은 보루들 중 하나- 앞을 걸어가다 이스라
엘 군인들에게 살해됐다. 아와드는 휴대폰이 들어있는 택배를 수거하러
가는 중이었다고 한다. 우리 가이드가 데려온 운전기사는 "이스라엘군
말로는 그가 군인들에게 총격을 가했고, 군인들이 대응 사격을 한 것이
라고 하지만 그건 거짓말"이라며, "그들은 자기들이 편한 대로 말한다.
언제나 그렇다"고 통렬히 비난했다.

시위대와 수십 미터를 두고 배치된 철갑 지프 안에서, 이스라엘군 병
사들은 돌 투척을 피해 경계 태세를 유지한 채 빈정거리는 눈빛으로 시
위대를 지켜보고 있었다. 최루탄이 터질 때마다 시위대는 흩어지곤 했
다. 거리로 나선 '셰바브(청년들)' 가운데에는 발라타 난민촌 출신이 적
지 않다. 우리는 난민촌의 책임자 중 한 명인 파예즈 아라파트를 만났

질 페레스-「팔레스타인 예루살렘」, 2013년

다. 아홉 아이의 아버지인 그는 50대 중반으로, 야파 문화센터를 이끌고 있다. 그는 "이 센터의 목표는 난민촌 청소년들에게 사회적·교육적·심리적 지원을 제공하고, 팔레스타인 난민의 귀향 권리에 대한 관심을 높이는 것"이라고 말했다. 발라타 난민촌은 1950년 텔아비브 인근 야파 지역에서 추방된 주민들을 수용하기 위해 조성되었다. 이곳은 요르단강 서안지구의 A구역, 즉 팔레스타인 자치정부가 행정적으로 관리하는 지역에 위치해 있지만, 이스라엘군은 오슬로 협정에도 아랑곳하지 않고 이 지역에서 임의로 군사 작전을 벌이곤 한다. 발라타 난민촌은 팔레스타인 난민 문제를 압축해 놓은 곳이다. 빈곤(주민의 55%), 실업(53%, 그중 65%가 교육받은 청년층)뿐만 아니라 비좁은 공간과 위생적이지 못

희생된 세대

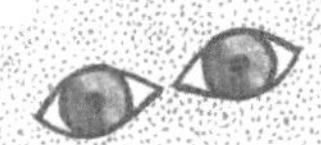

  2015년 9월 말, 분노의 폭발이 요르단강 서안을 휩쓸었다. 팔레스타인인들이 이스라엘 정착민과 군인을 상대로 감행한 개별적 공격뿐 아니라 민중의 저항이 점령지 곳곳으로 확산되었다. 이는 곧 유혈 진압으로 이어졌다. 국제 언론은 이를 "칼의 인티파다(Intifada)"라 불렀고, 일부 팔레스타인인들은 "예루살렘 인티파다", 또 다른 이들은 "하빠(Habbah, 돌풍)"라 명명했다.(1) 저항은 1년간 이어졌으며, 그 결과 268명이 사망했는데 이 가운데 230명이 팔레스타인인이었다.

  점령의 '일상적 폭력'과 자의적 통제가 팔레스타인인의 삶을 억압하는 가운데, 몇 가지 사건들이 불길에 기름을 부었다. 2015년 7월 31일, 나블루스 인근 두마(Douma) 마을에서는 정착민들이 빌인 방화 공격으로 샷난아이가 불에 타 숨졌고, 중상을 입은 부모도 며칠 뒤 사망했다. 이어 9월 22일에는 알헤브론(Hébron)의 한 검문소에서 18세 팔레스타인 여대생이 이스라엘 군의 총탄을 맞고 숨졌다. 같은 달, 동예루살렘의 성전산(알 아크사 사원 단지) 일대에서는 긴장이 고조됐다. 정착민 메시아주의자들이 이곳에 반복적으로 진입을 시도했다. 여기에 더해, 이스라엘 당국은 알 아크사 사원을 지키기 위해 조직된 팔레스타인 신도·수호자 단체인 무라비툰을 불법 단체로 규정하고 활동을 금지했다. 이후 성전산 주변에서는 팔레스타인인들과 이스라엘 경찰 간의 충돌이 잇따라 발생했다.

  폭력이 최고조에 달한 2015년 10월부터 2016년 2월 사이 약 230건의 개별 공격 또는 공격 시도(대부분 흉기 사용)와 수백 건의 충돌이, 특히 군사 검문소를 중심으로 발생했다. 그 결과 이스라엘인 31명과 팔레스타인인 174명이 사망했으며, 팔레스타인 희생자 상당수는 "즉결 처형"을 당했다고 국제인권단체 휴먼라이츠워치(Human Rights Watch)는 조사 보고서에서 밝혔다.(2) 공격에 가담한 이들 가운데 여성의 비율은 약 10%였으며, 청소년도 다수 포함돼 있었다. 참여자의 대부분은 25세 이하의 젊은 세대였고, 이스라엘 검문소에서 시위를 벌인 이들 역시 같은 또래였다. 이들은 종교 조직이나 정치 파벌에 소속되지 않은 채 독립적으로 행동했으며, 정당이나 종파는 이들을 통제하지 못한 채 사후적으로 지지 집회를 호소하는 수준에 머물렀다.

팔레스타인 자치정부는 표면적으로는 이스라엘의 과도한 진압을 비난했지만, 동시에 이스라엘과의 치안 협력을 중단하지 않았다. 오히려 이 협력은 더욱 전면적으로 가동되었다. 2016년 1월, 팔레스타인 정보국장 마제드 파라즈(Majed Farraj)는 자신들이 "무질서, 폭력, 테러와의 싸움"의 최전선에 서 있다며, 최근 3개월 동안 200건의 공격을 저지하고 100명의 팔레스타인인을 체포했다고 발표했다.(3) 그럼에도 불구하고 점령지의 젊은이들은 목숨을 걸고 이스라엘 점령에 저항하는 것을 멈추지 않았다.

— 글·올리비에 피로네 Olivier Pironet

(1) Daoud Kuttab, 「'하빠(habbeh)'와 '인티파다(intifada)'의 차이는 무엇인가?」, 〈알모니터(Al-Monitor)〉, 2015년 11월 18일.
(2) 「이스라엘/팔레스타인: '사살 명령(shoot-to-kill)'을 지지하는 일부 관리들」, 휴먼라이츠워치(Human Rights Watch), 2017년 1월 2일.
(3) 「팔레스타인 정보기관 수장: "이스라엘인을 겨냥한 공격 200건을 저지했다"」, 〈하아레츠(Haaretz)〉, 텔아비브, 2016년 1월 21일.

한 환경은 거의 모든 가정이 겪는 문제다. 1㎢당 약 2만8천 명이 거주하는 이 지역은 요르단강 서안지구에서도 가장 높은 인구 밀도를 보인다. 주민의 60%가 25세 이하일 정도로, 인구 구성 역시 매우 젊다. 대부분의 주민은 먼지가 가득한 골목길-폭이 몇십 센티미터에 불과한 곳도 있다-을 사이에 두고 층층이 쌓아 올린 비좁은 콘크리트 건물 속에서 하루하루를 버틴다. 햇빛조차 제대로 들지 않는 환경이다.

1976년, 이 지역이 이스라엘 점령에 맞선 저항의 거점으로 알려지면서, 발라타 난민촌은 이스라엘 당국에 의해 '테러리스트의 보루'로 규정돼 특별 감시 대상이 되었다. 그 대가는 혹독했다. 여러 차례 수감 경험이 있는 파예즈 아라파트는 "제2차 인티파다(2000~2005) 이후 난민촌에서만 약 400명이 사망하고, 부상자는 수천 명에 이른다. 현재도 난민촌 출신 300여 명이 이스라엘에 투옥돼 있다"고 설명했다. 이스라엘군은 시위 참가자나 정치 활동으로 지명수배된 이들을 체포하기 위해, 혹은 유수프의 능 인근이라는 이유로 이 구역의 '안정을 확보하기 위해'라는 명목으로 정기적으로 발라타 난민촌에 진입한다. 유수프의 능은 유대교와 이슬람교 신자 모두에게 성지로 여겨지는 왕릉이다.

"우리는 분출 직전의 화산과 같다"

아라파트는 점령군과 정착민의 압박 속에서 주민들이 사실상 '탈진' 상태에 놓여 있다고 토로했다. 그는 "우리는 우리 자신 외에는 의지할 곳이 없다. 이스라엘군이 가택 수색을 하거나 정치 활동가를 체포하러 들이닥칠 때마다 어떻게든 막아보려 하지만 현실적으로 할 수 있는 일이 거의 없다. 이곳에 무기가 어느 정도는 있지만 사람들은 사용하지 않는다"고 말했다. 그는 또 "팔레스타인 경찰은 나블루스 주변에서 가장 폭력적인 정착민들로부터 공격을 당해도 손 놓고 있을 뿐이다."고 덧붙였다. 이는 1993년 체결된 이스라엘–팔레스타인 치안 협정에 따른 것이다. 팔레스타인 자치정부 경찰은 유사시에도 정착민에게 무력을 행사할 권한이 없고, 모든 판단을 이스라엘 행정당국에 맡겨야 하기 때문이다. 그보다 더 아이러니한 것은 팔레스타인 자치정부의 경찰은 이스라엘이 '위험인물'로 분류한 팔레스타인 전사들을 적발하고 체포하는 임무에도 협력해야 한다는 점이다. 그 대상은 주로 하마스와 이슬람 지하드, 팔레스타인해방인민전선(PFLP) 소속 인사들, 그리고 마흐무드 아바스 자치정부 수반이 이끄는 파타 내부의 일부 분파 인물들이다. 아라파트는 "주민들은 점령군과 정착민뿐 아니라 팔레스타인 치안 경찰로부터도 끊임없는 압력을 받고 있다. "이러한 상황에서 분노가 폭발 직전에 이른 것은 당연한 일"이라고 말했다. 그는 이어 "우리는 지금 분출을 앞둔 화산과 같다"며 "주민들을 전혀 신뢰하지 않는 '술타', 즉 팔레스타인 정부의 책임자들 역시 결국 그 대가를 치르게 될 것"이라고 덧붙였다.

베들레헴 인근 아이다 난민촌에서도 불만은 크게 달라지지 않는다. 약 700㎡ 규모의 이 작은 난민촌은 이스라엘이 건설한 분리장벽으로 완전히 둘러싸여 있으며, 일부 구간은 장벽의 높이가 8m에 이른다. 약 6천 명이 이곳에 거주하며, 그중 절반 이상이 25세 이하의 청년층이다. 아이다 난민센터에서 활동하는 니달 알-아즈라크는 23년 동안 수감됐다가 2013년에 석방된 팔레스타인 투사의 막내동생이다. 그는 "수십 년째 장기 수감 중인 이들을 제외하고 계산하더라도, 현재만 해도 우리 청년 150명이 이스라엘 감옥에 있다. 그중에는 13세 소년도 포함돼 있다"며 "수많은 정치 지도자와 저항운동가들이 제2차 인티파다 시기에 체포되어 지금까지도 수감돼 있다"고 말했다. 알-아즈라크는 "수많은 정치 지도자와 저항 운동가들이 제2차 인티파다 기간에 체포됐다"고 말했다. 그는 난민촌을 감시하는 이스라엘군 망루가 '셰바브'에 의해 불태워진 이후, 이스라엘군이 "매일 야간 작전을 벌이고 있다"고 했다. 난민센터 소장 살라 아자마는 최근 이스라엘 점령당국이 오슬로 협정을 무시하고, A구역에 속한 아이다 난민촌을 이스라엘군이 전적으로 통제하는 C구역으로 재분류했으며 주변 지역을 '폐쇄 군사구역'으로 지정했다고 전했다. 이 결정으로 팔레스타인 경찰은 더 이상 난민촌 내부에 들어가거나 주변을 순찰할 권한도 잃었다. 14세에 수감된 경험이 있는 아자마는 최근 팔레스타인 경찰이 반대파 인사들을 체포하면서 주민들의 불신이 커졌다고 지적했다. 그는 "경우에 따라서는 이스라엘의 요구에 따라 체포가 이뤄지기도 한다"며 "경찰이 이스라엘 점령자의 의지를 따르고 때로는 우리에게 위협이 되기도 하는 상황에서 어떻게 그들을 신뢰할 수 있겠느냐"고 반문했다. 2013년 초 주민들은 경찰초소를 파괴하고 경찰을 난민촌에서 쫓아낸 바 있다. 아자마는 "우리는 오직 팔레스타인 깃발 아래에서 주민을 위해 봉사하는 사람만을 이스라엘 군인과 구별된 존재로 인정한다"고 강조했다.

이 같은 비판은 팔레스타인 사회 전반은 물론 파타를 포함한 주요 정당들에서도 넓은 반향을 불러일으키고 있다. 그러나 5월 28일 평화주의 운농가, 언본인, 이스라엘 사업가들이 라말라에서 모인 자리에서, 마흐무드 아바스 자치정부 수반은 치안협력 중단 가능성을 다시 한 번 일축했다. 그는 팔레스타인 자치정부 경찰과 이스라엘군 간의 치안협력은 "신성하고도 신성한 것"이며, 이스라엘과의 정치적 견해 차이와 무관하게 계속될 것이라고 강조했다. 이 발언은 파타 내부의 일부 지도자들조차 당혹스럽게 만들었다.

이스라엘 하청업자로 전락한 자치 치안서비스

1993년 오슬로 협정에 포함된 양자 간 치안협력은 1994년 5월 카이로에서 체결된 오슬로 I 협정 이후 공식 발효됐다. 이 협력 체계는 팔레스타인 군경이 이스라엘을 향한 "모든 형태의 테러·폭력을 조장하는 선동에 대응"하고, 정착촌을 겨냥한 "적대 행위를 차단"하며, 정보 교환과 공동 작전을 포함한 "치안 활동의 조정"을 이스라엘군과 수행하도록 규

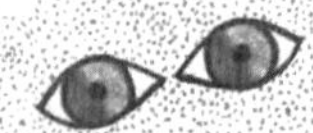

　이스라엘의 정치 상황은 팔레스타인에 어떤 희망도 주지 않는다. 리쿠드(이스라엘 중도우파 연합정당)가 주도하고 두 극우 정당이 참여한 베냐민 네타냐후 연립정부는 이스라엘 역사상 가장 비타협적인 정부에 속한다. 좌파는 극적으로 쇠락했고, 극좌파의 목소리는 거의 들리지 않으며, 평화 진영도 사분오열되어 있다. 익명을 요구한 한 이스라엘 전문가는 이렇게 말했다. "희망은 전혀 없습니다. 우파와 정착민 세력이 완전히 승리했지요. 설령 내일 네타냐후가 '하느님의 은총'을 받아 팔레스타인 국가 건설을 결심한다 해도, 지금의 이스라엘 사회 분위기에서는 그 일을 해낼 수 없습니다. 최근 수년간 이스라엘 사회는 급속히 과격화되며 외부와 단절되었습니다. 종교적 시오니즘과 극단적 민족주의 운동이 국가 결정 구조 전반에 스며들었고, 요르단강 서안지구에 대한 이들의 목표는 다른 무엇도 아닌 바로 그 땅의 점령을 굳히는 것입니다. 무엇보다 점령을 기정사실로 받아들이도록 만드는 정책을 밀어붙이고 있습니다." 유대·아랍어 전자저널 〈챌린지(Challenge)〉의 분석가 야코브 벤 에프라트(Yakov Ben Efrat)도 비슷한 평가를 내린다. "이 정부는 평화협상 실패에 대해 쏟아지는 비판을 전혀 개의치 않습니다. 온갖 정치적 비난과 풍파를 버티며 홀로 해적질을 하듯 움직이죠. 그리고 미국이 앞으로도 오랫동안 자신들을 지지할 것이라는 사실을 잘 알고 있습니다."

　이스라엘 여론은 현 상태에 대체로 만족하고 있다. 이스라엘인들은 팔레스타인 문제보다, 전 세계적으로 영향을 끼쳤으나 국가별로 충격의 정도가 달랐던 금융위기 속에서도 비교적 안정을 유지해 온 자국의 경제 상황을 더 중시하는 경향을 보인다. 또한 이집트·레바논·시리아 등 국경 주변의 긴장 고조에 더욱 민감하게 반응한다. 최근 이스라엘은 국내 여론의 시선을 집중시키기 위해, 지난 6월 벌어진 세 명의 이스라엘 10대 소년 납치·살해 사건 이후 요르단강 서안지구에서 군사작전을 전개했고, 2014년 여름에는 가자지구에 대한 대대적 공격을 감행했다. 평상시 이스라엘 주민 대부분은 팔레스타인과의 분쟁에 무관심하다. 나프탈리 베넷 이스라엘 경제장관의 표현을 빌리자면, 이스라엘인들에게 팔레스타인인은 "엉덩이에 박힌 가시"에 불과한 존재다.(2) 예루살렘에 기반을 둔 평화주의 활동가이자 기자인 미셸 바르사우스키는 이렇게 설명한다. "점령지 상황은 이스라엘인에게 일종의 습진과 같습니다. 때때로 가렵고, 불편하고, 짜증을 일으키지만, 결국 질서유지와 내정 문제로 취급될 뿐입니다." 가까운 거리에 있음에도 팔레스타인은 이스라엘 사회에서 '먼 이웃'의 문제로 밀려나 있다. 그러나 팔레스타인은, 1992년 이츠하크 라빈이 가자지구에 대해 희망했던 것처럼, 결코 '바다 속으로 사라지지'(3) 않을 것이다.

— 글·올리비에 피로네 Olivier Pironet

(1) Yaël Lerer, '이스라엘 거리의 선별적 분노', 〈르몽드 디플로마티크〉, 2011년 9월호
(2) Shimon Shiffer, 「네타냐후 대 베넷: 다음 연정 위기는 시간문제다」, 〈와이넷(Ynet)〉, 2014년 1월 30일.
(3) 「라빈, 협상에서 팔레스타인 측 태도에 대한 좌절감 표명」, 〈Jewish Telegraphic Agency〉, 1992년 9월 4일.

정하고 있다. 이 협력은 제2차 인티파다 동안 일시 중단됐다가, 마흐무드 아바스가 자치정부 수반이 된 이후 다시 재개되었다. 특히 살람 파야드 전 총리(2007~2013)의 치안 서비스 개혁과 결합하며 새로운 단계로 진입했다.(3) 당시 약 3만 명이 다양한 경찰·헌병 조직에 소속돼 있었는데, 이는 주민 80명당 경찰 1명꼴로 세계에서 가장 높은 수준이었다(프랑스는 350명당 1명). 팔레스타인 치안서비스는 미국의 감독 하에 전면 개편됐고, 특수부대가 신설되었으며 현대식 차량·통신장비·정밀무기 등이 보급됐다. 미국·유럽의 일부 재정 지원을 받는(4) 치안서비스 예산은 자치정부 전체 예산-2014년 기준 32억 유로-의 약 30%를 차지해 교육·보건·농업 예산을 모두 합친 규모를 넘어섰다.(5) 팔레스타인 사회학자 스베이는 "치안서비스는 팔레스타인 자치정부의 핵심 축"이며 "오슬로 협정은 치안서비스를 이스라엘 점령의 하청업자로 변모시켰다"고 설

명했다. 사실 이는 오슬로 체제가 애초 목표했던 내용 중 하나였던 것으로 보인다. 1993년, 이츠하크 라빈 이스라엘 총리는 일부 치안 임무를 팔레스타인 측에 이양하는 것이 "가장 중요한 사항이며, 이스라엘군 스스로 그 임무를 직접 수행할 필요가 없어질 것"이라고 선언한 바 있다.(6)

한편, 2009년부터 2014년까지 치안 협력 정책을 담당했던 사이드 아부 알리 전 팔레스타인 내무장관은 이 문제에 대해 공식적이고 제도적인 시각을 제시한다. 넓은 장관실에서 두 명의 자문위원과 함께 우리를 맞이한 그는 온화한 태도로 "치안 협력은 양측 모두에게 성공적인 정책"이라고 강조했다. 그는 "최근 몇 년간 우리가 질서 재정립을 위해 노력한 결과, 요르단강 서안지구에 일정 수준의 안정이 확보됐으며 테러와 과격주의 역시 억제될 수 있었다"고 말했다. 그는 이어 "일부에서는 우리의 치안협력을 비난하며 제2차 세계대전 당시 프랑스 비시 정부의 '나치협력'에 비유하지만, 이는 사실과 무관하다. 우리의 목표는 국가를 세우는 것이고, 치안은 그 기초가 되는 요소"라고 강조했다. 그러나 '안정'과 '치안'의 실체는 매우 상대적이다. 2013년 한 해에만 이스라엘군은 요르단강 서안지구에서 4천여 차례 군사작전을 벌였고, 이 과정에서 팔레스타인 민간인 4,600명 이상이 체포되었으며 30여 명이 사살됐다. 같은 해 이스라엘 정착민이 저지른 폭력행위는 총 319건으로 2012년에 비해 8% 증가했고, 이로 인한 부상자는 100명 이상이었다. 이들 대부분은 팔레스타인 농민들이었다.(7) 한편 팔레스타인 자치정부 경찰은 정기적으로 비리와 권력 남용 의혹에 휩싸여 왔으며, 정적을 임의 구금한다는 비판도 받고 있다. 가자지구에서 하마스가 운영하는 경찰 역시 다르지 않다. 이스라엘은 팔레스타인 치안당국과 함께 수백 차례의 공동작전을 수행한 바 있다.(8) 라말라 비르제이트대의 아바헤르 엘 사카

사회학 교수는 "미래의 국가 건설이라는 명분 아래 지도부가 정당화하는 이 정책은, 실제로는 재정적으로 자치정부를 쥐고 있는 '국제사회'에 충성의 증거를 제공하고, 팔레스타인 영토 내 모든 소요를 억눌러 통제하려는 목적이 강하다"고 평가한다. 그는 이어 "그러나 이러한 치안정책은 오히려 팔레스타인 내부의 반감을 키우는 효과를 낳고 있다"고 지적했다.

팔레스타인의 사회적 불안은 좀처럼 가라앉지 않고 있다. 주민들은 2011년과 2012년, 정부의 경제정책을 규탄하는 대규모 시위를 벌였다. 이는 국제통화기금, 세계은행, 그리고 주요 기부국들의 지원을 받아 살람 파야드 전 총리가 2007년부터 추진한 자유화 개혁에 대한 반발이었다. 파야드 전 총리는 경제 성장을 내세워 해외 투자자 유치를 목표로 하는 이른바 '충격요법'을 도입했다. 그 결과 공무원 일자리는 약 4만 개가 감축돼 현재 15만 개 수준으로 줄었고, 사회복지 예산 삭감과 공무원 임금 축소, 사회보장제도 조정, 은행 부문 개혁 등이 잇따라 추진됐다. 그러나 이러한 조치들은 고용을 확대하기는커녕 불평등을 심화시키고 일자리를 감소시켰으며, 생활비를 급격히 끌어올리는 결과를 낳았다.

2000년대 말 팔레스타인 경제의 급격한 성장(2008년 7%, 2013년 1.5% 성장)은 상당 부분 외국 지원에 기반한 것이었으며, 자치정부 예산의 절반이 외부 지원으로 충당되었던 점을 고려하면 실질적 성과라기보다 일시적 착시에 가까웠다. 서구 전문가들이 '팔레스타인 호랑이'라 칭하며 찬양했던 경기 호황은 기부국들의 자금이 끊기자 곧바로 2010년 전례 없는 금융위기로 이어졌다. 그 결과 실업률은 급격히 상승해 요르단강 서안지구에서는 20~30%, 가자지구에서는 40%를 넘어섰고, 주민의 약 4분의 1이 빈곤 상태에 놓이게 됐다. 특히 서안 지역 팔레스타인인인의 20%는 하루 1.5유로 이하로 생활하고 있다. 반면 상위층 소득은 2007~2010년 사이 10% 증가하며 격차는 더욱 확대됐다.(9) 엘 사카 교수는 "팔레스타인 경제의 상당 부분이 명문가와 신흥 부유층에게 집중돼 있으며, 이들 대부분은 권력과 결탁해 인맥을 활용한다"고 지적했다. 그는 이들이 "통신, 건설, 에너지, 식품 등 핵심 산업을 장악하고 있으며, 일부는 이스라엘 시장과 산업 정착촌에도 투자하고 있다"고 설명했다. 이러한 투자에 대한 대가로 이들은 자치정부 관계자들과 마찬가지로 검문소 우선 통행과 같은 이스라엘 측 특혜를 누린다는 것이다.(10) 라말라에서는 이른바 'VIP'로 불리는 이들이 고급 자동차를 몰고 도심을 오가며, 난민촌과는 동떨어진 부유한 지역에 거주하고 있다.

군사, 경제 이중 점령에 종속된 현실

무엇보다 요르단강 서안지구의 경제 발전은 이스라엘의 점령, 분리 장벽, 그리고 팔레스타인 영토를 수십 개의 소구역으로 나누는 수많은 바리케이드로 인해 심각한 제약을 받고 있다. 이스라엘은 1994년 파리 의정서-오슬로 협정의 경제·재정적 부속 합의-의 틀 안에서 팔레스타인의 무역을 사실상 통제하고 있다. 팔레스타인은 공산품의 70%를 이스라엘에서 수입하고, 수출품의 85%를 이스라엘 시장으로 보내는 구조에 놓여 있다. 이스라엘 당국은 팔레스타인 자치정부에 귀속되는 관세를 압류할 권한도 행사하고 있으며, 정치적 압박이나 보복을 이유로 이를 임의로 동결하거나 몰수하곤 한다. 사회학자 스베이는 "우리는 군사적·경제적 이중 점령 아래 놓여 있다"며 "치안정책과 경제적 압력은 오슬로 체제가 만들어낸 동일한 논리의 두 측면"이라고 지적했다.

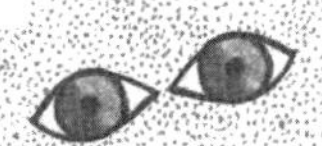

요르단 강 서안지구 분할

오슬로2 협정으로 불리는 1995년 9월 28일의 이스라엘–팔레스타인 임시협정은 요르단강 서안지구를 A·B·C 세 구역으로 분할했다. A구역은 전체의 18%로, 행정과 치안을 모두 팔레스타인 자치정부가 담당한다. B구역은 21%에 해당하며, 행정은 팔레스타인 측이 맡지만 치안 권한은 이스라엘이 유지한다. 나머지 C구역은 이스라엘이 행정과 치안을 전적으로 통제하는 지역이다. 동예루살렘을 제외한 모든 유대인 정착촌은 이 C구역에 위치하며, 대다수 팔레스타인 주민들은 A구역과 B구역에 거주하고 있다.

데이셰 닌민촌에 거주하는 30내 남성 나바 알라시는 시위 도중 이스라엘군의 총격으로 친구가 자신의 품에서 숨지는 장면을 눈앞에서 겪은 뒤, 자치정부와 그 보호를 받는 사람들에 대한 강한 분노를 드러냈다. 그는 "라말라에서 호화로운 메르세데스나 대형 사륜구동 차량을 몰고 다니는 엘리트와 자본가들은 우리를 대변할 수 없다"며 "우리는 단지 점령에 저항할 뿐인데, 그들은 우리를 '테러리스트'나 '극단주의자'로 취급한다"고 비판했다. 나아가 그는 "자치정부는 해체돼야 한다. 쓸데없는 협상 말고는 하는 일이 없다. 협상은 그들의 유일한 존재 이유이자 하나의 비즈니스일 뿐"이라고 말했다.

지난 20년 동안 수많은 정상회담과 회의, 토론, 외교순방이 이어지며 수많은 원칙 선언과 국제 결의, 장대한 약속들이 쏟아졌지만, 대부분은 실질적 효력을 잃은 채 사문화됐다. 아자마는 "그들이 여전히 우리 땅을 지배하고 있는데, 우리가 적과 대화를 나누고 그들과 나란히 서서 악수하는 모습을 연출해 이른바 '국제사회'에 보여줄 사진을 남기는 것이 과연 무슨 의미가 있느냐"고 되물었다. 그는 "이 무의미하고 공허한 협상에서 이스라엘 말고 누가 이득을 본단 말인가?"라고 덧붙였다. 아이다 난민촌의 알-로와드 사회문화센터 소장 압델파타 아부스루르는 "우리는 언제나 협상 테이블 위에 던져지는 부스러기에 만족하라는 말을 듣는다"며 "마치 점령이 당연한 현실이라도 되는 양, 독립국가 문제는 이제 논의의 장에서조차 사라졌다"고 씁쓸함을 드러냈다.

존 케리 미국 국무장관의 중재 아래 2013년 7월부터 2014년 4월까지 진행된 이스라엘-팔레스타인 협상 역시 예외가 아니었다.(11) 이스라엘이 점령지 내 정착촌 건설 중단을 거부하고, 미국이 이스라엘에 실질적 압력을 가하지 않는 상황에서 협상의 실패는 예정된 일이었다. 파타 고위 관계자이자 과거 협상대표로서 평화협정, 특히 치안 관련 합의를 이끌었던 나빌 샤트는 "미국은 오슬로 협정 이후 어떤 실질적 합의도 끌어낸 적이 없으며, 이스라엘 내 정착민의 이해를 전적으로 대변하는 현 정부로부터는 아무것도 기대할 수 없다"고 비판했다. 그는 "협상 시작 전 마흐무드 압바스 자치정부 수반에게 이런 조건에서 왜 협상 테이블로 복귀하려는지 물었고, 그의 대답은 '선택의 여지가 없다'는 것이었다"고 전했다. 요르단강 서안지구의 하마스 주요 지도자 중 한 명인 하산 유세프는, 이스라엘군에 체포되기 며칠 전 라말라에서 만난 자리에서 "우리는 협상 재개에 전적으로 반대한다. 이스라엘은 협상을 이용해 우리를 조종하고 나아가 점령을 기정사실화한다"고 강조했다.

"우리는 인티파다로 나아갈 수밖에 없다"

정착촌 건설의 지속, 군사 점령 체제의 고착, 반복되는 협상 실패, 그리고 팔레스타인 자치정부에 대한 신뢰 상실로 인해, 일각에서는 제3차 인티파다 가능성이 거론되고 있다. 그러나 아바헤르 엘 사카 교수는 "단기간 내에 새로운 인티파다가 발생하기는 쉽지 않다"고 전망했다. 그는 그 이유로 세 가지를 들었다. 첫째, 팔레스타인 치안군이 소규모 시위는 일정 부분 용인하면서도, 전면적인 봉기로 확산되는 것을 막기 위해 총력을 기울이고 있다는 점이다. 둘째, 2014년 6월 파타와 하마스 간 '화해'로 연립정부가 출범했음에도 불구하고, 내부에는 여전히 다수의 분파가 남아 있어 정치적 통합이 완전하지 않다는 점이다. 셋째, 팔레스타인 사회를 하나로 결집시킬 수 있는 정치 전략과 공동의 행동 계획이 부재하다는 것이다. 그럼에도 엘 사카 교수는 "현재로서 우리의 유일한 희망은 보이콧·투자철회·제재 운동(BDS)과 국제형사재판소(ICC) 제소를 통한 군사·정치 책임자 처벌 가능성"이라고 말했다. 그는 이어 "작은 불씨 하나, 촉매가 되는 사건 하나만으로도 새로운 인티파다는 언제든 촉발될 수 있다"고 덧붙였다.

팔레스타인해방인민전선 활동가로, 1989년부터 1993년 사이 여섯 차례 투옥된 바 있는 아만 아부 줄로프는 현재 가이드이자 통역사로 생계를 이어가고 있다. 그는 "우리는 결국 인티파다로 나아갈 수밖에 없다"고 단언했다. 베들레헴 인근 베이트 사후르에 위치한 그의 집은, 같은 행정구역에 속한 하르 호마 이스라엘 정착촌과 마주보고 있다. 이곳은 한때 숲으로 뒤덮여 어린 시절 그가 뛰놀던 언덕이었지만, 이스라엘이 1997년 이 지역을 합병한 이후 숲은 베어졌고, 그 자리에 콘크리트 요새를 연상시키는 정착촌이 들어섰다.

예수 탄생의 도시로 알려진 베들레헴은 현재 20여 개의 이스라엘 정착촌이 빠르게 확장하며 도시를 에워싸고 있다. 아부 줄로프는 올리브

나무가 늘어선 계곡을 바라보며 이렇게 말했다.

"그들도 건설하지만, 우리도 건설한다. 우리는 계속 지을 것이다. 우리는 이 땅에서 태어났고, 우리의 선조들이 태어난 곳도 이곳이다. 어떤 일이 있어도 이 땅을 지킬 것이다. 그것이 우리의 투쟁 방식이다."

글 · 올리비에 피로네 Olivier Pironet

(1) 요르단 강 서안지구에는 500개의 이스라엘 검문소와 300개의 정착촌이 있다. 그 총 면적은 프랑스의 센에마른(Seine-et-Marne) 도(道) 면적과 같다.

(2) 「이스라엘과의 팔레스타인 치안 협력, 종말의 시작?」, 〈Middle East Eye〉, 2014. 7. 10, www.middleeasteye.net

(3) International Crisis Group report, 〈점령 하 팔레스타인 치안 개혁의 모순〉, 2010. 9, www.crisisgroup.org

(4) 2013년에 미국과 유럽연합은 경제안보지원프로그램의 일환으로 각각 3억 3,000만 유로와 4억 6,800만 유로를 팔레스타인 자치정부에 지원했다. cf. Human Rights Watch, '2014년 세계 보고서', wwwlhrw.org

(5) Tariq Dana, 「이스라엘과의 팔레스타인 치안 협력의 종말의 시작?」 〈Jadaliyya〉, 2014. 7. 4, www.iol.jadaliyya.com

(6) 〈Yediot Aharonot〉, Tel-Aviv, 1993. 9. 7

(7) 유엔인도주의업무조정국(UNOCHA) 보고서, 'Fragmented lives', 2014. 3, www.ochaopt.org

(8) Tariq Dana, 앞의 기사

(9) Adam Hanieh, 'The Oslo illusion', 〈Jacobin Magazine〉, New York, n° 10, 2013. 4

(10) 팔레스타인 VIP에 대한 특혜에 관해서는 Roger Heacock, 〈팔레스타인. 징계 만화경〉, CNRS Editions, Paris, 2011, p. 17~19 참조

(11) Alain Gresh, '왜 근동의 협상은 항상 실패하는가', 〈르몽드 디플로마티크〉, 2014년 6월호

(12) Julien Salingue, '이스라엘 경보', 〈르몽드 디플로마티크〉 2014년 6월호

'창살없는 감옥' 가자지구에 갇힌 팔레스타인인들

올리비에 피로네 Olivier Pironet

프랑스의 언론인이자 국제정치·중동 문제 전문 저자. 〈르몽드 디플로마티크〉 기자로 활동하며, 팔레스타인·이스라엘과 아랍 세계의 정치사, 식민주의와 국제법 문제를 비판적인 시각에서 다뤄 왔다.

이스라엘은 2023년 9월 17일 새 의회를 구성하기 위한 재선거를 실시했다. 그러나, 가자지구는 끝없이 무너져가고 있다. 하마스가 지휘하는 가자지구를 이스라엘은 13년 전부터 철저하게 봉쇄해왔다. 가자지구는 앞으로 얼마나 버틸 수 있을까?

6월 아침, 햇빛이 가득한 해변에 늘어선 알록달록한 작은 배들이 눈에 들어온다. 빛나는 태양, 파란 하늘, 하얗게 넘실대는 파도…. 그러나 이런 매력적인 풍경이 주는 착각은 오래가지 않는다. 지중해는 이미 심각하게 오염돼 있고, 수평선에는 군함들이 늘어서 있으며, 하늘 위로는 전투기와 드론이 끊임없이 선회한다. 우리는 가자지구에 있다. 이스라엘에 포위된 가자지구는 365km²의 규모에 2백만 명이 거주 중인 초과밀 지역이다.

저격대상이 돼버린 농어민들의 삶

가자지구 외곽 도시 베이트 라히야(Beit Lahia)의 해변 오두막에서 만난 어민들의 표정은 무겁기만 했다. 이스라엘은 13년째 팔레스타인의 육지·해상·공중을 전면 봉쇄하고 있으며, 특히 어선의 조업 구역

질 페레스-「팔레스타인 예루살렘」, 2013년

을 지속적으로 축소해 결국 한때는 바다로 나가는 것조차 금지했다. 이스라엘 측이 내세운 이유는 연안 인근 이스라엘 영토, 특히 키부츠에 가자지구에서 방화 풍선과 연이 날아들었다는 것이었다. 이틀간의 교전이 소강 단계로 접어들자, 이스라엘은 6월 18일 조업 재개를 허용했다.(1) 그러나 허용된 범위는 해안에서 반경 18.5km(10해리)에 불과했다. 풍부한 어장을 품은 먼바다와는 거리가 먼 제한된 구역이었다. 2006년부터 가자지구에서 집권한 하마스 정당은 이스라엘과의 간접협상에서 계속해서 이 특별조치의 철회를 주장하고 있다.

"불과 3~4km 앞에서 이스라엘 해군함이 우리를 감시하고 있어요. 바로 눈앞에서 다 보입니다." 가자지구 북부 어민조합위원회 책임자인 지하드 알술탄은 바다를 가리키며 이렇게 말했다. "팔레스타인 어민이 바다에 나가면, 이스라엘은 경고도 없이 사격을 가합니다. 그래서 요즘엔 배가 크게 파손되거나 어민이 부상당하는 일이 부쩍 늘었어요." 실제로 2019년 1분기 동안 이스라엘 해군은 200회 이상 팔레스타인 어민을 향해 총격을 가했다. 그 결과 30여 명이 부상, 12척의 어선이 압류됐다고 팔레스타인 및 이스라엘 인권단체인 알메잔(Al-Mezan)과 비츠렘(B'Tselem)은 밝혔다. 2018년에는 어민 2명이 사망하는 일도 벌어졌다.

2000년만 해도 가자지구에는 약 1만 명의 어업 종사자가 있었다. 그러나 풍부한 어장으로 향하는 접근이 차단되면서 어민의 3분의 2가 생업을 포기해야 했다. 국제법상 팔레스타인 어민에게 접근이 허용된 구역임에도, 이스라엘은 전체 해상 구역의 85%를 금지구역으로 설정한 상태다. 현재 어업 종사자는 약 3,500명에 불과하며, 그 가운데 95%가 하루 5유로 이하로 살아가는 빈곤선 아래에 머물고 있다. 2008년 당시 빈곤율이 50%였다는 사실을 떠올리면, 가자 경제의 붕괴가 얼마나 급격히 진행되었는지 분명히 드러난다. 남부 주요 도시인 칸 유니스 인근, 쿠자 방향의 촌락에서도 주민들은 깊은 절망감에 잠겨 있었다.

예리한 눈매를 지닌 34세의 농민, 카레드 카데는 밭 가장자리에 있는 휴식용 텐트로 우리를 초대했다. 카데는 어려운 형편 속에서도 우리에게 새참을 대접했다. 그는 이스라엘과의 국경장벽에서 몇백m 떨어진 곳에 11두남(1.1헥타르)의 땅을 소유하고 있다. 이스라엘이 세운 이 콘크리트 장벽은 국제법상 불법 구조물이다. 참호, 금속 방벽, 철망, 가시철사가 뒤엉킨 65km 규모의 국경장벽은 가자지구를 둘러싸고 있다. 그리고 이 장벽을 따라 최소 300m에서 최대 1.5km 폭의 완충지대,

즉 아무도 접근할 수 없는 비워진 구역이 형성되어 있다. 이 군사 배제 구역은 가자지구 전체 영토의 약 25%, 경작 가능한 토지의 35%를 잠식하고 있다.

카데는 "우리 가족은 휴전선 건너편에도 20두남의 토지를 가지고 있었어요. 하지만 1948년, 이스라엘이 건국되면서 모두 빼앗겼습니다"라고 말했다. 그에게 남은 작은 토지조차 온전히 경작할 수 있는 땅은 3분의 1에 불과하다. "나머지 땅은 '노-고 존'(no-go zone) 가장자리에 있어 접근할 수 없습니다. 그쪽으로 가기만 하면 이스라엘 군이 곧바로 막아섭니다." 그의 말은 분노로 떨렸다. "탱크와 불도저로 입은 피해는 말로 표현하기조차 어렵습니다. 이스라엘 군은 마음만 먹으면 언제든 방아쇠를 당깁니다. 지금 우리가 있는 이 지점을 포함해, 국경 인근의 모든 농민은 저격 대상이에요. 가끔 전기가 들어오는 밤에 몰래 작업을 하기도 했지만, 그것도 금지됐습니다. 아주 작은 움직임이라도 감지되면, 이들은 곧바로 일제사격을 하거나 폭탄을 터뜨립니다."

세계와의 단절, 아무도 살 수 없는 땅

그때 멀리서 이스라엘 장갑차가 먼지구름을 일으키며 순찰을 돌고 있었다. 2005년 가자지구에서 유대인 정착민들이 철수한 뒤 이 일대에는 완충지대가 설정됐고, 이듬해 봉쇄가 강화되면서 수확량은 80%나 줄어들었다. 농사 외에는 다른 생계수단이 없는 카데는 결국 빚더미에 올라앉았다. 그는 작은 밭에서 나온 농작물을 팔아 한 달에 400세겔(약 100유로)을 벌어 근근이 생계를 이어가고 있다. 노동자의 약 10%, 즉 4만 4,000명이 종사하는 농업 부문은 2014년 이후 노동력이 30% 이상

짜고 치는 토론회

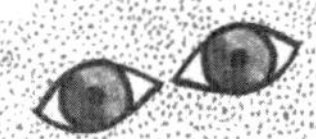

　1980년대에는 쿠웨이트, 1990년대에는 아랍에미리트의 두바이, 그로부터 10여 년 후에는 카타르와 아부다비가 상당한 재정을 들여 학술연구에 주력하고 있다. 성과에 대한 가시적인 홍보가 필요한 경우에는 국적을 불문하고 언론인들이 VIP 대접을 받는다.(1) 초청된 언론인들이 투숙하는 곳에는 돈봉투 혹은 고가의 브랜드 필기구 등의 선물 공세가 펼쳐진다. 당연히 현지 지도자와의 만남의 기회도 주어진다. 다만, 2008년 금융위기와 최근 예멘 전쟁으로 인한 재정 악화로 아랍에미리트는 선물에 제한을 뒀다.

　초대 국가는 초청 손님들의 다양한 취향 및 윤리적 요구를 고려해 접대 준비를 한다. 비교적 냉철하고 사리사욕이 없어 보이는 앵글로색슨 및 유럽 언론에는 아시아나 아랍 언론보다 돈을 덜 들인다. 그러나 예외는 존재한다. 초청사들을 안내하는 주무 부처나 정보기관의 책임자들은 조심스레 입을 열었다. 프랑스와 미국 일간지의 일부 기자들이 태양열 충전기 대신에 이집트와 중국 동료들에게 제공된 최신 노트북을 요구한 적이 있다는 것이다.

　두바이, 카타르, 아부다비 또한 여러 콘퍼런스와 토론회를 주최한다. 목적은 서구의 언론인들을 초청해, 자국을 널리 홍보하는 것이다. 토론회 주제가 무엇이든, 참석자 규모는 중요치 않다. 토론회 발언자들은 퍼스트 클래스로, 나머지는 이코노미 클래스로 초청된다. 이들은 호화 호텔에 투숙한다.

　관광객이 많지 않은 요즘, 이들 호텔은 미디어를 주제로 한 토론회 덕분에 그나마 객실을 채우고 있다. 가장 중요한 참가자는 고가의 선물을 받을 권리가 있다. 그들은 암묵적으로 현지 군주국의 비전에 대한 찬사를 늘어놓는다.(2) 2018년 3월 3일, 니콜라 사르코지는 아부다비에서 보수를 받고, '리더십을 파괴하는 민주주의'라는 주제로 연설했다. 그는 민주주의가 시진핑이나 블라디미르 푸틴, 모하마드 빈 살만(사우디아라비아의 왕세자)과 같은 능력 있는 대지도자의 탄생에 걸림돌이 될 수 있다고 주장했다. 그의 연설은 아랍 반도의 실력자들, 특히 에미리트의 실력자인 모하마드 빈 자예드 알 나흐얀 왕자를 기쁘게 했다.(3)

　　재정난을 이유로 국제기구들 역시 원칙을 뒤로한 채, 페르시아만 지역 국가들에 지원을 요청하는 경우가 적지 않다. 정치적 성격을 지닌 국제기구 가운데 가장 오래된 조직으로는 1889년에 창설된 국제의원연맹이 있다. 이 연맹은 지난 4월 카타르에서 '교육, 성 평등, 테러와의 투쟁'을 주제로 봄 총회를 개최했다. 그러나 카타르에는 선출된 국회가 존재하지 않는다. 국가 자문기구인 슈라위원회는 입법권이 없는 자문기구에 불과하다. 그럼에도 국제의원연맹은 이러한 정치적 현실과 무관하게 총회를 열었다. 한편 두바이는 2020년 10월, '정신을 연결하고, 미래를 건설한다(Connecting Minds, Creating the Future)'라는 슬로건 아래 두바이 엑스포 2020 개최를 앞두고 있다.

　　그런데 아랍 에미리트는 인터넷 사용을 전 세계적으로 가장 강도 높게 통제하는 국가 중 하나다.(4) 그럼에도 불구하고 만국박람회의 일환으로 개최되는 토론회와 심포지엄에는 명망 높은 인사들이 참가할 것이다. 참가자들은 초청 국가의 현실에 대해선 눈감을 것이다. 이런 이중성, 특히 토니 블레어의 이중성에는 이미 익숙하다. 영국의 전 총리인 블레어는 페르시아만에서 돈벌이가 되는 자문 업무를 많이 해왔다. 정치·사회 개혁을 명분으로 내세우고 있지만, 이를 진지하게 받아들이는 이는 거의 없다.(5)

— 글·아크람 벨카이드 Akram Belkaïd

(1) Daniel Lazare, 「미국에 대한 사우디아라비아의 강력한 영향력」, 〈르몽드 디플로마티크〉 프랑스어판 2017년 7월호, 한국어판 2017년 9월호.
(2) Akram Belkaïd, 「단어로 본 페르시아만」, 〈르몽드 디플로마티크〉 프랑스어판·한국어판 2013년 8월호.
(3) David D. Kirkpatrick, 「중동에서 가장 강력한 남자, 모하메드 빈 자이드」, 〈The New York Times〉, 2019년 6월 2일.
(4) 「아랍에미리트연합에서 VPN 사용자는 이제 감옥에 갈 수 있다」, 〈르몽드〉, 2016년 8월 1일.
(5) Edward Malnick, 「토니 블레어, 사우디 정부와 그의 연구소 간 900만 파운드 계약에 따라 자문 제공」, 〈The Telegraph〉, 런던, 2018년 7월 21일.

감소했다.(2)

　　농어민들의 처지는 연안 지역 전체가 겪고 있는 상황 그대로다. 유엔

무역개발협의회(UNCTAD)의 부국장 이사벨 듀랑은 '재앙과도 같으며 (catastrophique)', '버틸 수 없는(intenable)' 상황이라고 말했다.(3) 2012년부터 유엔은 이런 상황에 대해 경종을 울리고 있다. 이사벨 듀랑은 "이집트와 합작한 이스라엘의 가자지구 봉쇄가 철회되지 않는다면, 2020년에는 아무도 살 수 없는 땅이 될 것"이라고 전망했다.(4)

가자지구는 2006년에 이어 2008~2009년 이스라엘이 일으킨 두 차례의 전쟁을 겪은 뒤, 사실상 8년 전부터 세계와 단절됐다. 이 전쟁들로 팔레스타인인 1,800여 명과 이스라엘인 20여 명이 사망했다. 이후 2012년과 2014년에 또다시 두 차례의 전쟁이 이어졌고, 누적 집계에 따르면 가자지구 주민 2,500명, 이스라엘인 72명이 목숨을 잃었다. 2017년 이후 상황은 더욱 심각해졌다. 로베르 피퍼 유엔 팔레스타인 영토 조정관은 "상황이 예상보다 훨씬 빠르게 악화하고 있다.(…) 가자지구는 머지않아 거주 자체가 불가능한 지역이 될 것"이라고 경고했다.(5)

1948년 이래 팔레스타인인의 70%는 난민으로 살아왔으며, 그 절반은 15세 이하의 아동이다. 오늘날 가자지구의 실업률은 경제활동 인구의 53%에 달한다. 청년층 실업률은 70%, 여성 실업률은 85%로, 사실상 세계 최고 수준이다. 전체 인구의 절반 이상이 빈곤 상태에 놓여 있고, 지역 경제는 붕괴 단계에 들어섰다. 실제로 2018년 가자지구의 경제성장률은 −6.8%를 기록했다.(6) 유엔무역개발협의회는 인프라는 물론 생산 기반 자체가 전멸한 상태라고 지적한다.(7) "2014년 전쟁에서 파괴된 물자와 재건 비용만 110억 달러에 달합니다." 팔레스타인기업인협회 회장 알리 알헤엑은 시내 본부에서 우리와 만나 이렇게 말했다. "1,000개가 넘는 공장, 작업장, 상점이 지도에서 사라졌습니다. 이스라엘은 우리를 경제전쟁의 한가운데에 몰아넣었습니다." 봉쇄가 지속되면서 수많은 기업은 폐업하거나 직원 해고, 급여 삭감 같은 생존 조치에 내몰리고 있다.

전기도 물도, 약도 없는 '거대 감옥'

"가자지구는 거대한 감옥입니다. 군사점령으로 우리를 가둬놓고, 폭발을 막기 위해 인도적 지원이라는 일시적 진정제만 처방하죠." 하마스 정부 사회발전부 차관이자 조직 내 유력 인사인 가지 하마드는 현재 상황을 이렇게 요약했다. 범아랍 일간지 〈알하야트(Al-Hayat)〉 공동발행인이자 가자지구 주민인 파티 사바 역시 같은 심정을 드러냈다. "2006년 하마스가 선거에서 승리한 이후, 우리는 모두 기한 없는 형벌을 선고받은 셈입니다." 그는 말을 이어갔다. "이 봉쇄는 국제사회와 공모한 이스라엘의 무력적 굴복 전략입니다."

이스라엘의 포위 공격은 모든 일상에 영향을 주고 있다. 2006년 6월, 이스라엘이 유일한 발전소마저 파괴하면서 에너지 수급이 불안정해졌다. 발전소는 일부 재건축됐지만, 중유의 부족으로 생산량은 발전가능량의 20%에 불과하다. 서안지구의 팔레스타인 자치정부를 통해 이스라엘에서 전기를 사와야 하는데, 구입할 수 있는 양은 한정적이다. 가자지구의 일상은 정전에 따라 출렁인다.

"우리는 24시간 중 8~12시간밖에 전기를 공급받지 못한다. 그나마 공급 시간도 수시로 변한다." 34세의 언론인이자 번역가인 갸다 알 코르가 말했다. "대부분의 가정에는 정전에 대처할 발전장치가 없다. 너무 비싸기 때문이다. 결국, 냉장고에 음식물을 보관할 수도 없다. 우리는 그날그날 연명해야 한다. 2년 전에는 이보다 더 나쁜 상황이었다."

2017년 4월부터 2018년 1월까지 팔레스타인 자치정부 수반인 마흐무드 아바스는 경쟁 정당인 하마스를 압박하기 위해, 이스라엘에 전기 요금 문제의 조정을 요청하지 않겠다는 결정을 내렸다. 그 결과 가자지구 주민들은 하루 평균 3~4시간밖에 전기를 사용할 수 없는 상황에 놓였다. 설상가상으로 가자지구는 심각한 물 부족에도 시달리고 있다. 이스라엘이 약 85%의 자원을 관리하는 연안 지하수층은 심각하게 오염돼 있으며, 가자지구에 배정된 지하수의 약 95%는 위생 기준에 부합하지 않는 상태다.

봉쇄 조치는 의료 분야에도 심각한 타격을 남겼다. 가자지구 최대 규모이자 한때 지역에서 가장 신뢰받던 알시파 병원도 예외는 아니다. 주민들 사이에서는 "병원에 들어가면, 주어서야 나올 수 있다"는 말이 돌 정도다. 환자는 넘쳐나지만 약품, 의료 장비, 병상은 절대적으로 부족해 병원은 사실상 양로원 기능까지 떠안고 있다. 필수 의료물품의 수입 금지, 전문 인력 부족, 상시적인 전력 공급 중단, 이스라엘군의 공격으로 발생한 대량의 부상자 등이 겹치며 의료체계는 총체적 난국에 빠졌다. 가자 보건당국 대변인 아슈라 알카다르는 "필수 의약품의 절반 이상을 확보하지 못하고 있으며, 암 환자의 65%가 치료를 받지 못하고 있다. 수술은 거의 이루어지기 어려운 상황"이라고 밝혔다.

목숨을 건 '귀환의 대행진'

알시파 병원의 통계는 현재 상황을 단적으로 보여준다. 병원에는 다리를 저는 환자가 유독 많고, 이들 대부분은 청년층이다. 병원 건물은 노후했고, 대기실은 환자로 가득 차 있으며, 의료진은 과부하 상태에 놓여 있다. 정형외과 의사 모하메드 차힌은 이스라엘 국경 장벽 인근에서 매주 열리는 '가자의 귀환 대행진' 시위 중 총상을 입은 환자들을 주로 치료하고 있다. 시위가 벌어지는 매주 금요일이면 부상자들이 병원으로 몰려들었다. "그 많은 환자 중에는 아이들도 있습니다." 차힌은 이렇게 전했다.

이스라엘은 신경세포, 관절, 근육조직을 파괴하는 폭발성 탄환을 사용한다. 이스라엘 저격수들은 가슴이나 머리를 겨냥하지 않을 때는 다리나 신체의 가장 예민한 부분을 저격한다. 돌이킬 수 없는 상처를 입히기 위해서다. 그 저격수들은 해부학 수업을 받은 듯하다. 수많은 시위자들은 평생 장애인으로 살거나 절단 수술을 받아야 한다. 의료장비가 부족하기 때문이다."

유엔에 의하면 '귀환의 대행진'이 시작된 이래 집계된 부상자는 3만 명에 이른다. 140여 명의 시위자들이 팔이나 다리를 잃었으며, 이 중 30명 이상이 아동들이다. 게다가 향후 2년 안에 절단 가능성이 있는 환자가 1,700명이다. 병원 후송을 이스라엘이 허용하지 않았기 때문이다. '귀환의 대행진' 시위대의 선봉에는 청년들이 나선다. 매주 수천 명이 집결하는 이 대중적인 비무장 시위는 2018년 3월 30일 시작됐다. 2018년 5월 15일 '나크바'라고 불리는 팔레스타인 연례기념일 전이었다.(8) 나크바는 '재난'이라는 뜻으로 1948년의 집단이주를 가리키는 표현이다. 1948년 집단이주 당시 80만 명에 달하는 팔레스타인인들이 이스라엘에 의해 집에서 쫓겨나 가자지구, 서안지구, 또는 아랍의 이웃 나라로 피난을 떠났다.

금요일 오후, 우리는 시위 집결지 가운데 한 곳인 말라카를 찾았다. 현장의 분위기는 비교적 평온했고, 가족 단위로 모인 이들도 많았다. 내부에는 노인과 다리가 불편한 이들을 위해 큰 텐트가 설치되어 있었다. 확성기에서는 시위의 취지를 설명하는 연설이 흘러나왔다. 귀환권 요구, 미국이 바레인 회의에서 제안한 새로운 중동평화 구상에 대한 반대, 팔레스타인 내부 통합 필요성이 주요 내용이었다. 수많은 팔레스타인 국기가 바람에 나부끼고 있었다. 한편, 이스라엘 저격수가 배치된 위험 지대는 접근이 어려웠다. 그곳에는 시위대 최전선에 서겠다는 청년들이 자리하고 있었다.

이스라엘 장벽 앞에 집결하자는 발상은 가자지구 청년 20명에게서 비롯됐다. "우리는 몇 년 전 팔레스타인 내부와 이스라엘 국경에서 벌어진 시위들에서 영감을 받았습니다." 시위 주도자 중 한 명인 아마드 아부 아르테마는 이렇게 설명했다. 올해 35세인 그는 평화주의자로 알려져 있으며, 차분하고 절제된 어조로 자신의 생각을 전했다. 그의 가족은 1948년 람라(Ramla)에서 추방된 난민이다. "이 대행진의 목표는 유엔 결의안에도 명시된 난민들의 귀환권을 다시 확인하고, 그 권리의 존엄성을 강조하는 것입니다." 아르테마는 이렇게 덧붙였다. 팔레스타인 내부의 정치를 오랫동안 갈라놓아 온 하마스와 파타 간의 불화를 해소하려는 기대도 있었다. 대행진이 시작되자 양 진영의 강경파들까지 빠르게 합류했다. 시위 조직위원회는 정당별 깃발을 금지하고, 오직 팔레스타인 국기만을 사용할 것을 지시했다.

"난민 문제는 국가적 합의가 필요한 사안입니다. 따라서 모든 정당이 대행진을 지지해야 합니다." 아르테마는 이렇게 설명했다. 이스라엘에 맞서 무장 투쟁을 이어온 하마스도 이번 평화적 시위에 참여하고 있다. 하마스는 지하드, 팔레스타인 해방 인민전선(PFLP·마르크스주의 성향), 그리고 다른 여러 조직과 함께 대행진 조직위원회에 이름을 올렸다. 하마스 정부 측 인사인 하마드는 "대행진은 이스라엘 점령에 맞서 우리의 권리를 되찾기 위한 투쟁이지만, 무장 투쟁과는 방식이 다릅니다. 이 대행진은 우리의 대의를 세계에 보여주는 수단입니다"라고 말했다.

비폭력에 폭력으로 답하는 이스라엘

2018년 5월 15일까지만 이어질 예정이었던 대행진은 이후에도 계속됐다. 시간이 지나면서 봉쇄 철회, 예루살렘 방어 등 다른 요구들도 시위의 의제로 추가되었다. 대행진은 비무장 시위였지만, 이스라엘은 총격으로 대응했다. 초기 몇 달 동안 아동과 기자, 구조대원들을 포함해 200명 이상이 사망했다. 여기에 이후 1년 반 동안 이스라엘의 공습과 공격으로 사망한 100여 명의 팔레스타인인까지 더해진다. 2019년 2월, 유엔 조사위원회는 대행진 시위 과정에서 이스라엘이 행사한 폭력이 전쟁범죄 또는 반인륜범죄에 해당할 수 있다고 결론지었다.(9)

이스라엘 정부는 국제적 비판에 크게 반응하지 않았다. 베냐민 네타냐후 이스라엘 총리는 시위대가 방화 풍선과 연을 이스라엘 영토로 날려 보냈기 때문에, 이스라엘 시민의 안전과 국가 주권을 지키기 위한 '정당한 자기방어' 차원에서 저격이 이루어졌다고 반박했다.(10) 그는 국내 여론의 지지를 등에 업고 있었다. 2018년 5월 팔레스타인 시위대 약 100명이 총격으로 사망한 사건을 두고 실시된 여론조사에서, 응답자의 71%는 "시위대를 향한 사격은 정당하다"고 답했다.(11) 비난은 팔레스타인 지도부에도 향했다. 방화 물체가 이스라엘 영토에 피해를 입혔고, 이에 따라 다수의 팔레스타인 시위자가 희생됐다는 이유에서다. 국제사회와 서구 언론 일부는 하마스 등 강경 조직이 청년들을 국경 장벽

이스라엘이 지배하는 영토

2005년 8~9월, 이스라엘은 대대적인 언론 노출과 함께 8,500명의 유대인 정착민을 가자지구에서 철수시켰지만, 가자지구는 여전히 이스라엘의 실질적 지배 아래 놓여 있다. 국제형사재판소(ICC)는 이에 대해 "이스라엘은 가자지구에 직접 주둔하고 있지 않더라도, 그 영토에 대한 실질적 통제력과 지배 능력을 행사하고 있는 만큼 국제법상 점령국의 지위를 유지한다"(1)고 판단했다. 2012년 유엔 역시 "가자지구는 팔레스타인이 점령당한 영토의 일부로 계속 간주된다"(2)라고 명시하며 이러한 법적 지위를 재확인했다.

아리엘 샤론 당시 총리는 가자지구에서 이스라엘 군대를 철수시키며 국제사회로부터 환영을 받았지만, 이는 실체를 가린 '눈속임'에 불과했다. 샤론의 전직 고문 도브 바이스글라스에 따르면, 이 철수의 목적은 1993년 오슬로 평화협정을 형식적으로는 유지한 채 그 실질적 효과를 무력화하고, 팔레스타인 문제를 "포르말린 속에 보존해 두기"(3) 위한 것이었다. 다시 말해, 서안지구와 가자지구에서 팔레스타인 국가가 탄생하는 가능성을 구조적으로 차단하는 동시에, 점령에 따른 이스라엘의 법적·정치적 책임은 희석시키고 가자지구에 대한 실질적 통제는 유지하는 새로운 형태의 점령 체제를 구축하려는 계산이 깔려 있었다.

1994년에 건설된 장벽이 존재했음에도, 이스라엘은 유대인 정착민 철수에 앞서 가자지구를 둘러싼 새로운 보안 장벽을 추가로 세웠다. 이 장벽은 2005년 겨울부터 콘크리트로 보강될 예정이었다. 두 번째 인티파다(2000~2005년) 이후 봉쇄 정책이 시행되면서 가자지구의 고립은 한층 심화되었다. 2006년 총선에서 하마스가 경쟁 정당인 파타를 제치고 승리하자, 이스라엘은 이를 가자지구 고립 정책의 근거로 삼았다. 미국과 유럽연합은 하마스가 테러 조직일 가능성을 이유로 새로 구성된 정부를 보이콧하는 이스라엘의 입장을 지지했다. 그 결과 가자지구는 전면적인 봉쇄 상태에 놓이게 되었다.

2007년 3월 파타의 팔레스타인 자치정부가 세워졌지만, 정치적 교착과 권력 갈등 속에서 실질적 통치는 진전을 이루지 못했다. 같은 해 6월, 하마스는 가자지구에서 파타 세력과의 무력 충돌 끝에 지역 통제권을 장악했다. 미국의 지원하에 파타에서 준비하던 쿠데타를 예방하기 위한 전투였다.(4) 팔레스타인 안보국장 모하마드 달란은 하마스를 전복시키기 위해 1,400명으로 구성된 특수부대를 조직했고, 이 쿠데타 작전은 미국의 재정지원과 이스라엘의 지지를 받았다.(5)

그러나 이 특수부대는 하마스에 패배했고, 그 이후 하마스는 가자지구의 유일한 권력으로 자리 잡았다.(6) 이러한 정세 변화는 오히려 이스라엘이 팔레스타인 국가운동 내부의 균열을 활용할 수 있는 조건을 마련해주었다. 당시 이스라엘 군사정보국장 아모스 야드린은 "하마스가 가자지구의 권력을 잡은 것이 기뻤다"(7)라고 밝힌 바 있다. 이후 이스라엘은 가자지구에 대한 제재를 더욱 강화했으며, 연안 지역은 '적대적 구역'으로 분류되면서 전면 봉쇄 조치로 이어졌다.

— 글·아크람 벨카이드 Akram Belkaïd
(1) 「예비조사 활동에 관한 보고서」, 국제형사재판소, 헤이그, 2016년.
(2) 「유엔 사무총장 대변인실의 일일 기자회견」, 국제연합, 2012년 1월 19일.
(3) 「총리 보좌관: 가자 계획은 평화 과정을 동결하기 위한 것」, 〈Haaretz〉, 텔아비브, 2004년 10월 6일; Amnon Kapeliouk, 「이스라엘군 가자지구 철수의 이면」, 〈르몽드 디플로마티크〉 프랑스어판, 2004년 12월호; Meron Rapoport, 「서안지구를 더 잘 지키기 위해 가자지구를 떠나다」, 〈르몽드 디플로마티크〉 프랑스어판, 2005년 8월호.
(4) David Rose, 「가자 폭탄선언」, 〈Vanity Fair〉, 뉴욕, 2008년 5월호; 「하마스를 겨냥한 미국의 음모 드러나」, 〈Al Jazeera〉, 2008년 3월 4일, www.aljazeera.com.
(5) 1970년대 말, 이스라엘인들은 하마스의 전신인 이슬람연합의 급속한 부상을 사실상 묵인 하거나 장려했다. 이는 이 단체가 파타를 견제해 줄 것이라는 기대 때문이었다.
(6) Barak Ravid, 「위키리크스 외교전문: 가자 쿠데타 당시 파타, 이스라엘에 하마스 공격 지원 요청」, 〈Haaretz〉, 2010년 12월 20일; Jean-Pierre Filiu, 『가자지구의 역사』, 아셰트(Hachette), 플뤼리엘(Pluriel) 총서, 파리, 2015년, 제15·16장.
(7) 「기사」, 〈El País〉, 마드리드, 2010년 12월 20일자, Jean-Pierre Filiu, 『가자지구의 역사』, 앞의 책, 주 22, 제15장, 510쪽 재인용.

앞으로 내몰아 명사수의 표적이 되게 했다며 비판했다. 이에 대해 지하드 가자지부장이자 '귀환 대행진' 국가위원회 참여자인 칼레드 알바트쉬는 다음과 같이 반박했다.

"사람들은 우리에게 평화적 저항 방식을 택하라고 조언했습니다. 그래서 우리는 평화적으로 대행진을 이어왔습니다. 그런데 희생자가 늘어나자 이제는 그 책임을 우리에게 돌리고 있습니다. 정작 책임져야 할 이들은 누구입니까? 우리와 아이들을 향해 총을 쏜 쪽입니다. 훈련된 저격수들은 자신들이 무엇을 하는지 누구보다 잘 알고 있습니다. 이스라엘은 지금까지 단 한 번도 시위대의 죽음에 애도하지 않았습니다. 왜 아무도 이스라엘을 제재하지 않는 것입니까?”

칼레드 알바트쉬는 이렇게 반문했다. 2019년 6월 14일(12), 팔레스타인 해방 인민전선(PFLP) 지도자이자 대행진 조직위원회 일원인 마셰 미셰 역시 서구의 비난에 대해 비판적 입장을 보였다. 그에 따르면 이번 대행진은 두 가지 의미를 갖는다. 첫째, 이스라엘에 정치적 압력을 행사할 수 있다는 점, 둘째, 팔레스타인 난민의 귀환권 문제를 국제사회에 다시 환기시켰다는 점이다 따라서 7는 대행진이 계속돼야 한다고 강조했다. 33세의 모하메드 샬라도 같은 입장이었다. “아버지와 형제도 총상을 입었습니다. 부상자가 많지만, 우리의 권리와 영토를 되찾을 때까지 대행진은 계속돼야 합니다.” 그는 국경 장벽 인근의 위험지대로 향하던 길에 우리와 마주쳤다.

그러나 대행진 내부에서는 청년층을 중심으로 불협화음도 나타나고 있다. 하마스가 시위에 영향력을 행사하려 하면서, 대행진이 점점 하마스의 정치적 색채를 띠게 되었다고 판단한 일부 청년들은 더 이상 참여하지 않고 있다. “하마스는 대행진을 통해 이미지를 개선하고 정당성을 회복하려 했습니다.” 26세 인권운동가 로아이는 이렇게 설명했다. 최근 몇 년간 이슬람 저항운동 조직인 하마스의 위상은 약화되어 왔다. 일부 주민들은 야하 시누아르가 이끄는 하마스가 필요한 사회정책을 제시하지 못한 채, 권위주의와 도덕적 엄격주의만 강화하고 있다고 비판한다.

지난 3월에는 대중 시위에 대한 강경 대응이 이어졌다. ‘Bidna

Na'ich(우리는 살고 싶어요)'라는 슬로건 아래 수천 명이 모여 물가 상승과 삶의 질 악화를 항의했으나, 하마스는 이를 파타가 조장한 시위라고 규정하며 몽둥이로 해산에 나섰다. 이 과정에서 수백 명이 구타를 당하고 체포되었다.(13) "하마스는 우리를 위해 아무것도 하지 않는 데다, 시위까지 억압했습니다. 그런 조직을 우리가 어떻게 대행진에서 지지할 수 있겠습니까?" 로아이는 신랄하게 반문했다. 그는 이어 "나는 다리를 잃을 각오도 돼 있습니다. 그러나 최소한 분명한 목적을 위해, 그리고 사람들이 우리의 처지를 알 수 있도록 움직이고 싶습니다. 많은 청년들이 외국으로 떠나는 것만을 꿈꾸지만, 우리는 여기 갇혀 있습니다"라고 말하며 깊은 한숨을 내쉬었다.

그렇다면 파타는 어떨까. 파타의 지도자이자 팔레스타인 자치정부 수반인 마흐무드 압바스는 서안지구와 가자지구 모두에서 신뢰를 크게 잃은 상태다. 평화 프로세스 시기 이스라엘과 추진했던 화해 정책은 성과 없이 끝났고, 점령지는 오히려 확대됐다. 팔레스타인 경찰과 이스라엘 군의 안보 협력도 여론의 반발로 폐기됐다.(14) 과거 가자지구에서 파타가 집권했을 때 만연했던 부패 문제 역시 반감을 키웠고, 이는 상대적으로 청렴하다는 평가를 받던 하마스에 유리하게 작용했다.

"파타가 정권을 잡았을 때도 상황은 나아지지 않았습니다. 지금 서안지구의 상황은 오히려 더 악화됐습니다. 마흐무드 압바스는 이주민 문제를 위해 아무것도 하지 않고, 점령에 맞서지도 않으며, 예루살렘을 방어하지도 않습니다. 유엔에서 연설하는 것 외에는 하는 일이 없습니다." 가자지구 출신 언론인 파티 사바는 이렇게 지적했다. 서안지구와 가자지구 모두에서 파타와 하마스를 동시에 거부하며, 근본적인 정치 변화와 세대교체를 요구하는 목소리는 점차 커지고 있다.

미래를 위태롭게 하는 봉쇄와 반복되는 군사 공격 속에서 위기는 일상이 되었고, 많은 주민들은 이미 희망을 잃어가고 있다. “저는 가자지구가 싫습니다. 제 어린 시절은 세 번의 전쟁으로 망가졌고, 이곳을 떠나고 싶어요.” 18세 학생 아미라 알아츠카는 이렇게 말했다. 그녀는 직업이 없는 홀어머니와 여덟 형제자매와 함께 누세랏 난민캠프에서 살고 있다.

유엔 팔레스타인 난민구호기구(UNRWA) 가자지구 담당자 마티아스 슈말리도 비슷한 진단을 내렸다. “저는 이스라엘과의 평화를 원하며 지적이고 따뜻한 사람들을 매일 만납니다. 하지만 그들 역시 한계에 부딪혔습니다.” 그는 이어 “UNRWA는 28만 명의 아이들을 교육하고, 백만 명이 넘는 주민들에게 식량을 지원해 왔습니다. 이스라엘이 한 민족 전체에 가한 조치를 보면, 그들이 폭력적 대응을 선택하게 되는 이유를 이해하지 않을 수 없다”고 덧붙였다.

이스라엘의 실질적 제안도 없고 국제적 지원, 특히 아랍 국가들의 지원이 부족한 상황에서 무엇보다 시급한 과제는 파타와 하마스 간의 갈등 해소다. 두 정당은 2017년 10월 12일, 가자지구에 팔레스타인 자치정부를 복귀시키는 내용의 화해 협정을 체결했다. 그러나 압바스의 요구로 협상은 진전을 이루지 못하고 있다. 자치정부 수반인 압바스는 하마스의 무장 해제를 조건으로 내걸고 있으며, 하마스는 이를 단호히 거부하고 있다. “시간은 흐르고 사람들은 점점 더 깊은 빈곤 속으로 떨어지고 있습니다. 가자지구는 폭발 직전의 압력솥과 같습니다.” 하마스 측의 영향력 있는 인물이자 두 조직 간 화해를 지지하는 아마드 유세프는 이렇게 말했다. 그는 이어 "이스라엘에 제대로 대응하기 위해서는 팔레스타인 내부의 재건이 먼저입니다. 이는 권력을 공동으로 운영하는 체계에서만 가능합니다. 서로 양보해야 합니다"라고 강조했다.

파타 측 고위 인사 알 아갸도 같은 입장을 보였다. "반목은 오직 이스라엘에만 이익입니다. 이제 다툼을 멈추고 힘을 합쳐야 합니다." 그의 발언은 누군가에게는 선언처럼, 또 누군가에게는 긴급한 요청처럼 들렸다.

새로운 국가 전략을 구상하는 데 있어 청년들의 역할이 중요하다는 주장도 나온다. 29세의 파타 당원 하싼 오스타는 "현재 이스라엘에 저항하는 세력은 사실상 하마스뿐이라는 점을 인정해야 합니다. 우리는 점령에 맞서 함께 싸우기 위해 분열을 극복해야 합니다. 그 일환으로 하마스 청년 당원들과의 공동 모임을 만들고 있습니다"라고 설명했다. 28세의 모하메드 하니예는 대행진 조직위원회에서 하마스 청년 대표를 맡고 있다. 그는 파타 청년조직과 함께 사용하는 사무실에서 우리를 맞이했다. 하니예 역시 "지금은 공동의 노력이 필요한 시기입니다. 우리는 지체하지 말고 공동정부를 구성하고, 새로운 선거를 준비해야 합니다. 서안지구에서 가자지구에 이르기까지 우리의 국가를 다시 세워야 합니다"라고 말했다.

그러나 미국이 주도해 이스라엘의 정착촌 병합과 예루살렘 지위를 사실상 인정한 중동 평화 구상, 이른바 세기의 조약이 페르시아만(걸프) 지역 왕정 국가들의 지지를 받으며 추진되는 한, 단일 국가 구상은 실현되기 어렵다는 회의론도 팽배하다. 이 과정에서 평화 담론, 특히 팔레스타인 독립을 둘러싼 논의는 반복적으로 주변화됐고, 가자지구는 요르단강 서안지구와 분리된 독립적 공간으로 간주되는 경향이 강화되고 있다. 유세프는 이에 대해 "현실은 매우 암울하다"고 단언했다.

글 · 올리비에 피로네 Olivier Pironet

(1) Tzvi Joffre, 「로켓 발사 이후 이스라엘 공군, 가자지구 목표물 공습」, 〈더 예루살렘 포스트(The Jerusalem Post)〉, 2019년 6월 14일; 「이스라엘 공군, 가자지구에 다수의 미사일 발사」, 국제중동미디어센터(IMEMC), 2019년 6월 14일.

(2) 유엔 인도주의업무조정국(OCHA), 연례보고서, 뉴욕, 2018년 5월; Ali Adam, 「이스라엘, 가자지구 농민들에 대한 전쟁 강화」, 〈뉴 아랍(The New Arab)〉, 런던, 2018년 3월 19일.

(3) Tom Miles, 「유엔, 지속 불가능한 팔레스타인 경제에 우려 표명」, 〈로이터(Reuters)〉, 2018년 9월 12일.

(4) 보고서, 「Gaza in 2020: A Liveable Place?」, 유엔(UN), 뉴욕, 2012년 8월.

(5) 「Gaza Ten Years Later」, 유엔(UN), 2017년 7월.

(6) 관련 자료는 세계은행, 유엔무역개발회의, 팔레스타인 중앙통계국의 공식 홈페이지에서 열람 가능하다.

(7) 「팔레스타인 민족에 대한 유엔무역개발회의의 지원에 관한 보고서」, 유엔무역개발회의(UNCTAD), 제네바, 2018년 9월 12일.

(8) Akram Belkaid, 「팔레스타인: 민족과 식민지 속의 나크바(Nakba)」, 〈마니에르 드부아〉, n°157, 2018년 2~3월호.

(9) 「가자지구: 유엔 조사관들, 이스라엘의 시위대 상대 반인륜범죄 혐의 제기」, 〈UN Info〉, 2019년 2월 28일, https://news.un.org

(10) Tova Lazaroff, 「네타냐후: 이스라엘 전쟁범죄 혐의로 유엔, 위선의 신기록 세워」, 〈The Jerusalem Post〉, 2019년 2월 28일.

(11) 「The Peace Index」, 〈The Peace Index〉, 2018년 5월 2일, http://peaceindex.org/defaulteng.aspx

(12) 이날 가자지구에서는 아동 28명과 구조대원 4명을 포함해 90명 이상의 팔레스타인인이 부상을 입었다.

(13) Enstar Abu Jahal, 「인권단체, 하마스의 인권 침해 기록」, 〈Al-Monitor〉, 2019년 4월, www.al-monitor.com

(14) Olivier Pironet, 「서안지구에서 인티파다의 유령」, 〈르몽드 디플로마티크〉 프랑스어판 2014년 10월호, 한국어판 2014년 11월호 (제목: 「불평등한 공간에 간힌 팔레스타인 사람들」).

추방된 자들이 머무는 공항에서

마흐무드 다르위시 Mahmoud Darwich (1941~2008)

팔레스타인을 대표하는 시인이자 아랍 현대문학의 핵심적 지식인. 1941년 팔레스타인 갈릴리에서 태어나 1948년 추방을 겪었으며, 망명과 귀환 불가능성의 경험을 시적 언어로 형상화했다. 그의 시는 점령과 추방, 상실과 저항, 기억과 존엄을 다루면서도 팔레스타인 민족의 비극을 보편적 인간의 언어로 확장시켰다. 한때 팔레스타인해방기구(PLO)에서 활동했고, 1988년 팔레스타인 독립선언문 작성에도 참여했다.

나는 비행기 안에서 시를 쓰는 편이 아니다. 기사나 편지도 마찬가지다. 공항 벤치에서 밤을 지새운 적도 단 한 번뿐이다. 그러나 한 가지 상황만은 어렵지 않게 떠올릴 수 있다. 국제 질서와 국제법이 개인에게 입국할 권리를 보장하지 못하고, 이동의 자유가 종이 한 장에 찍힌 도장의 유무에 따라 좌우되는 한, 한 사람이 평생을 공항에서 머물 수도 있는 현실을. 도장이 찍힌 한 장의 문서. 그것이 현대인의 삶을 규정한다. 개인의 정체성은 내무부가 발급하는 그 종이에 의해 결정된다. 그런 사람은 한 공항에서 다른 공항으로, 다시 세 번째, 그리고 마침내 네 번째 공항으로 밀려난다. 마치 발신인과 수취인의 주소가 지워진 채 떠도는 우편 소포처럼.

우리는 모두 인질이다. 여행 없는 여행자들…

나 역시 몇 년 전 비슷한 일을 겪었다. 파리의 한 공항은 나를 벨기에

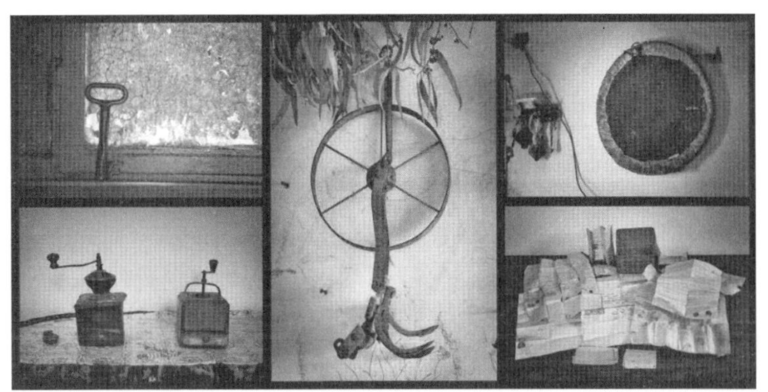

룰라 할라와니-「열쇠, 흔적 시리즈」 중 투라야 파라(67세)의 자택에서. 2013.
투라야 파라는 원래 헤브론 북서쪽에 위치한 자카리야 마을 출신으로,
1948년 가족과 함께 마을을 떠나 알-아룹 난민촌에 거주하고 있다.

공항으로 떠넘겼고, 벨기에는 다시 폴란드 공항으로, 그리고 폴란드는 나를 독일 공항에 내려놓았다. 어느 곳에서도 나는 어떤 '권리'도 주장할 수 없었고, 어떤 공항에서도 나에게 보장된 권리는 존재하지 않았다. 그 경험 직후, 나는 단 10분 동안에 짧은 시 「아테네 공항」을 썼다. 마치 날씨를 기록하듯 쓴 글이었다. 그리스 공항에서 두 시간을 머무르는 동안, 공간은 사람들로 붐볐고, 몇몇 팔레스타인 가족들은 작은 무리처럼 모여 있었다. 그들은 왜 그곳에 모여 있어야 하는지도 알지 못한 채, 원치 않는 무엇인가를 기다리며, 곧 자신들이 향하게 될 미지의 장소를 두려워하고 있었다. 현대 소설가라면 이러한 장면을 극한까지 밀어붙여, 인간이 알 수 없는 힘에 묶여 있는 상태를 현대적 서사로 재구성할 수도 있을 것이다. 자유라는 문제조차 제기할 수 없는 공간, 감옥 같지만 감옥은 아닌 장소에서 모든 상상력은 부조리에 압도되고, 비극과 희극은 서로 뒤섞인다.

"우리를 추방했다"

나는 아랍 공항을 경유할 때마다 같은 하소연을 들었다. "우리를 추방했어!" 왜 그곳에서 갇혀 있는지 물을 수는 있지만, 그가 답할 수 있는 것은 없다. 추방된 순간부터 그는 이유조차 설명할 수 없는 상태로 분류되기 때문이다. 그의 존재를 결정하는 것은 누구도 인정하지 않는 그 정체성이다. 그를 낳은 나라는 그의 발밑에서 사라졌고, 그는 입구로도, 출구로도 나갈 수 없는 공간에 머무르게 된다. 그렇다면 왜 여행을 시작했는가? 그러나 그 질문은 누구도 하지 않는다. 그는 여행을 시작한 적이 없다. 원한 적도 없다. 항공사가 그를 비행기에 태워 이름 모를 곳에 내려놓았을 뿐이다. 설령 돌아가고 싶다고 말하더라도, 그가 돌아가야 할 장소는 더 이상 존재하지 않는다. 그에게 국적을 묻지 않는다. 그는 곧 '너 자신'이기 때문이다. 국적을 묻는 것은 모욕에 가깝다. 영어권에서 Palestine과 Pakistan을 혼동하듯, 대다수 승객과 민족에게 팔레스타인은 익숙하지 않은 이름이지만, 보안 요원에게만큼은 누구보다 친숙한 단어다. 그래서 팔레스타인인은 자신을 설명하기 위해서조차 침략자의 언어와 명칭을 빌려야 한다. "우리를 추방했다." 이 말은 팔레스타인인의 정체성을 이루는 한 요소다. 어떤 이유도, 어떤 혐의도, 어떤 위반도 없었지만 우리는 추방되었다. 팔레스타인 난민 여행증명서(1)를 소지하지 않았음에도, 출생지라는 단 하나의 항목만으로 아랍 보안요원은 작은 사디즘을 발휘하듯 우리를 줄에서 떼어 세워놓는다.

끝없는 대기

얼마나 기다려야 하는 것일까. 몇 시간일지, 며칠일지 알 수 없다. 우리는 더러운 바닥이나 벤치에서 몇 주를 보낼 수도 있다. 팔레스타인 사람인가? 그렇다면 "얼마나 더 기다려야 하느냐"는 기본적인 질문조차 아랍 국가 보안요원에게는 곧바로 '내정간섭'으로 받아들여진다. 그래서 우리는 "무엇을 기다려야 하나요?"라고 묻지도 못한다. 묻는 순간, 질문은 불만이나 항의로 해석될 수 있기 때문이다. 결국 우리는 그냥 고개를 끄덕이며 순응하는 수밖에 없다. 만약 누군가 "아, 이게 마음에 안 드나?"라고 되묻는다면, 대답은 정해져 있다. "아주 좋습니다." 굴욕 속에서 평온을 원한다면 말이다. 그러나 인간성을 지키고자 한다면, 굴욕을 요구하는 시선을 끝내 거부해야 한다. 이 장면은 매일, 매 시간, 아이러니하게도 아랍권 공항에서 반복된다. 팔레스타인인은 마치 전염병 환자처럼 따로 줄을 서야 한다. 그는 자신의 어머니와 어린아이까지 직접 챙기고 단속해야 한다. 그는 자기 자신을 경멸하도록 강요받고, 인간 이하의 방식으로 자신을 구분해야 한다. 그리고 결국 한 가지 사실과 마주한다. 수치와 오명의 벤치에 남아 있는 것은 자기와 자기 어머니뿐이라는 사실이다.

- "장교님, 제 외교 여권에 문제가 있습니까?"

- "아니."

- "제 이름은 입국 허가 명단에 있습니까?"

- "그렇다."

- "입국 비자가 필요합니까?"

- "아니."

- "그렇다면 왜 저를 막으십니까?"

- "당신이 팔레스타인인이기 때문이오."

- "굳이 상처를 주셔야 합니까?"

- "상처 주려는 게 아니오."

- "그럼 왜 제 입국을 지연시키고, 이 늙은 팔레스타인 여성들을 몇 시간째 붙잡아둡니까?"

- "당신들이 팔레스타인인이기 때문이오."

- "그게 죄목입니까?"

- "그게 명령이오…"

이것이 '팔레스타인과의 형제적 연대'가 요구하는 현실이다. 멸시, 굴욕, 차별, 그리고 살해. 나빌라 브라예르(Nabila Brayr)의 죽음은 그 전형적인 사례다. 그는 택시에서 끌려 나와 아무런 저항의 여지도 없이 태연히 살해당했다. 어머니, 아버지, 자매는 친이스라엘 민병대에게, 다른 친족은 아크레에서 이스라엘군에게 목숨을 잃었다. 그녀에게 '죄'가 있다면 팔레스타인인이라는 사실뿐이었다. 팔레스타인인을 공격하는 일은 오히려 허용된다. 그것이 이른바 '연대의 명령'이기 때문이다. 구호와 수사에서는 '형제애'를 내세우면서, 실제 현실에서는 그 민족을 제거하는 구조가 작동한다.

경고

모든 팔레스타인인은 의심의 대상이 된다. 그는 '대아랍 조국' 안에서도 자유롭게 이동할 권리를 빼앗겼다. 첩자와 침략자, 이스라엘 관광객에게까지 무제한으로 열려 있는 그 땅이, 팔레스타인에 태어났다는 이유 하나만으로 그에게는 닫혀 있다. 이것이야말로 인종주의의 씨앗이 아닌가. 더 심각한 문제는, 언젠가 팔레스타인인이 이 억압에 대한 분노를 말이 아닌 폭력으로 드러낼 때, 우리가 과연 어떤 명분으로 이를 비난할 수 있겠느냐는 점이다. 팔레스타인인의 인간적·민족적 존엄을 짓밟는 행위는 이미 한계를 넘었다. 이제는 분명한 경고가 필요하다. 그들의 분노를 단순한 항의나 하소연으로 축소해서는 안 된다. 그것은 오랜 세월 축적된 억압에 대한 정당한 신호다. 우리는 무방비의 민족이 아니다. 인질의 인질도 아니다. 공항이나 관광 시설을 가진 이들이 굴욕을 '자유'로 포장하는 일을 더는 용납하지 않을 것이다. 스피노자는 말했다. "울지도 말고, 웃지도 말고, 이해하라." 우리는 연민이나 분노에 머무르지 않고, 억압이 어떻게 만들어졌는지 이해했다. 그래서 이제 무엇을 해야 하는지도 안다.

글 · 마흐무드 다르위시 Mahmoud Darwich

(1) 팔레스타인 난민을 위해 UNRWA(팔레스타인 난민 구호 및 사업기구)가 발급하는 여행증명서.

(2) UNICEF 직원. 1986년 12월 18일 베이루트에서 살해당함.

파올로 펠레그린 – 「이스라엘의 폭격 이후의 카한유니스 교외 쿠자아」, 가자, 2014년

4부

복잡하게 얽힌
이·팔 분쟁의 해법은?

이스라엘-팔레스타인 분쟁은 국제사회의 관심에서 단 한 번도 벗어난 적이 없다. '평화 과정의 후견인들', 팔레스타인인을 지지하는 아랍 국가들, 이스라엘의 서방 동맹국들, 그리고 멀리 떨어져 있으면서도 억압받는 팔레스타인 민족의 모습에서 자신들의 처지를 투영하는 연대 국가들까지-이 분쟁에는 수많은 행위자들이 얽혀 있다. 이러한 복잡한 구조는 법적·외교적·정치적·인도주의적인 여러 층위를 이루며, 누구도 무관심할 수 없는 국제적 현안이 되어 있다.

팔레스타인 혁명 순교자들, 여기 잠들다

니콜라 도푀야르 Nicolas Dot-Pouillard

프랑스 동방연구소 정치학 연구원(베이루트 소속). 팔레스타인 민족운동, 이슬람주의, 사회운동 등을 주로 연구한다. 대표 저서에 『튀니지: 혁명과 그 과거(Tunisie : la révolution et ses passés)』(Iremmo/L'Harmattan, 2013)가 있다.

피에르 토나첼라 Pierre Tonachella

프랑스 다큐멘터리 영화감독. 다큐멘터리를 통해 지역공동체의 기억을 기록하고, 그 안에서 치열한 감정과 관계를 포착한다. 주요 작품으로는 〈평야의 마지막 남자(Le Dernier Homme de le plaine)〉(2014), 〈그 오래된 시선(Longtemps, ce regard)〉(2023/2024) 등이 있다.

베이루트의 팔레스타인 난민촌으로부터 멀지 않은 곳에 '혁명 순교자 묘지'가 있다. 팔레스타인의 주요 인물들과 팔레스타인해방기구(PLO)를 지지했던 해외 조직원들의 유해가 1960년대 중반부터 묻혀 있는 곳이다.

'혁명 순교자 묘지(공식 명칭)'는 레바논 중심부에 있는 작은 팔레스타인 구역으로, 베이루트 국제공항으로 이어지는 고속도로를 따라 자리 잡고 있다. 혁명 순교자 묘지에는 다양한 종교와 국적을 지닌 이들이 묻혀있다. 이곳에 안장될 수 있는 자격은 단 하나, 팔레스타인 민족의 대의를 위해 싸웠다는 점이다. 그래서 이 묘역은 팔레스타인을 넘어 먼 나라에서 건너온 이들의 헌신과 연대의 이야기를 품고 있다. 레바논에서 팔레스타인해방기구(PLO)가 창립된 1960년대 후반부터, 이스라엘의 공격으로 PLO가 베이루트에서 무장 세력의 철수를 결정한 1982년 여름까지-그 시절을 살아낸 남성과 여성들이 그곳에 잠들어 있다. PLO는 팔레스타인의 해방을 위해 활동했을 뿐 아니라, 복지·구호·군사·예술 분

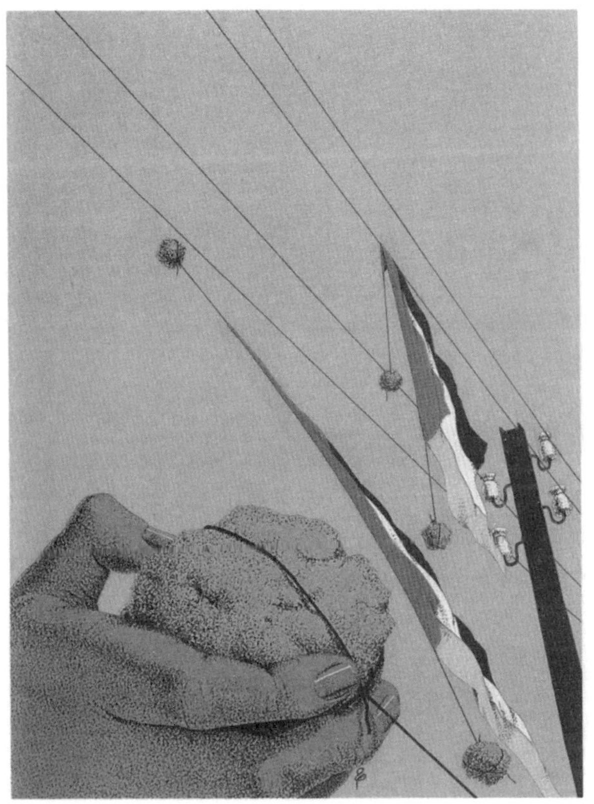

마크 루댕 – 「국가가 탄생하다」, 팔레스타인 인민해방전선 포스터, 1988년

야의 여러 망명 기관을 세워 난민촌 인구를 조직하고 움직였다.

PLO는 민족주의와 혁명, 제3세계적 이상을 품은 조직이었다. 이들은 레바논 공산당(LCP)과 협력하며 레바논 좌파와 긴밀한 관계를 구축했다. 야세르 아라파트(1929~2004)가 이끄는 파타(Fatah: PLO 내 최대 조직, '팔레스타인 민족해방운동')와 팔레스타인 좌파는 자신의 진영으로 레바논과 아랍권뿐 아니라 여러 해외 조직원들을 끌어들였다. 그들 중에는 방글라데시, 일본, 라틴아메리카 출신 조직원들도 포함되어 있었다.

파타의 해외업무부서는 유대교·기독교·이슬람교가 공존하는 단일 국가, 이른바 '민주 팔레스타인' 건설이라는 혁명적 목표(1)를 내세워 프랑스 작가 장 폴 사르트르, 이탈리아 공산당 지도부 엔리코 베를링구에르(1922~1984), 루이지 롱고(1900~1980) 등과 지속적으로 대화를 이어갔다. 이러한 활동은 팔레스타인 지식인 무니르 샤피크(팔레스타인해방기구 계획수립센터 전 간부)가 최근 발표한 회고록에서도 확인된다.(2)

PLO 산하의 '팔레스타인 순교자 및 부상자 가족 지원재단'은 1965년 설립되었다. 이 재단은 레바논 정부로부터 샤틸라 난민촌 인근의 토지를 임차해 팔레스타인 국립묘지인 '혁명 순교자 공동묘지'를 조성했다. 그러나 임차 부지의 일부는 1985~1987년 시리아의 지원을 받은 레바논 시아파 정당 '아말 운동'과 이에 맞선 팔레스타인 세력 간의 전쟁 과정에서 파괴되었고, 이후 팔레스타인 수용소로 사용되기도 했다. 1990년 레바논 내전이 끝난 뒤에는 묘지가 고속도로 재정비 계획으로 사라질 위기에 놓였으며, 이어진 도시 재개발 과정에서 면적이 축소되기도 했다.

'혁명 순교자 공동묘지'는 샤틸라에 위치한 두 곳의 '팔레스타인 추모소'와는 다른 장소다.(3)

두 추모소 가운데 하나는 난민촌 남쪽 입구에 있는 사브라-샤틸라 학살 희생자들의 추모비 겸 공동 묘혈이다.(4) 다른 하나는 난민촌 중심부의 샤틸라 이슬람 사원으로, 1985~1987년 레바논 난민캠프를 둘러싼 무력 충돌-일명 '캠프 전쟁'-에서 파타와 아말 운동 간 교전으로 사망한 약 500명이 이곳에 묻혀 있다. '혁명 순교자 공동묘지'는 난민촌 동쪽,

자말 압델 나세르 거리 일대에 자리하고 있다.

종교, 국적, 시간을 초월한 순교자들

혼잡한 도로 옆에 자리한 '혁명 순교자 공동묘지'는 레바논인들에게도 널리 알려져 있지 않다. 운전자가 발견하기도 쉽지 않다. 쓰레기장과 철공소, 나무, 검문소 등이 시야를 가리기 때문이다. 묘지 입구의 담장 위에는 팔레스타인 국기와 노란색·흰색의 파타 정당기가 걸려 있고, 오래된 돌벽에는 아라파트의 얼굴이 크게 그려져 있다. 입구를 지나 안으로 들어서면 소나무와 종려나무 가지가 둥글게 하늘을 가리며 공간을 감싸고, 분위기는 갑작스레 평온해진다. 베이루트 남쪽 외곽을 따라 난 고속도로에서 들려오던 소음도 서서히 희미해진다.

낮은 무덤들 사이로 작은 길들이 이리저리 이어져 있다. 흰 돌 위에는 검은 글씨로 이름이 새겨져 있다. 어떤 무덤은 어수선하고, 어떤 무덤은 정돈되어 있다. 무덤 옆 나무줄기와 황토색 벽면에는 팔레스타인 조직원들의 포스터가 붙어 있고, 무덤 위에는 유가족이 놓고 간 올리브 가지들이 놓여 있다. 묘지 관리인의 가족은 정문 옆집에 산다. 아버지와 아이들은 골목에서 나뭇가지와 낙엽을 태우고, 어머니는 바닥을 물청소한다. 찾는 무덤이 있다면 이들에게 먼저 말하고 확인 과정을 거쳐야 한다.

묘지의 골목길은 시간을 초월한 듯하다. 이곳에는 주로 이스라엘의 공격이나 레바논 내전으로 희생된 이들이 묻혀 있다. PLO 지도부 핵심 인물인 카멜 나세르, 카말 아드완, 무하마드 유세프 알나자르의 무덤이 나란히 자리한다. 이들은 1973년 4월 9일, 모사드가 베이루트 베르뒹 지역에서 실행한 작전으로 암살됐다. 스티븐 스필버그 감독의 영화 〈뮌헨〉(2005)이 이 사건을 다뤘지만, 팔레스타인에서는 "역사적 진지함이 부족하다"는 이유로 혹평을 받았다.

그곳에서 그리 멀지 않은 곳에는 팔레스타인해방인민전선(PFLP) 대변인이자 『태양 속의 남자들』(프랑스 학자 미셸 쇠라가 1985년 새 번역해 악트 쉬드에서 출간)의 저자인 가산 카나파니의 무덤이 있다. 그 옆에는 그의 조카 라미스의 무덤이 나란히 놓여 있다. 라미스는 1972년 7월 8일 베이루트에서 일어난 모사드의 공격에 휘말려 17세의 나이로 사망했다. '붉은 왕자'로 불린 알리 하산 살라메도 이곳에 잠들어 있다. 그는 파타 지도부의 일원이자, 팔레스타인해방기구의 팔레스타인 중앙기구와 미 정보부 간 관계를 담당했던 인물로, 1971년 미스 유니버스 우승자인 레바논 출신 조지나 리즈크와 결혼한 바 있다. 살라메는 1979년 1월 22일, 베이루트에서 발생한 모사드의 자동차 폭발 공격으로 사망했다.

샤틸라 순교자 묘지에는 팔레스타인, 아랍인, 그리고 국적과 종교를 초월한 '외국인'까지 함께 묻혀 있다. 시리아의 시인 카말 케르 베크도 이곳에 잠들어 있다. 그는 시리아사회민족당(SSNP) 당원이자 전설적인 레바논 문학잡지 〈알시르(Al-Shi'ir)〉의 창립자였다. 베크 옆에는 시인 아도니스가 잠들어 있다. 그는 「현대 아랍 시의 모더니즘 운동」이라는 획기적인 박사 논문을 썼지만, 1980년 11월 베이루트에서 암살당했다. 또한 시리아의 시인 니자르 카바니(1981년 12월 15일 레바논 주재 이라크 대사관 공격으로 사망)의 아내이자 뮤즈였던 발키 알라위도 묘지 입구에서 몇 미터 떨어진 곳에 잠들어 있다.

묘지에는 아시아인들도 묻혀 있다. 무덤뿐 아니라 기념비와 추모 작품도 눈에 띈다. 유해는 없지만 일본 적군파(JRA) 투사들을 기리는 추모판이 땅에 설치돼 있다. 당시 일본 적군파는 미국, 이스라엘, 서방 제국주의를 하나의 동일한 억압 구조로 간주하며, 팔레스타인 투쟁을 '세계 혁명 전선의 최전방'으로 받아들여 그 투쟁에 참여했다. 야스다 야시유 키, 오쿠다이라 쓰요시, 오코모토 코조 등은 1972년 5월 텔아비브 공항 에서 무장공격을 감행해 약 20명의 사망자를 냈다. 이들 가운데 현재 생 존해 있는 이는 오코모토 코조 한 명뿐이다. 일본 적군파는 당시 팔레스 타인해방인민전선(PFLP)과 연계돼 있었고, 2001년 해산을 발표했다.

카말 무스타파 알리를 기리는 기념비도 눈에 띈다. 이를 통해 방글라 데시 출신의 많은 조직원들이 팔레스타인을 위해 싸웠다는 사실을 알 수 있다. 인민전선-총사령부(팔레스타인해방인민전선의 친시리아 분 파) 소속 조직원이었던 무스타파 알리는 남레바논의 전략적 요충지 보 포르 성-12세기에 십자군이 건설했고, 1982년 여름부터 이스라엘이 점령했던 장소-에서 이스라엘군의 공격을 받고 사망했다. 그의 유해는 2004년, 레바논 헤즈볼라와 이스라엘군 사이에 이루어진 포로 교환 이 후에야 송환돼 가족의 품으로 돌아갔다.

죽음이 삶을 사로잡는 곳

마지막으로 유럽인의 이야기다. 프랑수아즈 케스트망은 1950년 5월 2일 프랑스 니스에서 태어났다. 묘지 관리인은 케스트망의 무덤이 있는 묘지 안쪽을 가리키며 그녀를 "프랑스 여자"라고 불렀다. 케스트망은 무 정부주의적 노동조합주의자의 손녀이자 공산주의자의 딸이었다. 그녀의 어머니 이네스는 스페인 내전(1936~1939) 당시 국제여단-좌파 인민전선 정부를 돕기 위해 구성된 국제적 좌파 연대 의용군-에서 활동했다.

마르세유에서 간호사로 일하던 케스트망이 처음 레바논 땅을 밟은 것은 1980년이다. 이듬해인 1981년에는 팔레스타인 적십자에서 일하기 위해, 이스라엘 국경 인근 남레바논 티르에 위치한 라시디야 팔레스타인 난민촌을 찾았다. 이후 프랑스로 돌아갔던 그녀는 1982년 여름 이스라엘의 침공이 시작되자 다시 레바논으로 향했다. 시리아와 베이루트를 거쳐 티르로 이동한 케스트망은 일기에서 "돌아가는 길은 황폐하다"라고 기록했다. 이 일기의 일부는 발췌되어, 1985년 12월 파브르 출판사에서 『팔레스타인을 위해 죽다』라는 제목으로 출간됐다.(5)

1981년 1월부터 1982년 9월까지의 레바논 여정을 기록한 이 책에는, 1948년 이후 팔레스타인인들이 겪어온 피해, 가족의 흩어짐과 실종, 전쟁이 일상화된 삶의 파편들이 담겨 있다. 케스트망은 격앙된 표현과 차분한 어투를 오가며 장기화된 전쟁 속 라시디야 난민촌의 모습을 세밀하게 기록했다. 난민촌에서 무기 훈련까지 받았던 그녀는 프랑스로 돌아갔지만, 1984년 9월 23일 다시 팔레스타인 무장투쟁에 합류하기 위해 네 명의 파타 조직원과 함께 이스라엘에서 작전을 수행할 목적으로 보트에 올랐다.

점령 상태였던 사이다 마을 근해에서 이스라엘 해군과 첫 번째 교전이 벌어졌고, 이들은 전투를 이어가기 위해 육지로 피신했다. 피신 과정에서 전투원 두 명이 생포되고 세 명이 사망했다. 사망자 세 명 가운데 케스트망도 있었다. 향년 34세. 그녀는 생전에 바라던 대로 '순교자 묘지'에 안장됐다. 약 300명의 팔레스타인인이 장례식에 참석했다. 이슬람교로 개종한 그녀에게는 종교적으로도, 전사(戰士)로서도 영예로운 장례였다.

매년 9월이 되면 프랑스 조직원들은 1982년 사브라·샤틸라 학살을 추모하기 위해 레바논을 찾는다. 그러나 그들 가운데, 같은 프랑스인으로 이곳에서 죽어간 프랑수아즈 케스트망을 기억하는 이는 많지 않다. 프랑스 조직원들은 북미·남미·아시아 출신의 친팔레스타인 활동가들과 함께 팔레스타인 백파이프 소리를 들으며, 난민촌 입구 옛 쿠웨이트 대사관 옆에 자리한 공동 모혈에 꽃다발을 내려놓는다.(6)

그러나 그들 대부분은, 불과 100미터 떨어진 곳에 '혁명 순교자 묘지'가 존재한다는 사실조차 알지 못한다. 그럼에도 이 지역에서는 매년 추모 행사가 열린다. 한때 국제적 연대의 상징이던 샤틸라 순교자 묘지는 이제 팔레스타인인들만이 머물고 있는 장소가 되었다. 죽은 자가 누울 수 있는 공간은 점점 줄어들었고, 산 자들은 사랑하는 사람을 묻기 위해 몇 제곱미터의 땅에 거액을 지불해야 하는 상황이다.

샤틸라 순교자 묘지는 죽어가고 있는가? 한때 제3세계 혁명 시대의 목격자였던 이 묘지의 역사는, 많은 이들이 잊어버렸다고 말하지만, 때때로 현재의 사건과 다시 교차한다. 튀니지에서는 지네 엘아비딘 벤 알리 대통령을 축출하는 데 중요한 역할을 했던 튀니지 총노동조합(UGTT)이, 1988년 4월 26일 남레바논에서 사망한 움란 킬라니 무카다미의 유해를 2012년 4월 카르타고 공항에서 맞이했다. 벤 알리 정권은 가프사 광산 분지 출신으로 팔레스타인해방민주전선(DFLP)에서 활동했던 무카다미에게 국가적 헌사를 거부했고, 그의 유해는 샤틸라 순교자 묘지에 묻힌 채 24년 동안 돌아가지 못했다. 그러나 2012년 튀니지 혁명 이후, 무카다미의 유해는 마침내 순교자 묘지를 떠나 고향 가프사로 돌아갔다.(7)

2021년 5월, 레바논의 팔레스타인인들은 당시 이스라엘의 폭격을 받고 있던 가자 지구와 식민 지배에 맞서 싸우던 예루살렘 셰이크 자라 주민들과 연대해 순교자 묘지 인근에서 시위를 벌였다. 이어 2022년 5

월 30일, 팔레스타인해방민주전선은 묘지 골목에서 시게노부 후사코의 석방 축하행사를 열었다.(8)

샤틸라 순교자 묘지에서는, 여전히 죽음이 삶을 사로잡고 있다.

글 · 니콜라 도퓌야르 Nicolas Dot-Pouillard

(1) 『파타, 팔레스타인 혁명과 유대인들』, Présentation d'Alain Gresh, Éditions Libertalia & Orient XXI, 파리, 2021년.

(2) Mounir Chafiq, 『숯불에서 숯불로: 무니르 샤피크의 기억의 페이지』, 아랍통합연구센터, 베이루트, 2021년(아랍어).

(3) Laleh Khalili, 「추억과 애도의 장소: 레바논 난민촌에서 열린 팔레스타인 추모식」, Nadine Picaudou 편, 『기억 속 팔레스타인 영토』, Éditions Karthala & Ifpo, 2006년.

(4) 「사브라-샤틸라 학살」, 1982년 9월 16일 18시부터 9월 18일 8시까지 레바논 베이루트에서 발생한 사건으로, 기독교 우익 팔랑헤주의 정당 카타이브의 민병대가 팔레스타인인과 시아파 레바논 민간인 최소 460명에서 최대 3,500명을 학살했다. 사브라는 학살이 벌어진 베이루트의 동(洞) 이름이며, 샤틸라는 인접한 샤틸라 난민촌을 가리킨다. 이 사건과 이에 대한 이스라엘의 방조 또는 협조 책임을 묘사한 작품으로 Ari Folman의 애니메이션 영화 「Vals Im Bashir(바시르와 왈츠를)」(2008)이 있다.

(5) Françoise Kesteman, 『팔레스타인을 위해 죽다』, Favre, 1985년 12월 1일.

(6) Coline Houssais, 「전쟁에 얽힌 스코틀랜드 악기 '백파이프'의 서사시」, 〈르몽드 디플로마티크〉 프랑스어판·한국어판, 2021년 11월호.

(7) Serge Halimi, 「갑자기 혁명」, 〈마니에르 드 부아르〉 n°160, 2018년 8~9월호, '튀니지의 도전' 특집.

(8) 重信房子(Shigenobu Fusako, 1945~), 일본 극좌 무장조직 일본 적군(JRA)의 지도자로 알려진 인물. '적군파의 여제'로 불렸으며, 자서전 『사과나무 아래서 너를 낳으려 했다』의 저자다. 2009년 복역 중 〈한겨레21〉과의 인터뷰가 공개된 바 있다.(http://h21.hani.co.kr/arti/world/world_general/25553.html)

산산조각 난 팔레스타인의 혁명적 유토피아

알랭 그레쉬 Alain Gresh

온라인 신문 〈Orient XXI〉의 편집장, 〈르몽드 디플로마티크〉 전 편집인. 이스라엘과 팔레스타인 갈등, 이슬람과 서양문화의 융합 가능성 등을 전문적으로 집필하고 있다.

검은 9월단의 두 얼굴

1967년 이스라엘과의 전쟁에서 패배한 이후, 아랍 세계는 대대적인 정치적 변화를 겪었다. 이 혼란 속에서 여러 팔레스타인 조직들이 등장해 이스라엘을 상대로 무장 투쟁을 적극적으로 전개했다. 현재 팔레스타인 저항 세력은 요르단을 주요 거점으로 삼아 활동하며, 일부는 요르단 왕정을 직접 위협하고 있다. 이에 대해 후세인 국왕은 서구의 지원을 바탕으로 강경한 진압에 나서고 있다. 1970년 요르단 수도 암만. '승리의 그날까지 혁명을!', '모든 권력을 저항군에게!', '예루살렘으로 가는 길에 암만이 있다!'와 같은 슬로건이 도시 곳곳에 붙었고, 1967년 10월 9일 볼리비아에서 CIA의 지원을 받은 군에 의해 사살된 에르네스토 체 게바라의 '영웅적 게릴라' 포스터도 쉽게 찾아볼 수 있었다. 케피예(keffiyeh)를 두른 무장 활동가들은 주요 교차로를 장악했고, 기관총을 든 대원들은 픽업트럭을 타고 골목을 오가며 총격전을 벌이기도 했다.

팔레스타인대학생총연합(GUPS) 회의에는 해외에서 온 수백 명의 좌파 운동가들이 참여했다. 그중에는 요르단에 불법 입국한 일부 유대인 활동가들도 포함돼 있었다. 이들은 피델 카스트로와 마오쩌둥의 혁명 노선을 토론했고, 프란츠 파농과 호치민의 글을 공부했으며, 보 응우옌

잡이 베트남 독립전쟁에 대해 쓴 저작을 함께 읽었다. 그해 늦여름, 일곱 개의 언덕으로 이루어진 요르단의 수도 암만은 1917년 러시아 혁명 직전의 페트로그라드를 떠올리게 하는 분위기를 띠고 있었다. '모든 권력을 소비에트로!'라는 당시의 구호가 암시하듯, 도시 전체에는 급진적 정치 열기가 감돌았다. 팔레스타인 좌파조직 지도자 나예프 하와트메는 당시 요르단을 '두 개의 정부가 존재하는 공간'으로 보았으며, 후세인 국왕을 제거해야 할 장애물로 인식했다. 이는 러시아 혁명기, 볼셰비키가 온건파 망명자 알렉산드르 케렌스키를 바라보던 시각과 유사했다.

아바나, 알제, 하노이, 그리고 암만에 이르기까지 제3세계 국가들을 중심으로 시위가 잇달아 발생하며 세상의 근본적 변화를 요구하는 목소리가 높아졌다. 이 유토피아적 상상은 1968년 봄부터 반정부 투쟁에 나섰던 서구의 대학생과 노동자 출신 청년들에게 특히 강하게 호응을 얻었다. 영화감독 장-뤽 고다르는 '팔레스타인 민족이 승리하기 전까지는 끝나지 않을 전쟁'을 현지에서 촬영했고, 작가 장 주네는 팔레스타인 전사들에 대한 애착을 문학적 언어로 표현했다.

"아시아에서 아메리카까지 혁명의 분위기가 가득하다. 은행에서 은행으로, 오페라에서 오페라로, 감옥에서 법원으로 번지는 불길을 보며, 그 장엄함과 거대함 앞에서 우리는 그저 놀랄 뿐이다."(1) 나치 강제수용소에서 조부모를 잃은 작가 아니아 프랑코스는 이렇게 말한다. 이어 그는 "낯선 땅에서 죽는 일에도 충분한 의미가 있다. 아우레스 산맥이 파괴되던 순간 내가 알제리인이라고 느꼈던 것처럼, 지금 나는 팔레스타인인이라고 느낀다"(2)고 덧붙였다.

크리스토퍼 앤더슨 – 「서안 지구 데이셰(베들레헴) 난민촌 거리 풍경」, 2007년

'이스라엘 군 역사상 가장 우울한 페이지'

1967년 이스라엘과의 전쟁에서의 참패는 아랍 세계 전역에 충격을 던졌다. 패배의 여파는 곧 기존 집권세력에 대한 분노를 일깨우는 정치적 촉매제가 되었다. 당시 아랍권에서 혁명적 민족주의와 반제국주의의 기수를 자처하던 가말 압델 나세르의 이집트, 그리고 바트당이 주도하던 시리아는 모두 심각한 타격을 입었다. 1968년 내내 나세르 대통령과 그의 내각은 전쟁 패배에 책임이 있는 관료들에게 이집트 사법부가 지나치게 관대한 판결을 내렸다는 비판, 그리고 민주적 자유의 확대를 요구하는 대학생·노동자들의 시위에 직면해야 했다. 시위는 곧 '나세르 사회주의' 자체의 구조적 한계를 겨냥하는 방향으로까지 확산됐다. 전쟁

후의 혼란은 아랍권 곳곳에서 정치지형을 뒤흔들었다. 이라크에서는 바트당이 정권을 장악했고, 리비아에서는 군사 쿠데타로 군주제가 폐지되었으며, 남예멘은 무장투쟁 끝에 독립을 쟁취했다. 1967년 패배는 단지 군사적 좌절이 아니라, 아랍 세계 내부의 사회·정치적 균열을 폭로하며 일련의 혁명적 변화를 촉발한 사건이었다.

이처럼 불안정한 정치적 공백기 속에서 팔레스타인 게릴라 조직들이 속속 등장했다. 그리고 약화된 군주제를 비집고 이들은 인구의 절반이 팔레스타인인이던 요르단 영토 곳곳에 근거지를 마련했다. 이들 조직은 무장투쟁을 통해 점령에 저항할 뿐 아니라, 이스라엘과 그 후원국인 미국에 대한 복수를 전략적 기치로 내세웠다. 그중 다수는 1966년 1월 아바나에서 열린 '3대륙 회의(Tricontinental Conference)'에서 표명된 반제국주의 연대-아프리카·아시아·라틴아메리카 민족해방운동의 국제적 결속-의 직접적 영향을 받으며 성장한 흐름이었다.(3) 그렇다면 구체적으로 어떤 조직들이었을까?(4)

가장 대표적인 조직인 파타(Fatah)는 당시 거의 알려지지 않았던 야세르 아라파트가 주도해 결성한 단체였다. 파타는 1965년 1월 1일, 이스라엘에 대한 첫 무장공격을 단행하며 자신들의 존재를 공식적으로 선언했다. 이 공격은 팔레스타인 문제의 주도권이 주변 아랍국이 아니라 "팔레스타인인 스스로"에게 있다는 점을 강조한 사건이었다. 파타의 전략은 '독립적 팔레스타인 혁명' 노선에 기초했으며, 이후 이 조직은 팔레스타인해방기구(PLO) 내에서 최대 세력이자 실질적인 주도 세력으로 자리 잡게 됐다.

팔레스타인 해방인민전선(PFLP)은 기독교도 출신의 팔레스타인인 의사 주르지 하바시(George Habash)가 1948년 베이루트에서 창설한 아랍민족주의 운동(ANM)에서 파생된 조직이다. PFLP는 반제국주의·반

자본주의적 세계관을 바탕으로, 비행기 납치나 국제적 주목을 끄는 공세적 작전을 통해 팔레스타인 문제를 세계의 전면에 부각시키는 전략을 추진했다. 냉전기 국제혁명운동과의 연대도 활발해, 3대륙 반제국주의 네트워크와의 연결고리가 가장 강한 조직으로 꼽힌다.

팔레스타인 해방인민민주전선(PDFLP)은 후에 DFLP(민주전선)로 알려지는 조직으로, 마찬가지로 하바시의 ANM 내부에서 분화해 나온 보다 '좌파적' 경향의 단체였다. 계급투쟁과 대중조직화를 중시하며 '혁명적 민족해방'과 '사회주의적 변혁'을 동시에 추구했다. PFLP와 마찬가지로 반제국주의 국제연대에 깊게 뿌리를 두고 있으며, 특히 요르단과 레바논 난민캠프에서 강한 기반을 구축했다.

니세르 이집트 내통녕의 입장과 마찬가지로, 팔레스타인해방인민전선(PFLP)의 창설자이자 아랍민족주의운동(ANM)의 지도자였던 주르지 하바시(George Habash) 역시 오랫동안 팔레스타인 해방의 전제조건으로 아랍 세계의 단합을 강조했다. 그러나 그는 이후 마르크스-레닌주의 노선으로 전향하면서, 나세르와 파타를 "프티 부르주아(petit-bourgeois, 소시민 계급)"로 규정하고 보다 급진적인 좌파 혁명 노선을 분명히 했다. 이러한 전환은 팔레스타인 운동 내부에서 민족주의 중심 노선과 계급혁명 중심 노선 사이의 균열을 상징적으로 드러냈다. 한편, 이들 주요 조직과는 별도로 다수의 소규모 무장 단체들이 등장했다. 이들 가운데 상당수는 특정 아랍 국가로부터 재정·군사적 지원을 받았으며, 목표 또한 팔레스타인 해방에만 한정되지 않고 후원국의 역내 전략적 이해관계와 긴밀히 연동돼 있었다. 예컨대 사이카(Saika)는 시리아의 직접적인 후원을 받았고, 아랍해방전선(ALF)은 이라크 정부의 지원 아래 활동했다. 이들 단체는 팔레스타인 무장 투쟁에 참여했지만, 동시에 냉전기 아랍 세계에서 전개된 정권 간 경쟁과 영향력 확대 전략의 대리인(proxy) 역할을 수행하는 경우가 많았다.

1964년 아랍 리그가 창설한 팔레스타인해방기구(PLO)는 관료주의로 인해 점차 신뢰를 잃고 사실상 빈껍데기로 전락했다. 1969년 2월 야세르 아라파트가 의장직에 오르면서부터는 파타와 아라파트가 PLO를 이끌게 되었다. 그러나 PLO 산하의 팔레스타인 게릴라 조직들은 각기 개별 활동에 집중했고, PLO는 다만 연합체로서의 틀을 유지하는 수준에 머물렀다. 이들 조직은 이스라엘의 점령지 철수와 휴전을 골자로 하는 1967년 11월 22일 UN 안보리 결의 242호에 반대하며, 단순히 1967년 6월 5일 이전의 상태로 돌아가지는 않겠다는 입장을 고수했다. 또한 '팔레스타인 전체의 해방'을 위해서는 무장투쟁만이 유일한 방법이라고 주장했다. 이러한 혁명적 비전 때문에 이들은 요르단 정부와 이집트 정부를 비롯한 아랍 국가들과 지속적인 갈등을 빚었다. 이들의 전략을 반영하듯, 요르단강 서안지구에서의 게릴라 활동은 급격한 증가세를 보였다. 1967년에는 97건에 불과했으나 1968년에는 916건, 1969년에는 2,432건, 1970년에는 1,887건을 기록했다. 이후 1971년에는 45건으로 크게 감소했다.(5)

1968년 3월 20일 발생한 카라메 전투는 당시 팔레스타인 게릴라 활동이 최고조에 이르렀음을 보여주는 사건으로 평가된다. 이스라엘군이 요르단 내 파타의 거점을 공격하자, 파타 전투원들은 이에 적극 대응하며 격렬한 전투가 벌어졌다. 충돌의 결과 이스라엘군은 수십 명의 병력과 다수의 장갑차를 잃었다. 이스라엘 당국은 피해 규모를 축소하려 했으나, 〈하아레츠〉는 1968년 3월 29일자 보도에서 이 전투를 "이스라엘군 역사상 가장 우울한 페이지"라고 전했다. 이 전투는 군사적 결과보다 상징적 의미가 더 크게 부각되었다. 아랍 게릴라가 이스라엘군에 맞서 대규모 전투를 벌여 성과를 거둔 것은 이번이 처음이었다. 전투에 참여한 병력 대부분은 팔레스타인 난민촌 출신 청년들로, 아랍 지역과 서구 여러 국가에서 자발적으로 모인 인원들이었다. 이들이 거둔 성과는 여러 팔레스타인 조직에 큰 영향을 미쳤으며, 파타는 이후 요르단강 서안 지구에 '자유구역'을 설치하겠다고 발표했다.

네트워크가 굳건한 후세인 vs. 고립된 팔레스타인

그러나 중동은 동남아시아가 아니었고, 팔레스타인은 남베트남이 아니었으며, 요르단은 북베트남이 아니었고, 또 그렇게 될 가능성도 없었다. 후세인 국왕은 이스라엘의 지도자들과도 소통하고 있었고, 미국과도 굳건한 동맹관계를 유지하고 있었으며 심지어 CIA와도 연결고리가 있었다.(6) 그런 그가 자신의 권력을 위협할 만한 세력이 성장하는 것을 좌시할 리 없었다. 반면 팔레스타인은, 주로 전쟁이 벌어졌던 이집트를 비롯해 그 어떤 국가에도 전략적 우군이 없었다.

1970년 6월, 미국은 UN 안보리의 결의 242호에 기초한 협상 계획을 제안했다. 요르단과 이집트가 수용 의사를 밝혔고, 이스라엘은 한 번의 거절 후 동의했다. 그러나 팔레스타인 게릴라 조직들은 팔레스타인인의 권리를 인정하지 않고 팔레스타인인을 '난민'으로 규정하는 프로젝트를 받아들일 수 없었다. 팔레스타인 측의 언론은 일제히 나세르 이집트 대통령을 비난했다. 이에 협상파기를 막고자 아라파트가 이끄는 사절단이 나세르 대통령을 만나기 위해 알렉산드리아로 향했다.

나세르 대통령의 말을 요약하면, 자신도 로저스 플랜(Rogers plan,

당시 미국 국무장관의 이름에서 따옴)에 찬성하지 않지만 이집트군을 재정비하려면 우선 시간을 벌어야 한다는 것이었다(이스라엘도 그로부터 몇 주 뒤에 이 계획을 비난했다). 나세르 대통령은 이집트가 팔레스타인을 결코 버리지 않을 것이라고 사절단을 안심시키면서, 팔레스타인도 이집트에 대한 신뢰를 증명해보여야 한다고 주장했다. 또한 '팔레스타인 전 지역을 해방'시키기는 어려우니 요르단강 서안지구와 가자지구에 국가를 세우는 게 어떠냐고 제안했다. 아라파트의 사절단은 이집트 대통령의 설명을 듣고 만족스러워했지만, 이미 요르단은 멈출 수 없는 악순환의 소용돌이에 빠진 상태였다.

1968년 7월부터 PFLP는 서구권의 항공기들을 상대로 일련의 활동을 개시했다. 주목적은 이스라엘에 감금돼 있는 팔레스타인 포로들의 석방이었다. 1969년 8월 비행기 납치 사건은 체 게바라를 우상으로 삼은 25세의 여성 활동가 레일라 카흐레드의 주도로 이뤄졌다. 1970년 9월 6일에는 PFLP가 공중납치한 민간 여객기 4대 중 3대가 '혁명 공항'이라고 불리는 한 요르단 공항의 활주로에 착륙했다. PFLP는 보잉 747을 포함한 여객기 3대를 모두 폭파시켜 버렸고 이 폭파 장면은 전 세계로 방영됐다. 이 사건은 팔레스타인의 입장에서는 피 한 방울 흘리지 않고 500여 명의 팔레스타인 포로들을 해방시킨 쾌거였지만, 요르단 당국이 '질서의 재정비'를 명분으로 팔레스타인 조직들을 공격하는 결정적인 구실을 마련했다.

1970년 9월 15일, 미국과 이스라엘의 든든한 지원을 등에 업은 후세인 요르단 국왕은 군부에 팔레스타인 게릴라 조직들이 점령하고 있는 4개 구역으로 진군할 것을 명령하고 밤낮으로 공격을 퍼부었다. 사실 요르단 정부군의 상당수는 팔레스타인 출신이었지만, 팔레스타인 측의 기대와는 달리 군에서 이탈하는 병사의 수는 극히 적었다. 이와 관련해 〈르몽드〉의 특파원인 에릭 룰로는 다음과 같이 썼다. "후세인 국왕은 정부군의 대부분을 트란스요르단 출신의 병사들로 채웠다. 그리고 팔레스타인 단체의 조직원들은 무신론자이고 신을 적대시하며 극좌파 유대인들과 내통하고 있다고 교육함으로써 그들을 불신하도록 만들었다. 그러나 팔레스타인대학생총연합(GUPS)의 회의에는 젊은 이스라엘인, 유럽과 미국의 유대인들도 참여하지 않았던가?"(7) 그러나 이스라엘과 긴밀한 협력 관계에 있던 후세인 국왕은 오히려 이 '유대인의 존재'를 들어 팔레스타인 게릴라 조직들에 대한 공격을 합리화시켰다.

팔레스타인의 패배, '검은 9월단'의 탄생

이라크는 요르단에서 철수하겠다고 약속했지만, 1967년 이후 요르단에 주둔한 이라크군의 규모는 줄지 않았다. 한편 시리아는 이스라엘에 대한 보복 공격을 여러 차례 시도했으나, 이스라엘과 미국의 강한 경고에 더해 당시 국방장관 하페즈 알 아사드가 공군 지원을 거부하면서 매번 계획을 철회해야 했다. 요르단의 공식 통계에 따르면 전투 사망자는 3천 명을 넘었고, 팔레스타인 측은 그 수치를 세 배로 추산했다. 이런 상황에서 팔레스타인 게릴라 조직을 구해낸 것은 나세르 이집트 대통령의 중재였다. 1970년 9월 27일 정전 협정이 체결되었고, 군사적으로는 패배했음에도 팔레스타인 측에 유리한 조항들이 일부 포함되었다. 그러나 다음 날인 9월 28일 나세르 대통령이 심장마비로 갑작스럽게 사망하면서 국면은 급변했다. 결정적 중재자가 사라지자, 후세인 국왕은 1971년 여름 요르단 내 팔레스타인 게릴라 조직을 대상으로 한 '소탕 작전'

을 본격적으로 개시할 수 있게 되었다.

팔레스타인의 패배 원인은 복합적이었다. 저항세력은 젊고 열정적이었으나 그만큼 교육과 실전 경험이 부족했다. 그들의 자유분방한 언행은 요르단 사회를 비롯한 아랍 대중에게 불편함을 주었고, 자신들의 역량을 과대평가한 나머지 독자적 전략 수립에 실패했다. 그 결과 PFLP 등 급진조직의 전술과 노선을 충분한 검토 없이 받아들이게 되었다. 또한 외교적·정치적 감각이 부족해 지역 지정학의 미묘한 균형을 이해하지 못했고, 아랍 민족 간 연대를 지나치게 낙관했다. 결정적인 패인은 베트남이나 알제리와 차별화되는 고유한 정치·군사 전략을 끝내 마련하지 못한 데 있었다.

그러나 이러한 뼈아픈 패배에도 팔레스타인 저항세력은 완전히 와해되지 않았다. 1971년 11월 28일 요르단 총리 와스피 알탈을 암살한 신생 조직 '검은 9월단'의 등장은 이를 잘 보여준다. 이 조직은 1972년 뮌헨 올림픽 공격을 감행해 이스라엘 선수 11명을 사망하게 한 주체로 알려져 있다. 검은 9월단의 활동과 더불어 팔레스타인 저항세력의 중심은 레바논으로 이동했다. 이들은 군사훈련과 조직 운영의 경험을 전수하며 현지 반정부 세력과 결합했고, 이후 요르단강 서안지구에서 후세인 국왕과 대립하는 과정에서 정치적 영향력을 점차 확대했다. 이러한 흐름 속에서 PLO는 '팔레스타인을 대표하는 유일한 단체'라는 지위를 굳혀 갔다. 1970년대 들어 PLO는 외교적 활동을 서유럽뿐 아니라 사회주의 진영까지 확대했다. 동시에 민간인 대상 테러에 반대하며 1960년대의 급진적·유토피아적 노선을 점차 수정했고, 1973년 10월 전쟁 이후에는 요르단강 서안지구와 가자 지구에 팔레스타인 국가를 수립하기 위한 보다 온건한 전략으로 방향을 전환하기 시작했다.

　그러나 이러한 '현실적인' 노선에도 불구하고, 그들이 꿈꾸었던, 그리고 1970년대 전 세계 청년들을 열광시켰던 팔레스타인 혁명의 유토피아적 비전을 넘어서는 구체적 성과는 여전히 멀기만 하다. 오늘도 점령지와 난민캠프에서 버티고 있는 팔레스타인인들에게 그것은 더욱 아득한 미래로 남아 있다.

글·알랭 그레쉬 Alain Gresh

(1) Hélène Aldeguer, Alain Gresh, 『사랑의 노래. 이스라엘-팔레스타인, 프랑스의 역사』, La Découverte, Paris, 2017.

(2) Ania Francos, 『팔레스타인인들』, Julliard, Paris, 1968.

(3) Edouard Bailby, 「라틴 아메리카는 현지에 적합한 점진적 혁명을 선택했다'」, 〈르몽드 디플로마티크〉 프랑스어판, 1966년 2월호.

(4) 팔레스타인인들의 역사에 관해서는 다음 두 권의 책을 참조할 것. John K. Cooley, 『녹색 행진, 검은 9월』, Frank Cass, London, 1973년. / Nadine Picaudou, 『팔레스타인인들, 한 세기의 역사』, Complexe, Bruxelles, 2003.

(5) Alain Gresh, 『PLO, 역사와 전략』, Spag-Papyrus, 1983.

(6) 「CIA, 요르단 국왕 후세인에게 수백만 달러 지급」, 〈The Washington Post〉, 1977. 2. 18.

(7) Eric Rouleau, 『중동의 길목에서, 한 기자 겸 외교관의 기억(1952~2012)』, 2012.

레바논의 버려진 팔레스타인인인들

마리나 다 실바 Marina Da Silva

연극 평론가. 연극을 정치·사회적 맥락 속에서 분석하는 비평가로, 텍스트 중심의 전통적 평론을 넘어 현장 경험, 제도·문화적 구조, 예술적 실천의 의미를 세심하게 짚어낸다. 『고백(Confidences)』(에디시옹 뒤 발 드 라르크, 2024), 『새로운 출발(Nouveau départ)』(입실롱, 2023) 등이 있다.

이스라엘군은 지난해 여름 철수했던 가자 지구를 오늘도 폭격하고 있다. 민간인 희생이 이어지고, 미국과 유럽연합은 팔레스타인 민중을 향한 봉쇄를 유지하고 있다. 그 사이 수백만 팔레스타인 디아스포라 난민들은 여전히 난민캠프에서 살아가고 있으며, 특히 레바논에서의 형편은 좀처럼 나아지지 않는다. 2006년 5월 27일, 레바논 남부 사이다(Saïda)에서는 팔레스타인 이슬라믹 지하드의 한 간부와 그의 형제가 피살되었다. 이 사건은 이미 불안정하던 레바논 정세를 다시 흔들어 놓았다.

다음 날, 이스라엘군은 국경지대와 베카(Bekaa), 그리고 베이루트 인근을 폭격했는데, 이는 2000년 5월 25일 이스라엘 철군 이후 거의 보기 어려웠던 수준의 공격이었다. 이스라엘은 이를 헤즈볼라와 아흐메드 지브릴이 이끄는 팔레스타인해방인민전선-총사령부(PFLP-CG)의 로켓 발사에 대한 보복이라고 설명했다. 이로 인해 헤즈볼라와 팔레스타인 무장조직의 무장해제 문제가 다시 정치의 중심 의제로 떠올랐다. 역사의 무대와 협상 테이블에서 단골처럼 배제되어 왔던 팔레스타인 난민들은 이번 사건을 계기로 다시 정치의 한복판에 서게 되었으며, 그동안 결코 포기하지 않았던 귀환권을 거듭 주장하고 있다.

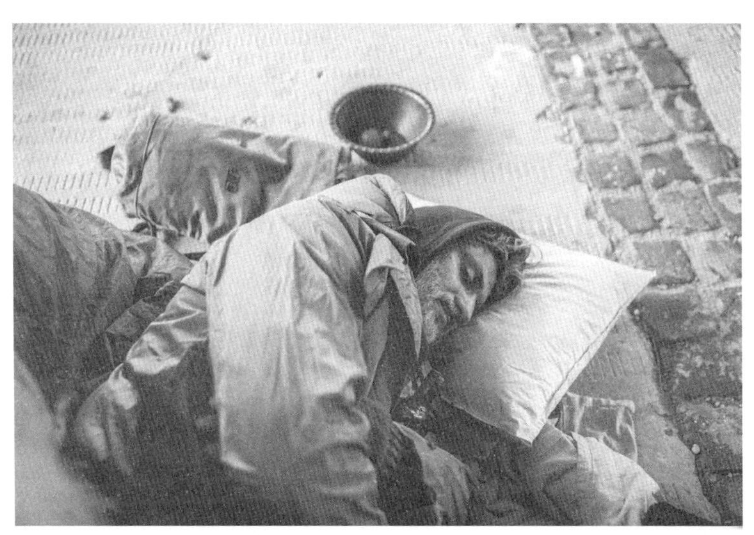

"캠프, 그건 곧 우리다"

"국내외 언론은 난민캠프, 특히 아인 알-헬웨(Aïn Héloué)을 늘 '무법지대'로 묘사합니다. 범죄자나 이슬람 극단주의자들이 숨는 곳이라고 말하지요. 하지만 그 '캠프'가 바로 우리입니다. 4만 5천 명이 넘는 주민들이 이곳에서 우리의 정체성과 역사를 붙들고 살아가고 있습니다. 통제하기 어려운 이들이 있긴 하지만, 많아야 200명 정도일 뿐이며, 그들조차 정치적 막다름과 구조적 불안정이 낳은 결과입니다."

사이다 외곽, 레바논 최대 난민캠프인 아인 알-헬웨의 주민 카다(Khadda)는 분노가 섞인 목소리로 말했다. 갈등과 무력충돌을 두려워해 결국 캠프 밖으로 이주했지만, 그 선택은 가족의 일상을 흔들어 놓았다. 남편은 여전히 캠프 안에서 작은 가게를 지키고, 아이들은 주말이면 캠프로 돌아온다. 그러나 그녀가 진정으로 지쳐 있는 것은 잦은 충돌 그 자체가 아니라, 캠프를 옥죄는 경제적 궁핍과 좁고 불결한 골목, 무너져 가는 집들이 만들어내는 일상의 절망이었다. 그 절망은 이슬람주의 급 진화를 키우는 비옥한 토양이 되고 있다.

오슬로 이후의 '망각'

1982년 이스라엘의 침공과 PLO의 강제 철수는 레바논 팔레스타인 난민들에게 결정적 전환점이었다. 철수 이전 PLO는 팔레스타인인의 약 65%에게 일자리를 제공했고, 보건·교육 기관을 운영하며 재정을 지원 했다. 이 서비스는 빈곤한 레바논인들에게도 개방되어 있었다. 그러나 1993년 오슬로 협정 이후, 레바논의 팔레스타인 난민들은 국제사회와 팔레스타인 지도부 모두에게 사실상 잊혔다. PLO는 외교적 노력을 요 르단강 서안과 가자 지구에 집중했고, 유럽에서 들어오던 기금 역시 그 쪽으로 우선적으로 배분하였다. 동시에 유엔 난민구호기구(UNRWA) (2)를 비롯한 NGO와 국제기구들이 레바논 난민캠프에 투입하던 예산 은 급격히 축소되었다. 전쟁과 경제 위기의 충격을 고스란히 받은 캠프 는 점차 고립된 공간으로 변모해 갔다.

이슬람주의 조직의 부상

이슬라믹 지하드(1980년대 가자 지구에서 결성된 무장 이슬람주의 조직으로, 협상보다 무장투쟁을 우선하며 하마스보다 더 강경한 노선을 취한다)와 하마스 같은 이슬람주의 조직들은 가장 빈곤한 계층을 겨냥 해 부족하나마 물질적 지원을 제공해 왔다. 하마스는 특히 두 차례의 사건을 전환점으로 삼아 세력을 확대했다. 1992년 12월, 이스라엘이 조직원 415명을 레바논 남부로 추방했을 때, 그리고 2004년 지도자 셰이크 아흐메드 야신과 아브델아지즈 알-란티시가 잇따라 이스라엘의 '표적 암살'로 사망했을 때, 하마스는 분노와 상실감을 조직 동원력으로 바꾸는 데 성공했다. 그들의 초상은 지금도 캠프 곳곳에 걸려 있다. 2006년 1월 팔레스타인 총선에서 하마스가 승리하자, 레바논 난민들 사이에서 그 영향력은 더욱 강화되었다.

레바논 최대의 팔레스타인 난민캠프인 아인 알-헬웨에서 자녀를 낳고 길렀던 옴 파디(Oum Fadi, 인민해방전선 FPLP 소속)는 이렇게 말했다. "모두가 놀랐지만, 저도 기뻤습니다. 부패에 맞서고, 귀환권을 포함한 팔레스타인인의 권리를 주장하는 선택이었으니까요." 그러나 그녀는 지금의 캠프를 거의 알아볼 수 없다고 했다. "예전에는 정치 활동과 사회 건설의 상징이었는데, 지금은 여러 정파가 쥐고 흔드는 인질이 된 느낌입니다. 그래도 사람들은 떠나지 않습니다. 캠프는 여전히 귀환과 권리를 상징하는 우리의 집단 공간이니까요."

2006년 5월 1일에는 파타(Fatah) 일원이 살라피스트 조직 우스바트 알-안사르(Usbat al-Ansar)(3) 소속 이슬람주의자에게 살해당하는 사건이 발생했다. 정치적 이해관계와 범죄적 요소가 얽힌 충돌은 종종 비밀정보기관의 개입 속에서 조작되기도 하며, 정세를 더욱 혼탁하게 만든다. 그럼에도 아인 알-헬웨는 '정치의 수도'라 불리며, 모든 팔레스타인 정파가 세를 구축한 팔레스타인 망명의 상징적 수도로 남아 있다.

무장해제 논란

"상황은 민감합니다." 아인 알-헬웨 난민촌에서 활동하던 전직 팔레스타인 지도자이자, 현재는 베이루트의 소수 기독교 캠프 마르 엘리아스(Mar Elias)에서 활동하는 아부 알리 하산(Abou Ali Hassan)은 이렇게 말했다. 그는 레바논 정당들과의 관계를 맡고 있었다. "2004년 9월, 프랑스와 미국의 주도로 유엔안보리에서 채택된 결의 1559는 팔레스타인 무장조직의 무장해제를 요구했습니다. 레바논 정부는 캠프 밖의 무장 기지를 철수시키고, 캠프 내부의 무기 사용을 규제할 위원회를 구성했습니다. 우리는 단일 대표단을 만들어 이 문제를 단순한 치안 문제가 아니라 정치적 권리와 인도적 개선의 문제로 다루려 합니다." 2006년 5월 16일, 베이루트 남부 지나(Jnah)에 PLO 대표부가 재개소한 것도 그에게는 강력한 정치적 신호였다. "정부는 무력 사용을 원하지 않습니다. 실제로 문제는 베카 평야와 나흐메(Nahmé) 등 12곳에 흩어진 팔레스타인 기지의 무장 존재입니다."

레바논과 팔레스타인의 불화

2005년 10월 파리 방문 당시, 마흐무드 아바스 팔레스타인 자치정부 수반은 "레바논 내 팔레스타인인들은 법을 준수해야 하며, 어디까지나 손님일 뿐"이라고 발언했다. 이 말은 레바논 난민들에게 큰 반감을 불러일으켰다. 이와 동시에 레바논 언론은 시리아에서 활동하던 팔레스타인 무장세력이 베카 평야로 넘어오고 있다고 보도했다. 이에 레바논군은 40여 개의 비공식 국경 통로를 폐쇄하고, 시리아·다마스쿠스 기반의 친

시리아 팔레스타인 조직-FPLP-CG, 파타-인티파다(Abou Moussa가 이끄는 파타의 분파), 알-사이카(시리아 집권 바트당 산하의 팔레스타인 조직)-를 압박했다. "우리는 저항 때문에 걸림돌로 보입니다." 트리폴리 북쪽 바다위(Baddaoui) 캠프의 주민위원회 책임자 나빌은 이렇게 말했다. "우리가 이스라엘에 맞서 무장 저항을 해왔고 지금도 활동을 이어가며 일정한 영향력을 갖고 있기 때문에, 우리를 평화의 장애물로 취급하는 것이죠." 바다위 캠프는 비교적 외곽에 있어 새 도로와 수도관이 정비되었지만, 나빌은 여전히 전쟁의 위협을 체감한다고 말한다. "이스라엘 전투기는 남에서 북으로, 북에서 남으로 아무런 제재도 받지 않고 레바논 상공을 가로지릅니다." 그는 이어 덧붙였다. "우리는 1982년 베이루트 서부의 '사브라' 지구와 '샤틸라' 난민촌에서 발생한 민간인 학살 사건을 영원히 기억합니다. 국제군의 보호 아래 있었음에도 학살당했습니다. 캠프 안의 무기는 바로 우리 자신을 지키기 위한 것입니다."(5)

삶의 조건과 시민권 박탈

그러나 '무기 문제'는 팔레스타인 난민들이 겪는 삶의 조건과 구조적 차별 현실을 오히려 가리는 경우가 많다. UNRWA에 따르면 2006년 3월 기준 레바논 내 팔레스타인 난민은 약 40만 명이며, 이 중 22만 명이 12개 공식 난민캠프에 거주한다. 베이루트에는 마르 엘리아스, 부르즈 알-바라즈네, 사브라·샤틸라, 드바예 캠프가 있으며, 사이다 인근에는 아인 알-헬웨와 미예 미예(Myé Myé)가 있다. 티르 지역에는 알-부스, 라시디예, 부르즈 알-셰말리 캠프가, 북부 트리폴리에는 나흐르 알-바레드(Nahr al-Bared)와 바다위 캠프가 있다. 베카 지역에는 와빌

(Waweel) 캠프가 있으며, 이 밖에도 UNRWA가 공식적으로 인정하지 않는 소규모 '집결지'(비인가 캠프)도 존재한다. 레바논군은 특히 남부 지역 캠프에 대한 압박을 강화해 왔으며, 출입을 엄격히 통제하고 허가증을 요구한다. 조직 구도 면에서는 파타가 여전히 가장 영향력 있는 세력으로 남아 있고, 베이루트·북부·베카 지역에서는 친시리아 정파들이 강한 입지를 유지하고 있다. 한편, 하마스를 비롯한 이슬람주의 조직들이 빠르게 세를 넓히며 지금은 파타와 거의 대등한 수준에 이르렀다는 평가도 나온다.

UNRWA에 따르면 팔레스타인 난민의 60%가 빈곤선 아래에 살고, 실업률은 70%에 이른다. 난민들은 72개 직업에서 배제되었고, 주거 건축 자재 반입도 금지된다. 레바논을 떠나거나 돌아오기 위해서는 6개월짜리 비자가 필요하다. 2005년 6월, 헤즈볼라와 가까운 레바논 노동부 장관 트라드 하마다(Trad Hamadé)는 레바논에서 태어나 내무부에 등록된 팔레스타인인인들에게 일부 직업의 문호를 열었다. 그러나 의사, 변호사, 건축가 등 전문직은 여전히 금지되었다. 또한 2001년 개정법은 팔레스타인인의 주택·토지 구입을 금지했고, 이는 상속 문제를 포함한 법적 혼란을 불러왔다.

PLO 난민업무부 책임자 사미라 살라는 2005년 노동부의 제한적 취업 허용 조치를 형식적 진전으로 보면서도, 그 실효성에는 의문을 제기했다. "1995년에도 비슷한 제안이 있었지만, 노동 허가는 사실상 발급 불가능합니다. 게다가 이번 조치에도 사회보장·보험 혜택은 포함되지 않았습니다." 2005년 4월 시작된 팔레스타인 난민 권리 캠페인은 25개 팔레스타인 단체와 팔레스타인국민의회, 팔레스타인해방기구 난민부, 그리고 팔레스타인 시민사회의 참여로 조직됐다. 이들은 "귀환권과 시민권 보장을 요구하며, 레바논 민중과 함께 정착과 귀화에 맞서 투쟁한다"는 슬로건 아래 ▲노동권 ▲재산권 ▲결사의 자유 ▲사회보장권 등 네 가지 요구를 제시했다. 그러나 이에 대한 실질적인 답변은 끝내 나오지 않았다.

귀환 없는 평화는 없다

1948년 이스라엘 건국 과정에서 추방되어 난민이 된 팔레스타인인은 현재 약 400만 명으로, 전체 팔레스타인 공동체의 60%에 이른다. 이들 중 90%는 팔레스타인 영토와 그 인접 아랍국가들에 거주한다. 특히 레바논의 팔레스타인 난민들(6)은 국내 정치와 지역 질서 모두에서 가장 민감하고 첨예한 쟁점을 형성하며, 이스라엘-아랍 분쟁의 향방이 난민 문제의 해결과 직결되어 있음을 다시금 상기시킨다.

글 · 마리나 다 실바 Marina Da Silva

(1) Isabelle Dellerva, 「레바논의 팔레스타인 난민캠프, 무법지대」, 〈Libération〉, 파리, 2006년 5월 18일.

(2) 유엔 팔레스타인 난민구호기구(UNRWA, United Nations Relief and Works Agency for Palestine Refugees in the Near East)는 1949년 5월 설립된 국제기구로, 요르단강 서안지구·요르단·가자지구·시리아·레바논에 거주하는 팔레스타인 난민들에게 교육·보건·구호 등 기본 서비스를 제공하고 있다.

(3) Bernard Rougier, 『일상 속의 지하드』, PUF, 파리, 2004년; 또한 Claire Moucharafieh 인터뷰, 「기사」, 〈Pour la Palestine〉, 제43호, 파리, 2004년 11월 3일 참조.

(4) Alain Gresh, 「새로운 레바논의 오래된 후견인들」, 〈르몽드 디플로마티크〉, 2005년 6월호.

(5) 여기서 말하는 '무기'란 소형 및 중형 화기를 의미하며, 중화기는 1989년 레바논 당국에 모두 반납되었다.

(6) Mohamed Kamel Doraï, 『레바논의 팔레스타인 난민들: 망명의 지리학』, CNRS Éditions, 파리, 2006년.

BDS, 팔레스타인 민중의 권리운동

이자벨 아브랑 Isabelle Avran

프랑스의 언론인이자 연구자로, 팔레스타인 문제와 중동 정치를 전문적으로 다룬다. 이스라엘-팔레스타인 분쟁, 아랍 세계의 사회운동, 국제 연대 등을 주제로 심층 분석 기사를 써왔다. 또한 프랑스 내 팔레스타인 연대운동(Association France-Palestine Solidarité)에서도 활동중이다.

"전략적 위협."

이스라엘 정부가 국제적 보이콧·투자철회·제재(BDS) 운동을 지칭할 때 사용하는 표현이 바로 'BDS'이다. 이 운동은 2005년 7월 9일, 팔레스타인 비정부기구(NGO), 노동조합, 정당 등 172개 단체가 공동으로 출범시켰다.(1) BDS는 단순한 구호가 아니다. 점령과 식민정착 정책을 뒷받침하는 이스라엘의 제도·기업·경제체제를 보이콧하고, 이에 연루된 기업에 대한 투자철회를 요구하며, 국제법을 위반하는 한 이스라엘 국가에 대해 각국 정부가 제재를 가하도록 촉구하는 전 세계적 캠페인이다. 이 호소는 국제사법재판소(ICJ)가 2004년 7월 9일, 서안 지구(동예루살렘 포함)에 건설된 이스라엘 장벽이 국제법에 위배된다는 자문 의견을 발표한 지 정확히 1년 뒤에 나왔다.(2) 당시 국제사법재판소는 모든 국가가 국제법 준수를 압박해야 한다고 강조했지만, UN 총회가 이를 채택했음에도 점령의 현실에는 전혀 변화가 없었다. 이스라엘에 관한 다수의 UN 결의가 늘 그랬듯, 선언에 그친 채 실질적 조치로 이어지지 않았기 때문이다. 이러한 불처벌의 구조는 당시 총리였던 아리엘 샤론이 2001년에 이미 내세웠던 전략- "1948년에 끝내지 못한 일을 완수한다", 즉 팔레스타인 인구를 가능한 한 축출하고 영토를 최대한 확보한다-을 실행에 옮길 수 있는 길을 열어주었다.

비폭력 민중운동

BDS 운동은 점령지, 강제 망명지, 그리고 이스라엘 국경 안에 남은 팔레스타인인을 포함한 팔레스타인 민중 전체의 권리를 존중받게 하려는 목적을 지닌다. 이는 과거 남아프리카공화국의 아파르트헤이트를 무너뜨린 국제 캠페인에서 직접적으로 영감을 받았다. 즉, 개인이 아니라 제도·기업을 겨냥하는 비폭력적 민중운동이다. 일상적 폭력-집단 정착, 저항 탄압, 가자 봉쇄 등-에 맞서, BDS는 각 개인에게 참여할 수 있는 구체적 행동 방식을 제시한다. 유럽에서 BDS는 도덕적 요구이자 동시에 실질적 압박 수단으로 기능한다. 왜냐하면 EU와 다수의 회원국은 이스라엘과 긴밀한 경제·상업 관계를 맺고 있으며, 산업·기술·과학연구(군사 목적 포함) 협력도 활발히 진행하고 있기 때문이다. 이스라엘 내부의 반점령 활동가들조차, 국제사회의 '협력'이 이스라엘 정부의 강경 정책을 오히려 강화한다고 비판한다. 실제로 2017년 기준 EU는 이스라엘의 최대 교역 파트너로, 이스라엘 수출의 35.3%가 EU로 향했다. 또한 이스라엘은 2014년 출범한 EU 연구·혁신 기금인 '호라이즌 2020(Horizon 2020)'에도 참여하고 있었다.(3)

유럽-이스라엘 협력의 심화

이미 1996년, 예루살렘 알-아크사 모스크 아래 터널 건설을 둘러싼 팔레스타인 시위에 대한 이스라엘의 대규모 탄압 이후, 유럽의 연대운동은 단순한 항의를 넘어 구체적 제재를 요구하는 단계로 나아갔다. 프랑스와 벨기에는 1995년에 체결된 EU-이스라엘 연합협정의 비준을 1999년까지 미루었고, 결국 2000년에 발효된 이 협정의 제2조는 인도법과 기본적 인권 존중을 명문화하고 있다. 팔레스타인 연대운동은 이 조항이 실제로 준수될 때까지 협정을 정지해야 한다고 주장해 왔다. 그러나 EU는 이스라엘 정착지가 불법이라는 점을 "유감" 표명하는 수준에 머물렀을 뿐, 동시에 EU가 EU 주변국과의 정치·경제적 협력을 강화하기 위해 만든 외교·경제 프레임워크를 뜻하는 유럽 인접정책(PEV)을 통해 이스라엘과의 협력을 더욱 강화했다. 그나마 2013년(2014년 시행)에야 브뤼셀은 새로운 지침을 마련해 EU 자금이 정착지 관련 기업에 지급되는 것을 금지하고, 정착지 제품에는 세제 혜택을 부여하지 않으며 라벨 표기를 의무화했다. 그러나 정착지 제품의 수입 자체는 여전히 금지하지 않았다.

성과와 이스라엘의 반격

BDS 운동이 성장하자 이스라엘 지도부는 점점 더 불안해졌다. 남아공과 영국의 대형 노총을 비롯해 농민·학생 단체, 교회 등이 BDS를 지지하며 캠페인이 국제적으로 확산되었기 때문이다. 성과도 적지 않았다. 노르웨이, 네덜란드, 미국 등 여러 나라의 연기금과 하버드 대학을 포함한 교육기관들이 정착지와 연관된 이스라엘 기업에서 투자를 철수했다. 프랑스 기업 베올리아(Veolia)는 예루살렘 서쪽과 정착지를 잇는 트램 건설에 참여했다가, 국제적 비판과 소송 압박 끝에 이스라엘 교통 인프라 사업에서 철수했다. AFPS(프랑스-팔레스타인 연대협회)와 PLO

가 제기한 소송은 베올리아의 국제적 평판을 실추시키며 주요 계약을 위협했다. 이스라엘은 국제적 이미지가 약화되고 BDS 캠페인이 실질적 타격을 주자 대응 전략을 공세적으로 전환했다. 2015년 8월, 일간지 〈하아레츠(Haaretz)〉는 정부가 BDS 활동가들을 감시하는 특별 부서를 신설하고, 비밀 예산을 편성해 정보기관 및 군 정보와 긴밀히 협력하고 있다고 보도했다.(4) 또한 이스라엘은 BDS에 참여한 외국인의 입국을 금지할 수 있도록 법적 조치를 마련했다.

글 · 이자벨 아브랑 Isabelle Avran

(1) (1) Omar Barghouti, 『보이코트·투자철회·제재: 아파르트헤이트와 팔레스타인 점령에 맞선 BDS』, La Fabrique Éditions, 파리, 2010년.
(2) 「국제사법재판소, 이스라엘의 팔레스타인 점령지 장벽 건설을 국제법 위반으로 선언」, 2004년 7월 9일.
(3) 「이스라엘, EU 연구·혁신 프로그램 '호라이즌 2020' 연합협정 체결」, 2014년 6월 11일.
(4) 「이스라엘 군 정보기관, 전 세계 수십 개 BDS 단체 감시」, 〈Haaretz〉, 텔아비브, 2015년 8월 18일.

이 땅 위에

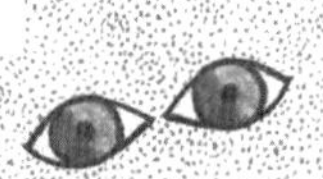

마흐무드 다르위시 / 시인

이 땅 위에는, 삶을 누릴 가치가 있는 것들이 있다.

4월의 머뭇거림, 새벽의 빵 냄새,

남자들에 대한 한 여인의 생각,

아이스킬로스의 글, 사랑의 시작,

돌 위의 풀,

피리 줄 위에 서 있는 어머니들,

그리고 정복자들을 떨게 만드는 기억의 두려움.

이 땅 위에는, 삶을 누릴 가치가 있는 것들이 있다.

9월의 끝자락, 사십 대를 지나온 한 여인 –

모든 살구를 익혀낸 성숙함,

감옥 속 한 줌의 햇살,

새 떼를 닮은 구름,

죽음을 향해 미소 지으며 올라가는 이들을 향한 민중의 환호,

그리고 폭군들을 떨게 만드는 노래의 두려움.

이 땅 위에는, 삶을 누릴 가치가 있는 것들이 있다.

이 땅 위에는, 이 땅의 여주인이 서 있다.

서곡과 종결의 어머니,

그녀의 이름은 팔레스타인이라 불렸다.

지금도 팔레스타인이라 불린다.

나의 여인이여, 당신이 나의 여인이기에,

나는 삶을 누릴 자격이 있다.

글·마흐무드 다르위시 Mahmoud Darwich / 시인

출전:『La terre nous est étroite et autres poèmes』(우리에게 땅은 좁다, 그리고 다른 시들), 갈리마르, 파리, 2000.

타뜨비(Tatbi‘)와 무까따아(Mouqata‘a)

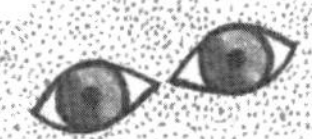

아랍권에서 '타뜨비(Tatbi‘)', 즉 정상화라는 용어는 이스라엘과 아랍 국가 간의 관계를 설명할 때 널리 사용된다. 이는 단순한 외교 관계 수립을 넘어, 정치·경제·문화 전반에 걸친 공식·비공식 교류를 포괄하는 개념이다. 현재 이 지역에서 이스라엘과 정식 외교 관계를 맺고 있는 국가는 이집트와 요르단 두 나라뿐이며, 이들은 흔히 '정상화 국가'로 불린다. 그 외 다수의 아랍 국가들은 팔레스타인 문제를 중시하는 국내 여론을 의식해 관계를 공식화하지 않은 채 비공식적 접촉 수준에 머물고 있다. 그러나 이러한 제한적 교류조차도 종종 '타뜨비', 즉 정상화라는 비판의 대상이 된다. 실제로 1990년대 일부 걸프 국가들이 수도에 이스라엘 연락사무소를 설치했을 때도 같은 비판이 제기됐다. 아랍권 지식인·예술가·정치인이 이스라엘을 방문하는 사례 역시 팔레스타인 보이콧, 즉 '알-무까따아(Al-mouqata‘a)'를 위반한 행위로 간주된다. 이 보이콧 정책은 아랍연맹이 관리해 왔으며, 오슬로 협정 이전까지는 다마스쿠스에 전담 기구를 두고 이를 집행했다.

그러나 '정상화'의 의미를 둘러싼 해석은 서로 다르다. 일부는 이스라엘에 대한 전면적 보이콧이 깨지는 순간부터 정상화가 시작된다고 본다. 반면 다른 이들은 정상화의 범위를 더 넓게 이해한다. 정착지 확대, 분리장벽 건설, 예루살렘 합병, 가자 지구 봉쇄 등 이스라엘이 점령을 기정사실화하려는 모든 정책과 조치를 정상화의 일환으로 간주하는 시각도 존재한다.

글·아크람 벨카이드

가자지구를 동정하는 라틴아메리카

메리엠 라리비 Meriem Laribi

기자. 중남미와 팔레스타인 현안을 〈르몽드 디플로마티크〉와 〈Orient XXI〉에 주로 보도한다.
저서에 『가자: 집단학살과 언론(Ci-gît l'humanité. Gaza, le génocide et les médias)』(2025)이 있다.

"필요하다면 이스라엘과의 관계를 단절할 것", "역사는 방관자들을 용서하지 않을 것이다." 미겔 디아스카넬 쿠바 대통령은 이스라엘의 가자지구 공격을 두고 이같이 경고했다. 라틴아메리카는 팔레스타인에서 약 1만 킬로미터 떨어져 있지만, 쿠바에서 칠레에 이르기까지 지역 국가들은 최근 근동에서 재발한 폭력 사태에 대해 이례적으로 강경한 입장을 취하고 있다. 콜롬비아 최초의 좌파 대통령인 구스타보 페트로 역시 2023년 10월 9일 X(구 트위터)에 "국제법은 강제수용소를 금지하며, 이를 건설하는 행위를 반인도적 범죄로 규정한다"고 적어 주목을 받았다. 그보다 이틀 앞서 그는 "러시아의 우크라이나 점령"과 "이스라엘의 팔레스타인 점령"에 대한 서방 국가들의 상이한 대응을 지적하며 국제사회의 이중 기준을 비판하기도 했다.

"이스라엘은 나치와 같은 짓을 하고 있다"

콜롬비아 외교부는 그해 10월 8일 오전, 이스라엘-팔레스타인 분쟁 재발 이후 처음으로 공식 입장을 발표했다. 성명서는 "이스라엘과 팔레스타인의 대화 재개"를 촉구하는 문구로 시작했으며, 하마스의 이스라엘 민간인을 대상으로 한 폭력행위를 규탄하면서도 하마스를 '테러리스트'로 명시하지는 않았다. 콜롬비아 정부는 동시에 팔레스타인 민간인

알레산드라 산귀네티 – 「파티마 임 이브라힘 여사와 그녀의 손녀 자스민」
자스민은 알말하 마을에 있는 그녀의 외딴 집 열쇠를 쥐고 있다.

에 대한 이스라엘의 공격도 비난하며 양측의 폭력 중단을 요청했다.

다음 날인 10월 9일, 요아브 갈란트 이스라엘 국방장관은 가자지구 봉쇄를 선언하면서 "이스라엘은 인간의 탈을 쓴 짐승과 싸우고 있으며, 그에 상응해 대응할 것"이라고 말했다. 이에 대해 페트로 콜롬비아 대통령은 "이는 나치가 유대인을 향해 사용했던 표현과 유사하다"며 강하게 반박했다. 그는 "민주주의 사회는 나치즘이 국제 정치에 다시 자리 잡는 것을 용납할 수 없다. 이스라엘인과 팔레스타인인은 모두 국제법의 적용을 받는 인간이며, 이런 혐오 발언이 반복되면 또 다른 홀로코스트로 이어질 위험이 있다"고 경고했다.

갈리 다간 콜롬비아 주재 이스라엘 대사는 페트로 대통령에게 아우슈비츠 강제수용소를 방문해 볼 것을 제안했다. 페트로 대통령은 X에서 "이미 가본 적이 있으며(…) 이 수용소가 가자지구에 다시 재현되는 상황을 지켜보는 중"이라고 응수했다.

이스라엘 총리는 페트로 대통령의 발언을 "적대적이고 반유대적"이라고 평가하며 이스라엘 주재 콜롬비아 대사를 초치했다. 이에 대해 페트로 대통령은 "필요하다면 이스라엘과의 관계를 단절하겠다. 콜롬비아 대통령은 모욕을 참지 않는다"라고 경고했다.(X, 10월 15일) 이후 학살의 강도와 규모가 확대되고 가자지구 내 여러 병원이 폭격을 당했다. 페트로 대통령은 11월 10일 콜롬비아 정부 법무 부처가 이스라엘을 모든 국제 법원에 고소하는 소송을 준비하고 있다고 발표했으며 11월 13일에는 X를 통해 "팔레스타인을 정식 회원국으로 인정하도록 유엔(UN)에 제안할 것"이라고 밝혔다. 콜롬비아의 이처럼 강경한 태도는 국제사회에서 놀라움을 자아냈다. 이는 라틴아메리카가 다른 지역들과 달리 팔레스타인에 대한 지지 입장을 분명히 해온 흐름과도 맞닿아 있다.

같은 해 10월 31일, 이스라엘이 가자지구 북부 자발리아 난민캠프를 공습한 이후, 이스라엘 주재 자국 대사를 소환한 국가는 콜롬비아만이 아니었다. 벨리즈와 칠레도 대사를 소환했고, 볼리비아는 이스라엘과의 외교관계를 단절하는 조치를 취했다. 볼리비아는 에보 모랄레스 대통령 집권기인 2009년에 이미 한 차례 이스라엘과 단교한 전례가 있으며, 2019년 쿠데타로 모랄레스 정부가 붕괴하고 자니네 아녜스 임시정부가 들어서면서 외교 관계를 복원한 바 있다.

이틀 뒤인 11월 2일에는 온두라스도 이스라엘 주재 자국 대사를 소환했다. 이미 오래전 이스라엘과 외교관계를 단절한 쿠바와 베네수엘라 역시 상황이 달랐다면 같은 조치를 취했을 가능성이 크다. 두 나라는 지속적으로 가장 강경한 어조로 이스라엘을 비판해 왔다. 2023년 11월 1일, 프랑스팔레스타인연대협회(FRANCE-Palestine Solidarité) 명예회장 타우피크 타하니는 X를 통해 "아랍연맹(AL)에서 몇몇 아랍 국가들을 배제하고, 그 자리를 칠레·볼리비아·콜롬비아가 대신해야 한다"고 언급하기도 했다.

유대인 인구 비중이 높아 상대적으로 온건한 입장을 유지해 온 아르헨티나 역시 이스라엘의 공습을 비판했다. 이는 10월 7일 하마스의 공격으로 자국민 9명이 사망하고 21명이 인질로 잡힌 상황에서도 변화하지 않은 입장이었다. 페루와 멕시코도 비슷한 반응을 보였으며, 브라질·콜롬비아·볼리비아·칠레·아르헨티나는 가자지구에 대한 인도주의 지원 계획을 발표했다. 심각한 경제 위기에 직면한 베네수엘라 또한 팔레스타인에 30톤 규모의 구호품을 전달했다.

라틴아메리카에는 60만~100만 명의 팔레스타인인이 거주하는 것으로 추산된다. 그중 칠레는 근동 지역 밖에서 가장 큰 팔레스타인인 디아스포라 공동체(35만~40만 명)를 보유하고 있다. 파나마를 제외한 대부분의 라틴아메리카 국가는 팔레스타인을 국가로 인정하며, 예외적인 사례인 멕시코는 공식적으로 국가 승인은 하지 않았지만 모하메드 사다트 팔레스타인 대사가 멕시코에 주재하고 있고, 멕시코 역시 라말라에 대표부를 두고 있다.

쿠바-팔레스타인 vs. 미국-이스라엘

이번 전쟁 발발 전까지 라틴아메리카 대부분의 국가는 이스라엘과 외교관계를 유지해 왔다. 쿠바 역시 팔레스타인 탄압을 강하게 비판하면서도, 역사적 경험을 고려해 이스라엘의 존재 자체는 합법적으로 인정했던 시기가 있다. 그러나 장기간의 논의를 거쳐 쿠바는 1973년 이스라엘과 단교했고, 제4차 중동전쟁(욤키푸르 전쟁) 당시에는 시리아군 지원을 위해 골란 고원에 병력을 파견하기도 했다. 흥미로운 점은, 이러한 입장이 사회주의 혁명 이후에 형성된 것이 아니라는 점이다. 쿠바는 이미 혁명 이전인 1947년, 팔레스타인 분할안을 반대한 아메리카 대륙 유일의 국가였으며 팔레스타인 지역에서의 영토 침탈에 항의해 왔다. 1992년 이후 미국과 긴밀히 협력하는 이스라엘은 유엔 총회에서 쿠바에 대한 미국의 금수 조치 해제 결의안이 상정될 때마다 반대표를 던졌다. 가장 최근에 열린 2023년 11월 2일 표결에서도 187개국이 금수 조치 해제에 찬성했고, 우크라이나가 기권한 가운데 반대표를 던진 국가는 미국과 이스라엘뿐이었다.

베네수엘라는 우고 차베스 대통령 시절이던 2009년, 가자지구에서 1년간 이어진 전쟁으로 1,000명 이상의 팔레스타인인이 사망하자 이스라엘과 단교했다. 차베스 대통령은 미국이 베네수엘라를 '테러 지원국'으로 비난하면서 동시에 이스라엘의 공격을 지원하는 것은 이중적이라고 지적했다. 그는 이스라엘 대외정보기관 모사드(MOSSAD)가 자신을 암살하려 시도했고, 이스라엘이 베네수엘라 야당을 지원하고 있다고 주장하기도 했다.

10년 뒤인 2019년, 야당 인사 후안 과이도가 스스로 임시 대통령을 선언하자 이스라엘은 과이도 진영의 요청을 받아들여 자국 내 베네수엘라 대사관 개설을 승인했다. 같은 해 베네수엘라 정부는 "이스라엘의 테러리스트 조직"이 니콜라스 마두로 대통령 암살 계획에 개입했다고 비난했다. 2023년 10월 15일, 구스타보 페트로 콜롬비아 대통령은 X에서 이스라엘 출신 야이르 클레인과 라파엘 에이탄을 언급했다. 그는 두 인물이 콜롬비아에서 학살을 촉발했다고 비판하며 "언젠가 이스라엘 군대와 정부가 콜롬비아에서 벌어진 일에 대해 책임을 인정하고 사과할 날이 올 것"이라고 말했다. 콜롬비아는 역대 보수 정부 시절 안보·국방 분야에서 이스라엘과 긴밀한 협력 관계를 유지해 왔으며, 이스라엘군 교관들은 콜롬비아 육군(EJC) 특수부대 훈련을 지원한 바 있다.(2)

이스라엘 정보기관 모사드의 '일류 스파이'로 알려진 라파엘 에이탄은 비르힐리오 바르코 바르가스 전 콜롬비아 대통령(1986~1990년) 재임 기간, 합법 좌파 정당 '애국연합(UP)'을 조직적으로 제거한 국가 차원의 탄압 정책의 배후 인물로 지목돼 왔다(3). 앞서 1985년, 콜롬비아 정부와의 평화 협상에 따라 콜롬비아무장혁명군(FARC)과 공산당이 주도해 정치 참여를 목적으로 한 합법 정당 애국연합(UP)이 창설됐다. 그러나 바르가스 대통령의 특별 고문으로 활동했던 에이탄은 이후 애국연합 소속 정치인과 당원 약 6,000명이 살해된 일련의 사건을 설계·조율한 혐의를 받고 있다(4).

야이르 클레인은 이스라엘군 중령 출신으로, 콜롬비아에서 용병회사를 운영하며 마약 밀매 조직과 협력한 인물로 알려져 있다. 2001년 콜롬비아 법원은 궐석재판을 통해 그에게 징역 10년 8개월을 선고했다. 혐의는 "군사적 테러 전술·기술·방법을 교육 및 훈련시키고 용병을 개입시켜 폭력을 심화시켰으며 범죄 음모를 꾸몄다"는 것이었다. 콜롬비아 사법당국은 또한 클레인이 1980년대부터 암살부대를 조직해 대지주와 정치인, 그리고 콜롬비아연합자위대(AUC)의 요구에 따라 활동한 혐의로 기소했다. AUC는 민간인에 대한 대규모 학살과 마약 밀매로 악명이 높은 준군사조직이다.

1985년부터 2005년 사이, AUC의 민간인 탄압으로 발생한 사망자는 약 7만 명, 강제이주민은 300만 명에 달하는 것으로 추산된다. 이스라엘은 콜롬비아 정부의 요청에도 불구하고 클레인의 신병 인도를 거부했다. 현재 이스라엘에서 여생을 보내고 있는 클레인은 자신이 콜롬비아에서 수행한 활동이 이스라엘과 콜롬비아 정부 양측의 사전 승인을 얻은 것이었다고 주장하고 있다.(5)

침탈을 합리화하는 이스라엘의 복음주의

오늘날 이스라엘은 복음주의 세력을 기반으로 라틴아메리카에서 정치적 영향력을 확대하고 있다.(6) 복음주의는 2020년 기준 약 1억 3,300만 명의 신도를 보유한 개신교의 한 갈래로, 이 지역에서 가장 빠르게 성장하는 종교운동이다. 복음주의 신도들은 모든 유대인이 이스라엘 땅에 정착해야 예루살렘 성전이 재건되고 그리스도가 재림한다는 종교적 신념을 갖고 있으며, 이러한 이유로 이스라엘 지지를 핵심 교리적 의제로 삼는다. 최근 급속히 확산되고 있는 이른바 '기독교적 시온주의'는 라틴아메리카 정치에 뚜렷한 영향력을 행사하고 있다. 복음주의 운동은 특히 2018년 자이르 보우소나루 브라질 대통령의 당선에 중요한 기반으로 작용한 것으로 평가된다. 그렇다면 루이스 이그나시오 룰라 다 실바 현 브라질 대통령이 최근 팔레스타인 문제에 대해 상대적으로 신중한 태도를 보이는 것은 국내 복음주의의 정치적 영향력을 의식한 결과일까? 이 질문은 브라질 정치에서 종교 세력이 차지하는 비중, 그리고 이스라엘-라틴아메리카 관계의 변화를 살펴보는 중요한 단초가 되고 있다.

룰라 대통령이 국제주의적 성향을 지닌 지도자라는 점을 고려하면, 가자지구 전쟁에 대한 브라질의 대응은 때때로 예상 밖이라는 평가를 받았다. 그는 서구 국가들과 함께 하마스의 '테러' 공격을 규탄하는 한편, 동시에 '두 국가 해법'을 위한 협상 재개를 촉구했다. 현재 교착 상태에 놓인 '두 국가 해법'은(7) 대다수 라틴아메리카 국가가 폭력의 악순환을 끊기 위한 현실적 방안으로 지지하고 있는 해법이다. 브라질은 10월 유엔 안전보장이사회 순번제 의장국을 맡았으며, 현재 안보리 상임이사국 진출을 추진하고 있다. 이러한 외교적 맥락은 브라질이 분쟁 관련 메시지를 내놓는 과정에서 보다 신중한 태도를 취하는 배경으로 분석된다.

10월 18일, 브라질은 유엔 안전보장이사회에 "인도주의적 전투 중단"을 요구하는 결의안을 제출했다. 그러나 이 결의안은 예견된 대로 미국의 거부권 행사로 채택되지 못했다. 이스라엘은 2007년 하마스 부상 이후 16년간 지속된 가자지구 봉쇄와 2008~2009년, 2012년, 2014년의 세 차례 대규모 전쟁으로 이미 심각한 인도주의 위기를 겪고 있는 가자지구를 다시 포위하고 포격했으며, 수도·식량·전기·연료 공급을 전면 차단했다. 브라질이 제안한 결의안은 "하마스의 추악한 테러 공격"과 민간인 인질 납치를 규탄하고, "민간인에 대한 모든 형태의 폭력과 적대행위, 테러 행위"를 비난하는 내용을 담았다. 그러나 룰라 대통령이 X를 통해 촉구했던 전면 휴전 요구는 결의안에 포함되지 않았다.

그러나 10월 25일, 룰라 대통령은 기자들과의 면담에서 팔레스타인인에 대한 '학살'이라는 표현을 사용하기 시작했다. 이는 브라질의 유엔 안전보장이사회 순번제 의장국 임기 종료가 임박한 시점이었다. 10월 27일, 〈르몽드〉는 "유엔 결의안 채택은 어렵지만 불가능한 일은 아니다. 결의안 채택을 위해 끝까지 노력할 것"이라는 브라질 측 협상가의 발언을 전했다. 그러나 브라질이 맡은 의장국 임기 마지막 날인 10월 31일까지 결의안은 채택되지 못했다. 이후 룰라 대통령은 하마스에 대한 비판 수위를 높였다. 이스라엘의 가자지구 폭격이 24일째 이어지던 시점, 그는 X를 통해 "전쟁을 일으킨 무책임한 자들이 이제 와서 아이들의 죽음을 애도하는 것인가? 그 책임을 통감하는가?"라고 적었다. 국제사회의 신뢰와 외교적 위상을 확보하기 위해 브라질이 치러야 하는 대가란 결국 이런 것일까 하는 질문이 남는다.

글·메리엠 라리비 Meriem Laribi

(1) Éric Rouleau, 「팔레스타인 문제에 대해 '진보적인' 아랍 국가들과는 다른 태도를 보이는 쿠바」, 〈르몽드 디플로마티크〉 프랑스어판, 1968년 2월호.

(2) Erich Saumeth, 「이스라엘, 콜롬비아 육군 특수부대 훈련」, 〈Infodefensa〉, 2020년 10월 1일.

(3) Dan Cohen, 「새로운 조사, 콜롬비아 '정치적 집단학살'에서 이스라엘 요원들의 역할을 드러내다」, 〈MintPress News〉, 2021년 6월 2일.

(4) Luis Reygada, 「콜롬비아 대통령이 '자국 내 학살을 선동했다'며 이스라엘을 비난한 이유」, 〈L'Humanité〉, 샌드니, 2023년 10월 24일.

(5) Dan Cohen, 「콜롬비아의 정치적 집단학살에서 이스라엘 요원들의 역할」, Misión Verdad, 2023년 10월 16일; Brandon Barret, 「이스라엘 용병 야이르 클라인, '콜롬비아 당국의 승인 아래' 준군사조직 훈련」, Colombia Reports, 2012년 3월 26일.

(6) Akram Belkaïd & Lamia Oualalou, 「복음주의 교회들, 반동적 초국가 네트워크」, 〈르몽드 디플로마티크〉 프랑스어판, 2020년 9월호.

(7) Thomas Vescovi, 「두 국가 해법의 실패」, 〈르몽드 디플로마티크〉 프랑스어판, 2023년 11월호.

이스라엘-팔레스타인 전쟁 그 이후는?

아크람 벨카이드Akram Belkaïd

〈르몽드 디플로마티크〉 프랑스어판 편집장. 알제리 출신의 언론인이자 작가. 저서로는
『알제리, 어려운 처지의 나라(질문 100가지)(L'Algerie, un pays empeche, en 100 questions)』
(2019), 『바그다드의 보름달(Pleine Lune sur Bagdad)』(2017) 등이 있다.

하마스, 전쟁의 악순환

10월 7일 새벽, 가자지구의 하마스는 이스라엘 영토를 향해 대규모 기습공격을 감행했고, 이 과정에서 민간인 사상자가 속출하며 주요 시설이 파괴됐다. 하마스는 스스로를 팔레스타인 저항운동의 선도자로 자임해 왔지만, 이번 공격에서 드러난 잔혹한 행위로 인해 그 정치적 미래는 한층 불투명해졌다. "현재 중동은 최근 20년 중 가장 평화로운 시기다." 제이크 설리번 미국 국가안보보좌관은 9월 29일, 〈The Atlantic〉이 주최한 행사에서 이렇게 말했다.(1) 이 발언은 이스라엘과 일부 아랍 국가 간의 관계 정상화가 중동 전반의 안정으로 이어지고 있다는 미국의 인식을 반영한다. 그러나 과연 중동이 평화에 가까워졌다고 말할 수 있을까?

얼마 전 가자지구에서 이스라엘과 팔레스타인 간의 유혈 충돌이 다시 발생했다. 팔레스타인인들이 조상의 땅으로 돌아갈 권리를 주장하는 모습은, 이스라엘 저격수의 발포로 약 200명이 숨졌던 2018~2019년 '귀환 대행진' 시위를 다시 떠올리게 한다.

진정 중동은 평화로운가? 9월 26일, 토르 베네슬란드 유엔 중동평화특사는 안보리 보고서에서 요르단강 서안지구와 동예루살렘에서 진행

되는 정착촌 건설이 국제법상 불법이라고 지적했다. 8월 말에는 여러 이스라엘 인권단체가 보고서를 통해 점령지에서 이스라엘군의 폭력이 계속되고 있음을 폭로했다. 해당 보고서에 따르면 1월 1일부터 8월 말까지 이스라엘군과 정착민에 의해 사망한 팔레스타인인은 220명에 달한다.(2) 그러나 제이크 설리번 국가안보보좌관은 이러한 사건들에 무감각한 듯 보인다. 팔레스타인만 고통받는 상황에서는 국제사회가 별로 신경 쓰지 않는다. 문제가 더 커져 다른 나라까지 피해가 확산될 때에야 비로소 심각하게 여기기 시작한다.

그로부터 일주일 후, 상황은 극적으로 변했다. 0월 7일, '알아크사 홍수' 작전으로 이 지역은 본격적인 불확실성의 시대로 접어들었다. 알아크사 홍수는 하마스와 그의 군사조직 알카삼 여단을 필두로 한 팔레스타인 무장단체들이 이스라엘을 기습 공격한 작전이다. 이 공격으로 이스라엘 희생자 수는 1,400명에 달했고, 이 중 수백 명이 민간인이었다. 이에 심각한 충격을 받은 이스라엘 국민은 벤야민 네타냐후 총리에게 재앙의 책임을 돌렸고, 이스라엘은 '철검' 보복작전으로 즉각 대응했다. 이스라엘의 대규모 공중폭격으로 민간인 포함 사상자 4,500명이 발생하면서, 둘의 관계는 돌아올 수 없는 강을 건넜다.

하마스와 그의 동맹들은 '고립지역(enclave)' 주민들이 이처럼 처참한 보복을 당할 것을 충분히 예상할 수 있었음에도, 왜 공격을 감행한 걸까? 프랑스의 중동 문제 연구자인 소피 포미에(Sophie Pommier)는 이를 이스라엘과 이집트가 2007년부터 가자지구를 봉쇄해 온 데 대한 이슬람주의 정파의 반격으로 분석했다.(3) 한편, 하마스 정치국장은 그와는 다른 이유를 제시했다.(4)

이스라엘 점령군의 '포그롬'… 팔레스타인 SNS에 종말론 확산

이스라엘의 팔레스타인 점령 및 식민화 정책 강화, 알아크사 모스크에서의 빈번한 마찰, 이타마르 벤그비르 이스라엘 국가 안보 장관의 끝없는 도발과 팔레스타인 죄수 6,000명에 대한 통제 강화 등이 바로 그 것이다. 지난 2월 26일, 서안지구 부근 후와라 팔레스타인 마을에서 이스라엘 정착민이 폭력사태를 벌이자, 수많은 팔레스타인 주민들은 네타냐후 극우 정권이 드디어 자신들을 이 땅에서 추방하려고 강경책을 쓰기 시작했다고 생각했다.

베잘렐 스모트리치 이스라엘 재무장관은 "후와라를 쓸어버려야 한다"고 말한 반면, 서안지구 주둔군을 지휘하는 예후다 푹스 이스라엘 사령관은 이 폭력사태를 팔레스타인에 대한 '포그롬'이라 주장했다. 이 사건 이후, 팔레스타인 SNS에 종말론이 확산됐다. 그리고 이스라엘이 팔레스타인 인구를 압도하기 위해 정착민 200만 명을 서안지구에 이주시키려 한다는 소문이 퍼졌다.

하마스는 공습 이후 스스로를 팔레스타인 저항의 주도 세력으로 내세우고 있다. 반면 팔레스타인 당국은 안보와 치안 유지를 명분으로 이스라엘과의 협력에 매달리며, 사실상 보조자 역할로 전락했다는 비판을 받아온 지 오래다. 10월 17일 알아흘리 아라비 병원 폭격 이후 제닌과 라말라에서는 마흐무드 압바스 팔레스타인 자치정부 수반(87)의 퇴진을 요구하는 시위가 벌어졌다. 이 과정에서 압바스가 시위대에 대한 발포를 허가한 결정은, 결과적으로 하마스의 정치적 우위를 더욱 공고히 하는 계기로 작용했다. 하마스는 또한 어떤 외교적 책략도 팔레스타인 문제의 핵심을 대체하거나 약화시킬 수 없다는 점을 전 세계에 보여줬다고 주장한다. 실제로 최근 몇 년간 아브라함 협정을 통해 이스라엘과 여러 아랍 국가-아랍에미리트, 바레인, 모로코, 수단-의 관계 정상화가 진전되는 동안, 팔레스타인의 운명은 국제 의제에서 뒷전으로 밀려 있었다. 이번 가자지구 전쟁으로 2020년 체결된 아브라함 협정이 파기될지, 또는 이스라엘과 사우디아라비아 간의 대화가 중단될지는 아직 단정할 수 없다. 그러나 한 가지는 분명하다. 이 정상화의 흐름은 최소한 현재로서는 멈춰 섰다. 관련 아랍 국가들이 여론에 무심한 태도를 보이더라도, 최소한 팔레스타인 대의에 대한 강하고 지속적인 공감까지 외면하기는 어렵다. 이는 2022 FIFA 월드컵 당시 마그레브와 마슈리크의 선수들과 서포터들이 보여준 연대의 장면에서도 확인된 바 있다.(5)

하마스는 공격 직후 선전 메시지를 통해 군사적 성과를 전면에 내세웠다. 철저한 통제로 알려진 분리장벽의 30여 지점을 돌파하고, 에레즈 검문소와 가자 사단본부 등 주요 전략 거점에 침투했으며, 이스라엘 방위군 병사 수십 명을 생포해 전쟁포로로 데려갔다고 강조했다. 프랑스를 비롯한 서구 언론과 정부가 민간인에 대한 잔혹 행위에 초점을 맞춘 것과 달리, 하마스는 이스라엘 영토 깊숙이 침투해 작전을 수행하는 데 성공했다는 점을 부각했다. 이러한 평가는 이스라엘 내부 침투에 성공한 전례가 없다는 점에서 헤즈볼라와의 비교 속에서 더욱 강조됐다. 이 소식은 아랍 세계에 적지 않은 충격을 안겼다. 미국이 제공한 첨단 장비와 항공전력을 바탕으로 압도적 우위를 유지해 온 이스라엘군의 군사력에 이미 체념해 있던 아랍 국가들 사이에서, 하마스의 공격은 기존 전력 균형을 흔드는 예외적 사건으로 받아들여졌기 때문이다.

그러나 하마스 역시 이번 공격이 초래한 결과에 대해서 결코 자유로울 수 없다. 현재 가자지구는 폐허에 가까운 상태로, 거리 곳곳에 시신이 쌓여 있다. 지난 17년 동안 이미 여섯 차례의 전쟁을 겪은 이 황폐한 지역이 과연 다시 회복될 수 있을지는 불투명하다. 국제사회의 시선이 가자지구에 집중된 사이, 서안지구에서는 이스라엘의 팔레스타인 식민화가 다시 거세지고 있다. 이스라엘 방위군의 보호 아래 활동하는 정착민들은 사실상 제약 없이 폭력을 행사하고 있으며, 공포에 휩싸인 팔레스타인 주민들은 이를 속수무책으로 감내하고 있다.(6) 특히 외딴 농촌 지역에 거주하는 베두인 공동체가 주요 표적이 되고 있다. 10월 7일부터 17일까지, 이스라엘군의 작전으로 서안지구에서 팔레스타인인 58명이 사망했으며 수백 명이 체포·구금되었다.

하마스는 이번 공격에서 왜 이스라엘 민간인을 표적으로 삼았는지에 대해 답해야 한다. 희생자 가운데에는 가자지구 인근에서 열린 음악 축제를 즐기기 위해 모였던 젊은이들도 포함돼 있었다. 크파르 아자 키부츠 주민들을 대상으로 한 학살 역시 명확한 설명이 요구되는 사안이다. 전쟁범죄에 해당하는 이러한 민간인 살해는 세계 곳곳에서 팔레스타인 대의를 지지해 온 세력뿐 아니라, 이스라엘 내부에서 평화를 모색해 온 진영까지도 격분하게 만들었다. 민간인 인질 억류와 같은 전쟁법 위반 행위는 하마스의 향후 정치적 노선과 평화 협상 가능성에 대한 의구심을 더욱 증폭시켰다. 이제는 좌파를 포함해 이스라엘 사회 내부에서 과연 누가 하마스와의 대화를 시도할 수 있겠느냐는 회의가 확산되고 있다. 이와 함께 전쟁의 주요 쟁점은 이스라엘의 보복이 어디까지 이어질 것인가라는 문제로 옮겨가고 있다. 일부 이스라엘 지도층은 이번 공격을 계기로 이슬람주의 세력을 완전히 제거해야 한다고 주장하지만, 이는 현실적으로 실현 가능성이 거의 없다는 평가가 지배적이다. 그보다는 최소한 가자지구에서 하마스를 축출해야 한다는 견해가 보다 널리 거론되고 있다. 이러한 논의는 10월 7일 공격 직후, 이스라엘이 남부의 고립지역에 정착촌을 건설하고 팔레스타인 주민들을 이집트 시나이반도로 이주시킬 계획을 염두에 둔 것 아니냐는 의문으로 이어졌다. 그러나 이집트는 자국 영토에 팔레스타인 난민캠프를 설치하는 방안을 단호히 거부했고, 미국 정부 역시 이러한 조치가 또 다른 '나크바'로 이어질 수 있다며 분명한 반대 입장을 밝혔다.

미국이 이스라엘을 협상의 자리에 앉힐 수 있을까?

이스라엘 네티즌들은 소셜네트워크 X(옛 트위터)에서 "이제는 '잔디 깎기(mowing the lawn)'에 만족해서는 안 된다"고 분노를 표했다.(7) 이는 이스라엘이 반복해 온 기존의 전쟁 패턴-군사적 대응, 카타르와 이집트를 통한 중재 협상, 가자지구의 불안정한 현상 유지, 그리고 충돌의 재발-을 더는 되풀이해서는 안 된다는 의미다. 네타냐후 정부와 이스라엘군은 이번에는 '가자지구의 재구성'을 추진해 향후 통치와 관리를 다른 주체에게 넘길 계획이라고 밝혔지만, 그 '새로운 당사자'가 누구인지는 여전히 불분명하다. 현 단계에서 이집트나 팔레스타인 자치정부가 그 역할을 맡을 가능성은 크지 않아 보인다. 한편 베냐민 네타냐후 총리는 자신의 권력 유지와 하마스 약화를 동시에 도모하기 위해, 팔레스타인 내부의 분열을 고착화할 수 있는 세력을 '유용한 적'으로 활용해 왔다는 분석이 제기된다. 실제로 그는 2019년 리쿠드당 회의에서 "팔레스타인 국가 수립에 반대한다면, 가자지구의 하마스를 고립시키고 자금 흐름을 차단하는 우리의 정책을 지지해야 한다"고 주장했다. 그는 이 정책이 "가자지구와 서안지구를 분리해 단일한 팔레스타인 국가의 형성을 저지하는 전략의 일부"라고 설명한 바 있다.(8) 한편, 이번 전쟁이 냉전 이후 처음으로 이스라엘과 아랍 국가, 팔레스타인이 한자리에 모여 협상을 시작했던 마드리드 중동평화회담(1991년)에 버금가는 새로운 평화 이니셔티브로 이어질 수 있을지 주목된다. 당시 마드리드 회담은 미국이 이스라엘을 협상 테이블로 이끌어낸 역사적 전환점으로 평가되며, 이후 중동 평화프로세스의 출발점이 됐다.

글·아크람 벨카이드Akram Belkaïd

(1) 「민주주의는 어떻게 전진할 수 있는가: 제이크 설리번과 윌 허드. 더 애틀랜틱 페스티벌 2023」, 〈The Atlantic〉 주최 콘퍼런스 영상, 2023년 9월 29일, 유튜브.

(2) 〈RFI〉, 2023년 8월 28일.

(3) Sophie Pommier, 「하마스의 건곤일척 전략」, 〈Orient XXI〉, 2023년 10월 16일.

(4) 같은 글.

(5) 「월드컵, 팔레스타인의 순간」, 〈Orient XXI〉, 2022년 12월 8일.

(6) 「서안지구에서 벌어지는 정착민들의 고삐 풀린 복수」, 〈La Croix〉, 2023년 10월 16일.

(7) Jaime Scholnick, 「가자지구: '잔디 깎기'」, 〈The Markaz Review〉, 2021년 7월 14일.

(8) Benjamin Barthe, 「가자지구라는 화약고」, 〈르몽드〉, 2023년 10월 15일.

아랍의 침묵

아크람 벨카이드 Akram Belkaïd

〈르몽드 디플로마티크〉 프랑스어판 편집장. 알제리 출신의 언론인이자 작가.
저서로는 『알제리, 어려운 처지의 나라(질문 100가지)(L'Algerie, un pays empeche,
en 100 questions)』(2019), 『바그다드의 보름달(Pleine Lune sur Bagdad)』(2017) 등이 있다.

"아랍국가는 절대 단합하지 않기로 단합했다." 모로코, 오만, 이집트, 요르단, 카타르 등 중동·마그레브 국가들은 모두 북아프리카 출신 역사학자이자 사회철학자인 이븐 할둔(1332~1406)의 이 유명한 격언을 잘 알고 있다. 이 표현은 20세기 중반 이후 마그레브와 중동 지역에서 이어져 온 국가 간 경쟁과 분열, 갈등의 역사를 압축적으로 보여준다. 그러나 이번 이스라엘군의 가자지구 공격은 이 격언조차 무색하게 만들었다. 이번에는 아랍 22개국이 그 어떤 행동도 하지 않기로 단합했다고 볼 수 있기 때문이다. 각국은 '긴급 회동'을 거듭하고 장문의 성명을 발표했지만, 실질적으로 취한 조치는 거의 없었다. 결국 이번 단합의 결과는 무대응을 확인하는 것에 그쳤다는 사실만 드러냈다. 이제 뻔하다. 거대한 회의 테이블에 모인 고위 관료들과 군 최고지휘관을 겸한 대통령, 과거 반군 지도자 출신의 원로들, 그리고 의원들이 심각한 표정으로 앉아 있다. 그들은 이스라엘이 국제법을 위반하며 팔레스타인에 부당하고 무분별한 폭력을 가하고 있다고 비난하고, 이러한 사태가 '지역의 안정성을 심각하게 위협한다'고 경고한다.(2023년 11월 11일)

그렇다면 아랍 국가들은 이후 어떤 조치를 취했을까? 반격 계획을 세웠을까? 우크라이나 침공 이후 국제사회가 러시아에 제재를 부과했던 것처럼, 이스라엘에 대한 국제 제재를 요청했을까? 가자지구에서 벌어

지는 집단학살을 중단시키기 위해 남아프리카공화국이 국제사법재판소(ICJ)에 제소한 뒤 이를 적극 지지했을까? 외교 관계 정상화의 근본적 재검토나 수교 중단 같은 조치를 단행했을까? 이스라엘로 향하는 폭탄과 군수품 수송을 차단하기 위해 미국에 대한 걸프 국부펀드 투자를 축소했을까? 혹은 1973년 이집트와 시리아가 이스라엘을 기습 공격한 욤 키푸르 전쟁 직후 시행했던 석유 금수 조치를 다시 꺼내들었을까? 그럴 리 없다. 아랍 국가들은 실질적 조치를 단 하나도 취하지 않았다.

이스라엘과의 분쟁을 피하는 이집트

물론 이러한 방관은 처음이 아니다. 2018년 미국 도널드 트럼프 정부가 미 대사관을 텔아비브에서 예루살렘으로 공식 이전하자, 아랍연맹은 서둘러 '전략적 대응 계획'을 마련하자고 합의하며 대사관을 원래 자리로 되돌려 놓겠다고 장담했다. 그러나 그로부터 6년이 지난 지금까지 이 계획은 아무런 진전을 보이지 못했다. 가자지구에서 팔레스타인 사망자 수는 3만 명을 넘었고, 실종자와 부상자도 계속 늘고 있다. 더구나 가자지구 주민을 이집트 시나이로 강제 이주시킨다는 계획까지 구체적으로 거론되고 있다. 그럼에도 아랍 국가들이 실질적인 조치를 취하지 않는 이유는 무엇일까? 우선 군사력의 열세를 들 수 있다. 이들 국가 가운데 어느 누구도 미국의 지원을 받는 이스라엘과 정면으로 충돌하려 하지 않는다. 때때로 일부 지도자들이 이스라엘식 민주주의를 비판하는 발언을 내놓지만, 그것이 실제 행동으로 이어지는 경우는 없다.

심지어 레바논 정부에 강한 영향력을 행사하는 헤즈볼라조차도 이번에는 한발 물러서 있다. 과거 시리아와 이집트는 이스라엘이 팔레스타인인의 권리와 삶을 침해하려는 시도를 견제하는 지역의 주요 세력이었다. 그러나 시리아는 10년 넘게 이어진 내전 끝에 미국, 이란, 러시아, 튀르키예 등 외국군의 주둔을 받아들여야 했으며, 이스라엘이 헤즈볼라나 이슬람혁명수비대(IRGC)의 군사시설을 공습할 때조차 보복할 여력을 잃었다. 이집트의 경우도 상황은 크게 다르지 않다. 이스라엘은 이미 오래전부터 이집트를 '남부 전선'에서 배제해 왔고, 이집트 역시 실질적 군사 개입 의지를 보이지 않고 있다. 그럼에도 연구원 투피크 아클리마도스는 이집트군이 여전히 이스라엘을 '적'으로 인식하고 있다고 설명한다. 다만 이집트는 "평화란 적을 효과적으로 제압하거나, 적으로부터 스스로를 지켜낼 수 있을 때 성립한다"고 간주한다는 것이다.(1) 다시 말해, 적을 상대하는 최선의 방법은 직접 충돌을 피하는 것, 즉 싸우지 않는 것이라고 보는 셈이다.

지난 몇 주 동안 압델 파타 엘시시 이집트 대통령은 가자지구 주민을 시나이 북부로 이주시킬 경우 발생할 수 있는 위험에 대해 거듭 우려를 표했다. 수만 명의 난민을 수용해야 할 것이라는 부담이 강한 반대의 주요 이유다. 여기에 아라비아반도 일대에 이슬람국가(IS) 계열 조직이 침투하고, 팔레스타인 추방과 차별에 반대하는 베두인족의 민족통일주의가 확산되면서 지역 정세가 불안정해지는 상황 역시 이집트에게는 잠재적 위협이다. 이 같은 환경에서는 이스라엘에 맞서려는 무장 조직이 새로 형성될 가능성도 배제하기 어렵다. 그럼에도 불구하고 이집트가 완충 지대 역할을 거부하며 가자지구 난민의 수용을 끝까지 막아낼 수 있을지는 여전히 불투명하다.

아랍에미리트와 사우디, 정치적 이익 계산이 먼저

아마 미국과 유럽연합이 외채 1,900억 달러(이 중 430억 달러는 올해 상환해야 한다) 부담에 시달리는 이집트에 금융 지원을 제공한다면 상황이 달라질 가능성도 있다. 이집트는 채무 상환을 위해 최소 200억 달러가 부족한 상태이며, 이를 메우기 위해 국제통화기금(IMF)과 협상을 지속하고 있다. 그러나 IMF는 추가 차관 제공의 조건으로 통화가치 평가절하와 국영기업 민영화 등 고강도 개혁을 요구하고 있다. 이런 배경에서, 만약 이집트가 추방된 팔레스타인 주민을 수용한다면 IMF가 보다 유연한 태도를 보일 것이라는 관측도 제기된다.

그리고 아랍 국가들의 태만한 대응에는 이들 사이에서 무너진 힘의 균형도 한몫한다. 2000년대 중반 이후 사우디아라비아와 아랍에미리트가 사실상 아랍권의 주도적 위치를 차지하게 되면서, 알제리·이라크·시리아·예멘 등이 중심이 되어 이스라엘과의 평화 관계를 거부하던 과

거의 구도는 이미 사라졌다. 이러한 변화 속에서 아랍에미리트는 지난해 10월 7일 하마스의 기습 공격 직후 곧바로 비난 성명을 내놓았다. 국토와 인구가 작고(자국민은 50만 명도 되지 않는다), 그러나 세계적으로 손꼽히는 부유국인 UAE는 이스라엘과의 전략적 협력을 지역 내 영향력 확대의 수단으로 활용하고 있다.(2) 따라서 이 나라는 미국의 중재 아래 2020년 이스라엘과 체결한 아브라함 협정을 흔들림 없이 유지하려는 태도를 보이고 있다.

아랍 지역에서 미국의 개입이 얼마나 지속될지 불확실한 상황에서, 아랍에미리트는 최우선 동맹국인 이스라엘과 군사·경제 협력을 공고히 함으로써 이란의 세 확장을 억제할 수 있을 것으로 기대하고 있다. 또한 예멘과 '아프리카의 뿔'로 불리는 소말리아 해역에서 지역 주민을 억압하더라도 영향력을 확대할 수 있는 권한을 사실상 보장받고 있다. 이는 아브라함 협정을 체결한 모로코가 그러하듯, UAE 역시 일정한 '면책 특권'을 기대할 수 있기 때문이다. 이스라엘과의 외교 정상화는 서방 국가들로부터 정치적·시민적 권리 침해에 대한 비판을 한층 완화하는 효과를 가져온다. 더불어 미국 의회 내 강력한 친이스라엘 로비 단체의 지지를 확보할 수 있다는 점도 UAE에게는 중요한 이익이다.

사우디아라비아의 모함마드 빈 살만(MBS) 왕세자 겸 총리 역시 이러한 역학을 누구보다 잘 이해하고 있다. 그는 장차 국왕이 될 인물로서 3,700만 명에 이르는 국민 여론을 의식해야 한다. 그 때문에 "팔레스타인 국가가 수립되지 않는 한 이스라엘과의 공식 정상화는 없다"고 반복해 왔다.

그러나 실제 외교 행보에서 사우디는 이스라엘의 가자지구 공격에도 강한 비난을 자제하고 있다. MBS가 약 10년 전부터 이스라엘과 비공식적 관계를 구축하며 얻어온 전략적 이익이 결코 적지 않기 때문이다. 여기에 도널드 트럼프 전 대통령의 사위이자 선임고문이었던 재러드 쿠슈너가 최근 MBS를 두고 "더 나은 세상을 만들기 위해 많은 것을 이뤄낸 선견지명이 있는 지도자"라고 극찬한 사실도 있다.(3) 하지만 2018년 10월 이스탄불 사우디 영사관에서 MBS가 보낸 요원들에 의해 살해된 언론인 자말 카슈끄지의 측근들까지 이런 평가에 동의할지는 의문이다.

팔레스타인의 운명에 무심한 아랍 시민들

'아랍 거리'의 시민들은 팔레스타인 문제에 대해 무엇을 생각하고 있을까? 이들은 국내 정치 사안과 마찬가지로 팔레스타인 문제를 공개적으로 언급하기를 주저한다. 이스라엘과 외교 정상화를 추진한 국가든 그렇지 않은 국가든, '아랍의 봄' 이후 강화된 억압적 분위기 속에서 연대를 위한 집회는 대부분 금지되었거나 엄격한 제약을 받고 있기 때문이다. 런던·뉴욕·앙카라·자카르타 등지의 격렬한 친팔레스타인 시위와 대비해 보면, 강력한 통제 아래 군중 봉기가 차단된 아랍권 시민들은 겉으로는 무관심해 보인다.

물론 익명성이 보장되는 인터넷에서는 가자지구와의 연대를 드러내는 경우가 있다. 그래서 이 공간에서는 팔레스타인에 대한 지지 의견을 더 많이 볼 수 있다. 그러나 아랍 정부는 소셜네트워크 안에서도 자신들의 소극성을 정당화하는 근거를 확산시키고 있다. 사우디아라비아의 이슬람 지도자 이맘들은 팔레스타인은 유대인의 땅이며 현재 벌어지는 비극은 모두 하마스와 무슬림 형제단 때문임을 설파하기 위해 코란의 가르침을 들먹인다. 그리고 사태의 양상이 매우 복잡하므로 통찰력이 있는 지도자들에게 일임하는 것이 옳다는 주장도 있다. 아랍에미리트 정부가 전쟁 관련 자국의 소극적 태도를 정당화하는 선전을 이어가는 가운데, 젊은 세대의 분위기는 완전히 다르다. 한때 중동의 대표적 유흥도시였던 베이루트가 전쟁과 불안정으로 방문이 어려워지자, 이들은 이제 텔아비브에서 즐기고 싶다는 욕망을 거리낌 없이 드러낸다. 아랍 정부의 공식 담론과 젊은층의 실제 문화적 욕망 사이의 간극이 적나라하게 드러나는 대목이다. 안와르 사다트 이집트 대통령은 1979년 이집트-이스라엘 평화협정을 체결하며, 자국민이 1967년 전쟁에서 이스라엘이 점령했던 시나이반도를 되찾은 성과를 높이 평가해 줄 것이라 기대했다. 그는 이스라엘과의 분쟁을 종식시키기 위해 팔레스타인인들의 운명은 사실상 외면했다. 오늘날 아랍 지도자들도 각자의 이해관계와 우선순위에 몰두한 채 가자지구 문제를 방치하고 있다. 그 결과가 무엇이 될지는 아직 불투명하다.

글 · 아크람 벨카이드Akram Belkaïd

(1) Tewfik Aclimados, 「이집트 군대에서: 국가 핵심 행위자의 '대서사'에 대한 해석 요소」, 〈Revue Tiers Monde〉, 제222호, 파리, 2015년.

(2) Eva Thiébaud, 「아랍에미리트의 전쟁적 현기증」, 〈르몽드 디플로마티크〉 프랑스어판, 2021년 3월호.

(3) Erin Doherty & Dave Lawler, 「쿠슈너, MBS를 '세상을 더 나은 곳으로 만든 선견지명 있는 지도자'로 칭하다」, 〈Axios〉, 2024년 2월 13일.

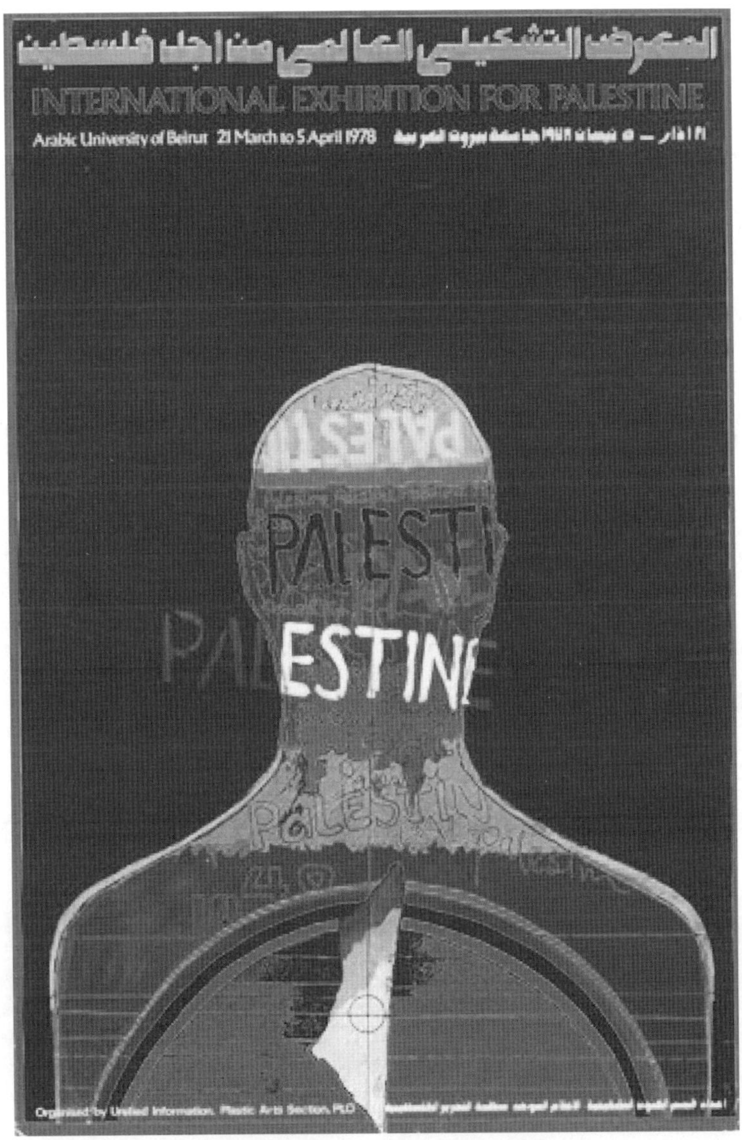

디아 알 아자와이 – 「국제 미술 전시회 포스터」
레바논 베이루트 아랍 대학교에서 열린 팔레스타인 미술 전시회, 1978년

진실의 목소리

109

2016년 한 해 동안 이스라엘 군이나 이스라엘 정착민에 의해 팔레스타인인 109명이 사망했다. 이들의 평균 연령은 23세였으며, 이 가운데 33명은 17세 미만의 미성년자였다. 같은 기간 이스라엘인 사망자는 15명이었다.

〈마안 통신(Ma'an News Agency)〉, 2017년 1월 1일

"1970년대 이후 프랑스는 팔레스타인 문제에 대한 공식 입장과는 다른, 모순된 국내 정치적 태도를 취해 왔다. 대외적으로는 팔레스타인인의 자기결정권과 두 국가 해법, 정착촌의 불법성 등 국제법적 원칙을 인정해 왔지만, 국내적으로는 팔레스타인에 관한 발언을 억누르는 한편 저항과 투쟁의 사건들을 왜곡·은폐하려는 강력한 친이스라엘 목소리들이 부상했다. 이러한 흐름은 프랑스 국내 정치의 중요한 요소로 작용하며, 팔레스타인 문제에 대한 공적 담론을 근본적으로 변화시켜 왔다(…)."

조지프 A. 마사드(Joseph A. Massad), 『팔레스타인 문제의 지속성』, 라 파브리크, 파리, 2009.

분할 폐기

1948~1949년 이스라엘·아랍 전쟁의 결과, 이스라엘은 1947년 11월 29일 유엔 분할안에서 유대 국가에 배정된 면적(14,000㎢)을 넘어 팔레스타인 영토 6,000을 추가로 점령했다. 이미 1937년, 훗날 이스라엘의 초대 총리가 되는 다비드 벤구리온(David Ben Gourion)은 국가 수립과 영토 확장을 다음과 같이 구상하고 있었다.

"국가 수립이라는 국제적 틀 속에서 군사력이 충분히 구축되면, 분할은 폐기되고 확장은 팔레스타인 전역으로 향할 것이다."

심하 플라판(Simha Flapan), 『이스라엘의 탄생』, 팬테온, 뉴욕, 1

점령에서 분절로

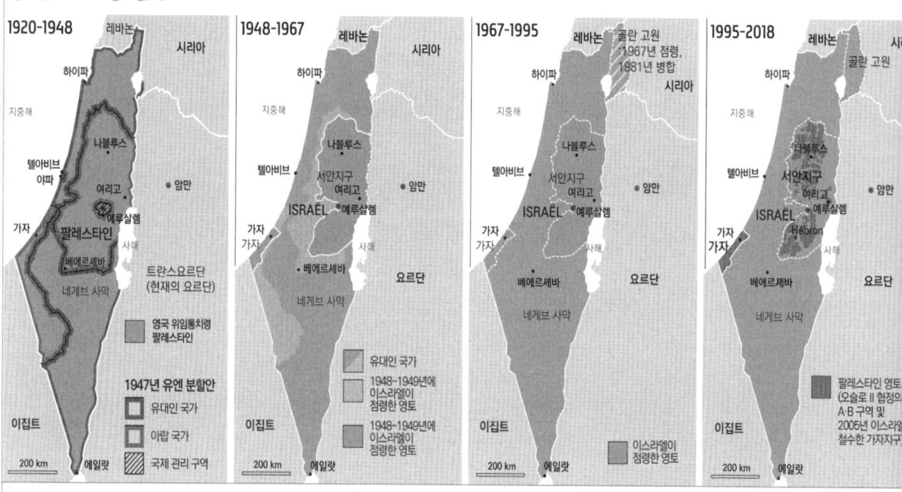

연표

1917 11월 2일 – 뱰푸어 선언
영국 외무장관은 팔레스타인에 "유대 민족의 민족적 거처(national home)를 수립하는 것을 고려하고 있다"고 발표한다.

12월 11일 영국군, 예루살렘 점령. 1517년 이래 오스만 제국의 속주였던 팔레스타인은 영국 군정 하에 놓인다.

1936 4~10월 팔레스타인 전역에서 아랍인들이 총파업을 단행한다. 이는 '대(大) 팔레스타인 봉기'의 첫 단계로, 봉기는 1939년까지 이어졌으며, 5,000명 이상의 팔레스타인인이 사망했다.

1948 4월 9~10일 예루살렘 인근 데이르 야신 마을에서 유대인 민병대가 팔레스타인 주민 약 120명을 학살한다.

5월 14일 영국 위임통치가 종료되고, 다비드 벤구리온이 이스라엘 국가 수립을 선언한다. 이는 제1차 이스라엘·아랍 전쟁의 발발로 이어지며, 전쟁은 이듬해까지 계속된다.

12월 11일 유엔 총회 결의 194호 채택. 팔레스타인 난민의 귀환권 또는 보상받을 권리를 선언한다.

1922 7월 24일
국제연맹이 팔레스타인에 대한 영국의 위임통치('위임장')를 승인한다.

1929 8월 23일
예루살렘, 헤브론, 하이파에서 유혈 충돌이 발생해 유대인 133명과 아랍인 67명이 사망한다.

1933 1월 30일
히틀러의 집권과 반유대주의의 격화로, 독일에서 팔레스타인으로의 유대인 이주가 증가한다.

1947 11월 29일 유엔 총회가 결의안 181호를 채택해 팔레스타인을 유대 국가와 아랍 국가로 분할하고, 예루살렘-베들레헴을 국제 관리 지역으로 지정한다. 이튿날 유대인과 아랍인 사이에 무력 충돌이 발생한다.

1950 4월 24일
트란스요르단(요르단)이 동예루살렘을 병합한다. 이집트는 가자지구를 통치하게 된다.

아랍인 땅 위에 세운 이스라엘

1951년, 팔레스타인의 지명을 변경하기 위해 이스라엘 지명위원회가 설립됐다. 이는 팔레스타인의 공간과 기억을 재편하려는 시도의 일환이었다. 1969년 3월 19일, 하이파의 테크니온 공과대학에서 행한 연설에서, 이스라엘 장군 모셰 다얀(Moshe Dayan, 1915~1981)은 이러한 '팔레스타인 기억 지우기' 작업을 다음과 같이 되짚었다.

"아랍 마을이 있던 자리에 유대인 마을들이 세워졌다. 여러분은 그 아랍 마을들의 이름조차 알지 못한다. 나는 여러분을 탓하지 않는다. 그 지리 교과서들이 더 이상 존재하지 않기 때문이다. 책들만 사라진 것이 아니다. 아랍 마을들 자체가 더 이상 존재하지 않는다.(…) 지금 이 나라의 모든 정착지와 도시, 시설은 과거에 아랍인들이 살던 공간 위에 세워졌다. 이전에 아랍인이 살지 않았던 곳은 그 어떤 곳도 없었다."

<하아레츠(Haaretz)>, 텔아비브, 1969년 4월 4일.

1.5%

이는 서안지구, 가자지구, 동예루살렘에 거주하는 팔레스타인 기독교인의 비율이다. 현재 이들의 수는 약 5만 2,000명으로 추산된다. 1948년 이전, 팔레스타인 기독교인은 전체 인구의 약 20%를 차지했다.

중동이해연구소, 2013.

팔레스타인에 맞선 '강철의 장벽'

1923년, 훗날 이르군(Irgun, 1931년 창설)의 사상적 지도자가 되고, 오늘날 리쿠드당(우파)의 사상적 뿌리로 평가되는 블라디미르 자보틴스키(Vladimir Jabotinsky, 1880~1940)는 팔레스타인에서의 시오주의 프로젝트에 대한 자신의 구상을 다음과 같이 제시했다. 이 구상은 오늘날까지도 이스라엘 지도부의 전략을 관통하는 사고방식으로 남아 있다.

"시온주의 정착은 그 규모가 크든 작든, 팔레스타인에 이미 살고 있던 사람들의 동의에 반해, 그리고 그들의 저항 속에서 이루어질 수밖에 없다. 따라서 현지 주민의 의지에 반하는 이 식민화는 팔레스타인 사회와 무관한 외부의 강력한 군사·정치적 보호와 지원, 곧 '강철의 장벽' 아래에서만 지속되고 발전할 수 있다. 이러한 조건하에서 팔레스타인인들과 자발적 합의에 기초한 협정은 불가능하다."

블라디미르 자보틴스키, 「강철의 장벽: 우리와 아랍인들」, Rassvyet, 베를린, 1923년 11월 4일.

자치정부 구성원들

"본질적으로 라말라에 있는 팔레스타인 자치정부의 구성원들은 자신의 개인적 지위에 만족하고 있다. 점령 상태임에도 불구하고, 행정 실체의 운영에 참여하는 대가로 제한적이나마 명성과 안정적인 급여가 보장되기 때문이다.(…) 그들이 반드시 행복한 것은 아니지만, 최소한 분노하고 있지는 않다."

로저 히콕(Roger Heacock), 『팔레스타인: 하나의 학제적 만화경』 CNRS 에디션, 파리, 2011.

6,154명

현재 이스라엘 교도소에 수감된 팔레스타인인 수다. 이 가운데 463명은 행정구금 상태로, 재판 없이 6개월 단위로 갱신 가능한 구금을 당하고 있으며, 250명은 아동이다.

아다미르(Addameer, 팔레스타인 인권단체), 2017년 11월.

팔레스타인인의 대이주

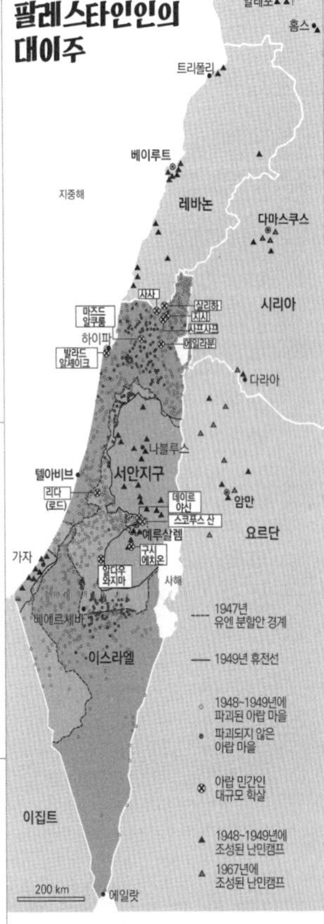

출처 : 유엔 팔레스타인 난민구호사업기구(UNRWA); 팔레스타인 국제문제 연구 학술협회(PASSIA, www.passia.org)

1964 **5월 28일**
팔레스타인 해방기구(PLO)가 예루살렘에서 창설된다.

1959 **10월**
야세르 아라파트, 살라흐 할라프, 칼릴 알와지르가 파타(Fatah)를 창설한다.

1965 **1월 1일**
파타가 이스라엘을 상대로 한 첫 군사 작전을 감행한다.

1967 **6월 5~10일 6일 전쟁** 이스라엘은 서안지구, 가자지구, 동예루살렘을 점령하고, 이후 정착(식민화) 계획을 추진한다.
11월 12일 팔레스타인 해방 인민전선(PFLP)이 창설된다. 지도자는 조르주 하바시(Georges Habache)다.
11월 22일 유엔 안전보장이사회가 결의안 242호를 채택해, 점령지에서의 이스라엘 철수를 요구한다.

1969 **2월 1~4일**
야세르 아라파트가 PLO의 수장에 오른다.

1970 **9월 17~27일**
'검은 9월'. 요르단 군이 수천 명의 팔레스타인 난민과 전투원을 학살한다. 이후 PLO는 다음 해 레바논으로 거점을 옮긴다.

1973 **10월 6~24일** 이집트-시리아 연합군과 이스라엘 사이의 '10월 전쟁'.
11월 26~28일 알제 정상회의에서 OLP가 팔레스타인 인민의 유일한 대표로 인정된다. 1975년 4월 레바논 내전 발발.

1974 **11월 13일**
야세르 아라파트가 유엔 총회에서 연설한다. 유엔은 팔레스타인인의 자기결정권과 독립권을 인정한다.

1975 **4월** 레바논 내전 발발.
11월 10일 유엔 총회가 시오주의를 '인종차별의 한 형태'로 규정하는 결의안 3379호를 채택한다. 이 결의안은 1991년 폐기된다.

1976 **3월 30일**
'토지의 날'. 갈릴리 지역 팔레스타인인들의 대규모 시위가 벌어지고, 이스라엘 탄압으로 6명이 사망한다

인구학적 쟁점

이스라엘 시민권을 가진 유대인(및 기타¹)

690만 명
이 가운데
기타 인구
40만 명

1. 종교를 신고하지 않은 이스라엘인

이스라엘 시민권을 가진 팔레스타인인

180
만명

(사실상의 상황)

동예루살렘 거주 팔레스타인인

30
만 명

서안지구 팔레스타인인

260
만명

가자지구 팔레스타인인

190
만명

자료 기준: 2016년 말
출처: 이스라엘 중앙통계국;
팔레스타인 중앙통계국, Visualizing Palestine,
「정체성의 위기: 이스라엘 신분증 체계」 참조

한달라 (Handala)

팔레스타인 출신의 풍자 만화가 나지 알리(Naji Al-Ali, 1936~1987)가 창조한 인물인 한달라는 아랍 세계에서 가장 널리 알려진 상징적 캐릭터 가운데 하나다. 열 살의 아이로 설정된 그는 두 손을 등 뒤로 맞잡고 맨발로 서 있으며, 태양을 향해 곤두선 머리칼을 하고 있다. 한달라는 언제나 등을 돌린 채로만 그려지며, 팔레스타인 민중이 국가를 갖게 되는 날에야 비로소 얼굴을 돌릴 것으로 설정돼 있다. 이스라엘의 점령과 서방 세계의 공모, 나아가 아랍 국가들의 타협과 배신을 끊임없이 고발해 온 나지 알리는 1987년 7월 22일 런던에서 암살당했다. 그의 살해범은 끝내 밝혀지지 않았으며, 모사드뿐 아니라 일부 아랍 국가의 정보기관들 역시 배후로 의심받았다.

2015년 10월 29일, 거의 매일 밤 그렇듯, 이스라엘 군대는 베들레헴(서안지구)에 위치한 아이다(Aïda) 난민캠프를 급습했다. 한 주민이 당시 상황을 촬영했다. 확성기를 통해 다음과 같은 위협이 울려 퍼진다.

"우리는 점령군이다. 만약 돌을 던진다면, 마지막 한 사람까지 최루가스로 질식시키겠다 – 젊은이들, 아이들, 노인들까지… 너희는 모두 죽게 될 것이다."

「"이스라엘 군, 확성기로 팔레스타인 난민들 위협"」, 〈Middle East Eye〉, 2015년 10월 30일

20세

이는 서안지구와 가자지구 인구의 중위 연령이다. 이 가운데 39.2%는 15세 미만이며, 15~29세 연령층은 전체 인구의 29.8%를 차지한다.

팔레스타인 중앙통계국, 2016

제한된 자치

1995년 9월 28일 체결된 이스라엘-팔레스타인 잠정 협정, 이른바 오슬로 II 협정은 서안지구를 서로 다른 주권 체계를 가진 세 개의 구역으로 나눈다. 현재 구분은 다음과 같다.

- **A구역:** 영토의 18%. 팔레스타인 자치권이 행사되는 지역
- **B구역:** 21%. 민정은 팔레스타인 당국이 담당하지만, 치안은 이스라엘이 통제
- **C구역:** 61%. 이스라엘이 전적으로 통제하는 지역
  예루살렘 동부를 제외한 유대인 정착촌 대부분은 C구역에 위치해 있으며, 일부는 최근 B구역까지 확장되고 있다. 팔레스타인인 대다수는 A·B구역에 거주한다.

"팔레스타인 대의는 팔레스타인인들만의 대의가 아니다. 그것은 어디에 있든 모든 혁명가의 대의이며, 우리 시대에 착취되고 억압받는 대중의 대의다."

가산 카나파니(Ghassan Kanafani)

언론인이자 여러 편의 소설(『하이파로 돌아가다』, 『태양 속의 남자들』 등)의 작가였던 가산 카나파니는 1936년 아크레에서 태어났다. 그는 1967년 창설된 팔레스타인 해방 인민전선(FPLP)의 대변인이기도 했다. 1972년 7월 8일, 그는 베이루트에서 이스라엘 정보기관이 설치한 차량 폭탄에 의해 암살당했다.

경제적 격차

팔레스타인에서 1인당 국내총생산(GDP, 구매력 평가 기준)은 5,020 달러(4,195유로)에 불과하다. 반면 이스라엘의 1인당 GDP는 36,576 달러(30,577유로)에 이른다.

(『전략의 해』, 아르망 콜랭, 파리, 2017)

621

이는 2000년 9월 29일 제2차 인티파다 발발 이후 2004년 9월 29일까지, 이스라엘 군에 의해 목숨을 잃은 17세 미만 팔레스타인 아동의 수다.

(팔레스타인 보건·개발·정보·정책 연구소, 2004)

1982 3–4월 점령지에서 봉기 발생
6월-8월 이스라엘이 레바논을 폭격한 뒤 서베이루트를 점령한다. PLO는 레바논의 수도를 떠나 튀니지로 이전한다.
9월 16-17일 이스라엘 군이 개입하지 않은 가운데, 기독교 민병대(팔랑혜당)가 레바논의 사브라·샤틸라 난민캠프에서 수천 명의 팔레스타인 난민을 학살한다.

1987 12월 9일
가자지구와 서안지구에서 제1차 인티파다 발발.
12월 14일 셰이크 아흐마드 야신이 하마스(Hamas)를 창설한다.

1991 10월 30일
미국과 소련의 후원 아래 중동 평화에 관한 다자 회의(마드리드 회의)가 개막한다. 팔레스타인과 이스라엘 간의 첫 공식 협상은 11월에 시작된다.

1994 2월 25일 유대인 정착민 바루흐 골드스타인이 헤브론(알칼릴)의 이브라힘 모스크에서 신도 29명을 학살한다. 이후 몇 시간 동안 이스라엘 군의 발포로 수십 명의 팔레스타인인이 추가로 사망한다.
7월 1일 야세르 아라파트, 가자지구 귀환.

1996 1월 20일 야세르 아라파트가 팔레스타인 자치정부 대통령으로 선출된다.
2월-3월 이스라엘 정보기관의 표적 암살 이후, 하마스가 이스라엘 내 연쇄 공격을 감행한다.
9월 27-29일 예루살렘의 유대인 시청이 알아크사 사원(성전산) 지하 터널을 개방하면서 촉발된 폭력 사태로 팔레스타인인 76명이 사망한다.

1980 7월 30일
이스라엘 의회(크네세트)가 '예루살렘 기본법'을 채택해, 예루살렘을 이스라엘의 '통일된 수도'로 규정한다.

1985 10월 1일
이스라엘 공군이 튀니스에 위치한 PLO 본부를 공습해 70명이 사망한다.

1988 11월
12-15일
알제에서 열린 제19차 팔레스타인 민족평의회(PNC)에서 팔레스타인 국가 수립이 선포된다.

1993 9월 9-10일 노르웨이 오슬로에서 진행된 비밀 협상을 거쳐, PLO와 이스라엘이 상호 인정 서한을 교환한다.
9월 13일 야세르 아라파트와 이츠하크 라빈이 워싱턴에서 팔레스타인 자치에 관한 원칙선언(오슬로 협정)을 서명한다.

1995 9월 28일 자치 권한 확대에 관한 협정, 이른바 오슬로 II 협정이 체결된다. 이 협정은 서안지구를 A·B·C의 세 구역으로 나누는 차등적 주권 체계를 확립한다.
11월 4일 이츠하크 라빈 이스라엘 총리 암살.
11월-12월 이스라엘이 헤브론을 제외한 주요 팔레스타인 도시들에서 철수한다.

1967년 이후 지금까지,
여성 1만 5천 명과 수만 명의
미성년자를 포함해 80만 명의
팔레스타인인이 이스라엘 감옥을
거쳤다. 이는 서안지구와 가자지구
남성 인구의 40%, 전체 인구의 20%
에 해당한다.

(팔레스타인 연구소; 국제 중동 미디어 센터, 2014)

5,154

가자지구의 인구 밀도는 1㎢ 당 5,154명으로,
세계에서 가장 높은 수준의 인구 밀도에
해당한다. 면적 365㎢ 에 불과한 이 해안
지역에는 약 190만 명이 거주하고 있다.

(팔레스타인 중앙통계국, 2016)

예루살렘 인구

도시 성장 100년

합계출산율

동·서예루살렘의 대비

빈곤율

1. 종교를 신고하지 않은 이스라엘인 포함

출처 : 예루살렘 정책연구소, 『예루살렘 통계연감』, 2017.

1993년, 이스라엘 총리 이츠하크 라빈(재임 1992~1995)은
노르웨이에서 비밀리에 진행된 협상 과정에서 체결된, 점령지에서의
이스라엘 군과 팔레스타인 경찰 간 '협력'을 규정한 합의를
공개적으로 환영했다. 그의 말에 따르면, 일부 치안 업무를
팔레스타인 측에 이관함으로써
"무엇보다 중요한 것은 이스라엘
군이 더 이상 그러한 임무를 직접
수행하지 않아도 된다"는 것이다.

출처: 션 F. 맥마흔, 『팔레스타인-이스라엘 관계의 담론』,
라우틀리지, 런던, 2013.

1997 1월 15일
이스라엘 군이
헤브론에서 부분
철수한다.

1998 6월 21일 베냐민 네타냐후 정부가
'대(大)예루살렘' 구상의 창설을 승인한다.
10월 23일 미국 와이리버(Wye River)에서
이스라엘-팔레스타인 협정이 체결된다. 이 협정은
서안지구의 추가 13%에서 이스라엘이 철수하는
내용을 담고 있다. 그러나 이 조치는 곧 동결된다.

1999 5월 4일
1993년 오슬로 협정이 규정한
5년간의 과도기 종료. PLO는
팔레스타인 국가 선포를
연기하기로 합의한다.

2000 7월 11-24일 캠프 데이비드
정상회담이 개최된다. 빌 클린턴, 야세르
아라파트, 에후드 바라크가 참석했으나,
회담은 실패로 끝난다.
9월 28-29일 아리엘 샤론의 성전산(알아크사
사원) 방문으로 촉발된 폭동이 발생하며, 제2
차 인티파다의 시작을 알린다.

2001 1월 21-27일 이집트 타바(Taba)에서
열린 이스라엘-팔레스타인 협상이 이스라엘 총선을
이유로 중단된다.
2월 6일 아리엘 샤론이 이스라엘 총리로 취임한다.
12월 하마스의 자살폭탄 공격 이후, 이스라엘은
서안지구에서 여러 차례 군사 공세를 감행하고,
라마라에 있는 야세르 아라파트의 본부를 포위한다.

2002 3월 27일 베이루트 아랍 정상회의에서 이집트는,
이스라엘이 1967년 점령지에서 철수하는 대가로 아랍 세계와의 관계
정상화를 제안한다.
3월 29일 이스라엘에서 발생한 자살폭탄 공격 이후, 이스라엘은 서안지구
전역에 대한 대규모 군사 작전('방패 작전')을 개시하고 주요 도시들을
재점령한다.
6월 16일 이스라엘 분리 장벽(장벽·장벽벽) 건설 공사 시작.
9월 6일 아리엘 샤론이 오슬로 협정은 무효가 되었다고 선언한다.

2003 2월 14일 마흐무드 아바스가 팔레스타인
자치정부 총리로 임명된다. 그는 9월에 아흐마드
쿠레이(아부 알라)에게 자리를 넘긴다.
4월 30일 미국·유엔·유럽연합·러시아로 구성된 중동 평화
4자(쿼텟)가 작성한 '로드맵(이행 계획)'이 발표된다. 이
계획은 2005년 팔레스타인 국가 수립을 전망하고 있다.

참여 / 헌신

2005년 이스라엘을 방문한 뒤, 이듬해 서안지구를 찾았을 때, 내가 목격한 현실은 나를 깊이 감동시키는 동시에 심각한 우려를 안겼다. 나는 유대인과 팔레스타인인 모두를 위한 공정하고 합법적인 해결책을 모색하는 이들의 목소리에 나의 목소리를 보태기로 결심했다. 20년이 넘는 협상 끝에도, 방어 수단조차 없는 팔레스타인인들은 여전히 점령 아래에서 살아가고 있다. 그 사이 더 많은 땅이 빼앗기고, 더 많은 정착촌이 건설되며, 더 많은 팔레스타인인들이 투옥되고, 부상당하거나 목숨을 잃는다. 이들은 존엄과 평화 속에서 살 권리, 자녀를 키울 권리, 자신의 땅을 경작할 권리, 그리고 우리 모두와 마찬가지로 인간으로서 품을 수 있는 모든 꿈을 향유할 권리를 위해 싸우고 있을 뿐이다.

로저 워터스(핑크 플로이드 공동 창립자),
「왜 나는 이스라엘, 팔레스타인, 그리고 BDS에 대해 발언해야 하는가」,
2014년 3월 17일, 〈살롱(Salon)〉

자치

"팔레스타인 문제에 대한 어떤 해결책이든, 팔레스타인 민중의 정당한 대표들에 의해 승인되어야 유효하다. 그 어떤 아랍 국가도 팔레스타인 민중을 대신해 결정할 권리는 없다."

후아리 부메디엔 알제리,
학생들 앞 연설,
1969년 12월 25일

10,500

2004년부터 2015년 사이, 서안지구에서 이스라엘 정착민들이 팔레스타인 민간인 또는 그들의 재산을 상대로 저지른 폭력 행위는 10,500건에 달한다.

팔레스타인 모니터링 그룹, 2015

"팔레스타인인들이 던지는 것은 물질적 돌이 아니라, 그들 나라의 역사와 생명을 품은 살아 있는 돌들이다."

질 들뢰즈, 〈돌들〉(1988),
「광기의 두 체제」,
미뉴이 출판사, 파리, 2003

퇴행

"억압받는 팔레스타인 민중에 대한 우리의 지지를 구체적으로 표현하기 위해, 아프리카 민족회의(ANC)는 만장일치로, 남아프리카 공화국 정부가 이스라엘 주재 남아공 대사관을 즉각적이고 무조건적으로 '연락사무소'로 격하할 것을 요구하는 결의안을 채택했다."

남아프리카공화국 요하네스버그,
아프리카 민족회의(ANC) 정기
전국대회 결의, 2017년 12월 20일

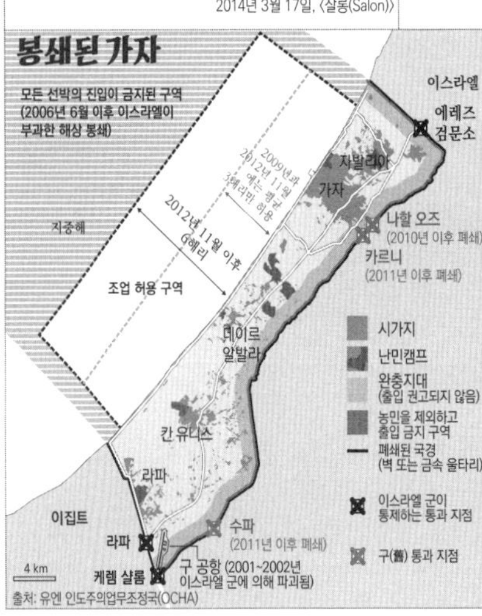

2011년 9월, 마흐무드 아바스 대통령은 팔레스타인을 유네스코의 정회원국으로 가입시키기 위한 신청을 제출했다. 가입은 그해 10월 31일에 공식적으로 발효됐다. 이에 대해 이스라엘과 미국은 즉각 유네스코에 대한 재정 분담금 지급을 중단하기로 결정했다(두 나라는 2017년 10월 해당 기구에서의 탈퇴를 공식 발표했다). 미국의 정책 결정권자들 사이에서 큰 영향력을 지닌 중도 성향의 칼럼니스트 파리드 자카리아는 워싱턴의 이러한 입장을 다음과 같이 정당화했다. "팔레스타인 국가가 등장할 수 있는 길은 오직 하나뿐이다. 이스라엘이 동의할 경우에만 가능하다. 그들은 땅을 갖고 있고, 무기를 갖고 있으며, 돈을 갖고 있다."

파리드 자카리아, 「나는 실용적 이유에서 팔레스타인의 유엔 가입을 반대한다」, 〈CNN〉 2011년 9월 22일.

2004 **2월 2일** 아리엘 샤론이 가자지구 내 모든 유대인 정착촌 철수를 발표한다.
3월 22일 이스라엘이 셰이크 아흐마드 야신을 암살한다. 한 달 뒤, 하마스의 후계자 압둘아지즈 알란티시도 암살된다.
7월 9일 국제사법재판소(ICJ)가 분리 장벽은 불법이라고 판결하고, 해체를 요구한다.
11월 11일 야세르 아라파트 사망.

2006 **1월 25일** 팔레스타인 입법위원회 선거에서 하마스가 승리한다.
2월 이스라엘은 이스마일 하니예가 이끄는 새 정부와의 모든 협상을 거부한다.
4월 미국과 유럽연합이 팔레스타인 자치정부에 대한 원조를 중단한다.
6월 27일 하마스가 파타와 함께 '국민 합의 문서'에 서명하며, 1967년 국경선 내 이스라엘을 암묵적으로 인정한다.
11월 28일-26일 이스라엘 군이 가자지구에 대한 대규모 공세를 전개한다 ('여름의 비' 작전).

2008 **12월 27일** 이스라엘이 가자지구를 상대로 '캐스트 리드(납 주조)' 작전을 개시한다. 이 작전은 다음 해 1월 20일에 종료된다. 이 과정에서 팔레스타인인 1,400명 이상이 사망했으며, 그중 410명은 아동이었다.

2005 **1월 9일** 마흐무드 아바스가 팔레스타인 자치정부 대통령으로 선출된다.
8월 14일-9월 12일 가자지구에 있던 유대인 정착민들이 철수하고, 이스라엘 군도 가자지구에서 철수한다.

2007 **6월 15일** 하마스가 가자지구에 대한 전면적 통제권을 장악한다.
9월 19일 이스라엘은 가자지구를 '적대적 실체'로 선언한다.
11월 26-28일 미국 애너폴리스에서 평화 협상 재개를 위한 국제회의가 열린다. 미국은 2008년 말 이전 팔레스타인 국가 수립을 약속한다.

2009 **11월 17일** 미국 워싱턴은 평화 협상 재개를 조건으로, 이스라엘이 10개월 동안 신규 정착촌 건설을 동결하도록 이끌어낸다.
12월 8일 유럽연합은 예루살렘이 이스라엘과 팔레스타인 양국의 공동 수도가 되어야 한다는 입장을 처음으로 공식 확인한다.
12월 16일 임기가 만료된 마흐무드 아바스 대통령의 임기가 무기한 연장된다.

1,652

2016년 한 해 동안 이스라엘 정착민들이 팔레스타인 농지에서 뽑아낸 올리브나무의 수.(2015년에는 11,254그루)

유엔 인도주의업무조정국(OCHA), 2017

229

서안지구와 동예루살렘 전역에 분포한 이스라엘 정착촌의 수. 이들 정착촌에는 60만 명이 넘는 정착민이 거주하며, 그중 20만 명은 성도 예루살렘 동부에 살고 있다. 같은 공간에는 약 300만 명의 팔레스타인인이 함께 존재한다.

피스 나우(Peace Now), 2017

GAZA

가자의 아이들은 무엇을 꿈꾸는가?

누가 생존자들의 고통을 말해 줄 것인가?

그들은 어떻게 인간으로서, 살아 있는 존재로 남고자 하는 열망을 지닌 채 이 비극적인 시간을 어떻게 건너가고 있는가?

매 순간의 행동 하나하나가 투쟁이자 성취인 이들의 서사를 누가 기록할 것인가?

올리비아 엘리아스, 「너의 이름, 팔레스타인」, 알마나르 출판사, 2017

1988년 11월 15일, 알제에서 팔레스타인 민족평의회가 팔레스타인의 독립을 선언한다. 알제리를 시작으로, 이후 며칠 사이에 75개국이 팔레스타인을 국가로 인정했다. 현재 팔레스타인을 인정한 국가는 138개국이다.

2,145

이스라엘이 건설한 분리 장벽 노선의 85%는 서안지구 내부를 굽이치며 지나가고 있으며, 이로 인해 팔레스타인 영토의 9.4%가 고립되고 있다.

팔레스타인해방기구(OLP) 협상국, 2014

85 %

이스라엘이 건설한 분리 장벽 노선의 85%는 서안지구 내부를 굽이치며 지나가고 있으며, 이로 인해 팔레스타인 영토의 9.4%가 고립되고 있다.

유엔 인도주의업무조정국(OCHA), 2014

분노

"오늘날 나의 가장 큰 분노는 팔레스타인, 가자지구, 서안지구를 향한다. 이 분쟁 자체가 분노의 근원이다."

스테판 에셀, 「분노하라」, 앵디제네 출판사, 몽펠리에, 2010

2017년 한 해 동안 이스라엘 당국은 서안지구와 동예루살렘에서 978헥타르의 토지를 몰수했고, 팔레스타인 주택과 구조물 500채를 철거했으며, 점령지에 새로운 정착촌 8곳을 건설했다.

토지연구센터(Land Research Center, LRC), 예루살렘-할훌, 2017

단절될 수 있는 연결고리들

팔레스타인 인권단체 알하크(Al-Haq)와 프랑스노동총연맹(CGT) 등 여러 단체가 공동으로 참여해 조정한 보고서는 프랑스의 다섯 개 은행 그룹-BNP 파리바, 소시에테 제네랄, 크레디 아그리콜, BPCE, 악사-이 점령지 정착촌과 관련된 이스라엘 기업·은행에 대해, 투자자로서 지분을 보유하거나, 혹은 자금 조달 과정 자체를 관리·중개하며 관여하고 있다. 이는 국제법 위반에 해당한다. 이 문서는 또한 프랑스 국가의 책임을 함께 강조한다.

『프랑스 은행과 이스라엘 식민화의 위험한 연결고리들』, 집단 보고서, 프랑스노동총연맹(CGT), 파리, 2017년 3월

2010 5월 31일 이스라엘 특공대가 가자 봉쇄를 뚫으려던 선박 행렬(자유 함대)을 급습해 9명을 사살한다.
9월 정착촌 건설 중단 유예가 종료되면서 이스라엘-팔레스타인 협상이 중단된다.

2011 5월 4일 파타(Fatah)와 하마스(Hamas)가 화해 협정을 체결한다.
10월 31일 팔레스타인은 유네스코(UNESCO)의 정회원국이 된다.

2012 11월 14-21일 이스라엘이 가자지구를 상대로 새로운 전쟁을 개시한다('방어 기둥' 작전). 이 과정에서 팔레스타인인과 이스라엘인 가운데 160명이 사망한다.
11월 29일 팔레스타인은 유엔으로부터 비회원 옵서버 국가 지위를 획득한다. 이에 대해 이스라엘과 미국이 항의한다.

2014 4월 23일 파타와 하마스가 연립정부 구성에 합의한다. 이 사안은 한 달 뒤 재논의된다.
7월 8-26일 이스라엘이 가자지구에 대한 대규모 군사작전을 개시한다('보호의 가장자리' 작전). 팔레스타인인 2,200명 이상(그중 민간인 75%)과 이스라엘인 72명이 사망한다.

2015 4월 1일 팔레스타인은 국제형사재판소(ICC)의 회원국으로 가입한다.
6월 26일 바티칸이 팔레스타인 국가를 공식 인정한다.
10월 '예루살렘 인티파다'(또는 '칼의 인티파다')가 시작된다. 이 봉기는 서안지구와 동예루살렘에서 전개된다.

2016 12월 23일 유엔 안전보장이사회는 결의안 2334호를 채택해 점령지 내 정착촌 건설을 규탄한다. 이례적으로 미국은 거부권을 행사하지 않고 기권한다.

2017 10월 12일 하마스와 파타가 가자지구에 팔레스타인 자치정부를 복귀시키는 데 관한 합의에 서명한다.
12월 6일 도널드 트럼프 대통령은 미국이 예루살렘을 이스라엘의 수도로 인정하며, 주이스라엘 미국 대사관을 예루살렘으로 이전하겠다는 의사를 밝힌다.
12월 18일 미국은 유엔 안전보장이사회에서, 미국의 결정을 규탄하고 다른 14개 이사국이 만장일치로 채택한 결의안에 거부권을 행사한다.
12월 21일 유엔 총회는 미국이 예루살렘을 이스라엘의 수도로 일방적으로 인정한 결정에 대해, 압도적 다수로 반대 의사를 표명한다.

Palestine

50킬로미터, 이동 시간 5시간

1967년 이후 점령지의 주요 도로망은 이스라엘의 통제 아래 놓여 있다. 국제법상 불법으로 간주되는 검문소와 통행 방해물의 네트워크는 1990년대 초반부터 급격히 확대됐다. 이러한 군사 초소들은 팔레스타인 영토를 촘촘히 얽어매며, 정착촌의 확산과 분리 장벽이 초래한 공간적 단절을 더욱 심화시킨다. 유엔에 따르면 서안지구 전역에는 약 100개의 검문소가 설치돼 있으며, 여기에 더 해 장벽, 콘크리트 블록, 흙더미 등 약 400곳에 이르는 각종 물리적 장애물이 존재한다. 팔레스타인인에게 서안지구에서의 이동은 곧 인내의 시험이다. 불과 몇 킬로미터의 거리가 끝없는 고통의 시간으로 변한다.

오슬로 II 협정(1995)에 따른 서안지구의 영토 구성

18%	21%	61%
Zone A	Zone B	Zone C

동예루살렘, 오슬로 협정 적용 제외

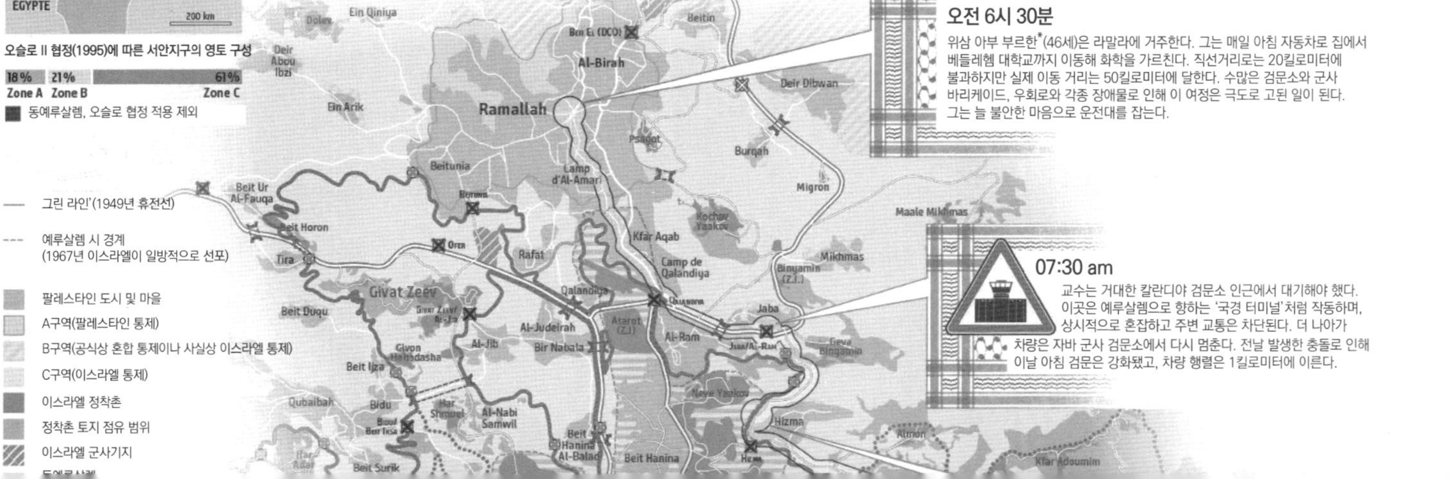

—— 그린 라인'(1949년 휴전선)

--- 예루살렘 시 경계
(1967년 이스라엘이 일방적으로 선포)

팔레스타인 도시 및 마을
A구역(팔레스타인 통제)
B구역(공식상 혼합 통제이나 사실상 이스라엘 통제)
C구역(이스라엘 통제)
이스라엘 정착촌
정착촌 토지 점유 범위
이스라엘 군사기지
동예루살렘

오전 6시 30분

위삼 아부 부르한*(46세)은 라말라에 거주한다. 그는 매일 아침 자동차로 집에서 베들레헴 대학교까지 이동해 화학을 가르친다. 직선거리로는 20킬로미터에 불과하지만 실제 이동 거리는 50킬로미터에 달한다. 수많은 검문소와 군사 바리케이드, 우회로와 각종 장애물로 인해 이 여정은 극도로 고된 일이 된다. 그는 늘 불안한 마음으로 운전대를 잡는다.

07:30 am

교수는 거대한 칼란디야 검문소 인근에서 대기해야 했다. 이곳은 예루살렘으로 향하는 '국경 터미널'처럼 작동하며, 상시적으로 혼잡하고 주변 교통은 차단된다. 더 나아가 차량은 자바 군사 검문소에서 다시 멈춘다. 전날 발생한 충돌로 인해 이날 아침 검문은 강화됐고, 차량 행렬은 1킬로미터에 이른다.

고립시키는 이스라엘 분리 장벽을 따라 이동한다. 지금은 콘크리트 구조물에 가려진 언덕들이 떠오른다. 이후 여러 정착촌 바로 옆을 지난다.

09:35 am   4-0921-42 부

위삼 아부 부르한은 이스라엘인과 팔레스타인인이 함께 사용하는 도로를 달린다. 한 정착민 차량이 그를 추월하며 눈길이 마주친다. 그는 반사적으로 두 손을 운전대 위에 분명히 올려둔다. 정착민은 예루살렘으로 향하지만, 그는 팔레스타인 차량 번호판 때문에 성도 예루살렘과 이스라엘로 들어갈 수 없다.

10:30 am

운전자는 '지옥의 계곡'이라 불리는 와디 알나르 사막 고지대를 따라 이어지는 구불구불하고 위험한 도로를 지난다. 그는 '컨테이너'라 불리는 검문소에 도착한다. 이곳에서는 많은 팔레스타인인들이 사살됐다. 이스라엘 군인들이 차량을 수색하고 신원을 확인한다. 위삼 아부 부르한은 침착함을 유지하려 애쓴다.

11:30 am

교수는 결국 대학에 지각해 도착한다. 제2차 인티파다(2000~2005) 시기에는 같은 경로를 이동하는 데 사흘이 걸린 적도 있었다. 모든 것이 가장 잘 풀릴 때조차 소요 시간은 약 1시간 45분이다. 오슬로 협정(1993) 이전에는 예루살렘을 통과할 수 있었고, 베들레헴까지 45분도 채 걸리지 않았다.

* 이 이름은 가명이다.

출처 : 유엔 인도주의업무조정국(OCHA), 점령된 팔레스타인 영토, 『인도주의 지도집 2015』 및 「서안지구 접근 제한」 지도, 2017년 1월; 비첼렘(B'Tselem, 점령지 내 인권을 위한 이스라엘 정보센터) 대화형 지도(www.btselem.org/map); 응용연구소-예루살렘(ARIJ), 「점령된 팔레스타인 국가의 지정학적 지위」 지도, 2016; 예루살렘 내 팔레스타인 권리를 위한 시민연합, 2015.

제작 : 에리크 마랭 & 베르나르 세마키안, 아크람 벨카이드와 올리비에 피로네의 참여, 아야만 아부 줄루프와 셰이크 세이데의 협업, 2017년 12월.

원문 출처

〈르몽드 디플로마티크〉 한국어판 번역기사

- 레일라 쇠라, 하마스, 10월 7일 그후 – 2024-01-31
  https://www.ilemonde.com/news/articleView.html?idxno=18355
  Akram Belkaïd et Olivier Pironet, Duplicité arabe, impasse palestinienne
  (inédit).

- 인사프 르자귀, 팔레스타인 민족, 존재 자체가 위태롭다 - 2025-08-01
  https://www.ilemonde.com/news/articleView.html?idxno=20984,

- 올리비에 피로네, 가자지구에서 유행하는 '절망의 약' - 2024-08-23
  https://www.ilemonde.com/news/articleView.html?idxno=19350

- 마흐무드 다르위시-나의 친구 에드워드 사이드를 기리며, 2024-02-24
  https://www.ilemonde.com/news/articleView.html?idxno=18388

- 알랭 그레쉬, 야만인과 문명인- 2023-11-30
  https://www.ilemonde.com/news/articleView.html?idxno=17987

- 불법점유, 예루살렘에 관한 근본적인 오류 - 샤를 앙델랭- 2018-02-28
  https://www.ilemonde.com/news/articleView.html?idxno=8366

- 아크람 벨카이드 - 국제법으로 본 예루살렘의 지위 – 2018-02-28
  https://www.ilemonde.com/news/articleView.html?idxno=8366

- 알랭 그레쉬 - 팔레스타인 분쟁은 정의에 관한 문제 -
  https://www.ilemonde.com/news/articleView.html?idxno=7348

- 알랭 그레쉬 - 불안정의 요인 – 2017-06-01
  https://www.ilemonde.com/news/articleView.html?idxno=7348

- 도미니크 비달 – 이슬람주의와 내셔널리즘 사이에서 –2017-06-01
  https://www.ilemonde.com/news/articleView.html?idxno=3216

- 메리엠 라리비 - 가자지구 편에 선 라틴아메리카 – 2023-12-29
  https://www.ilemonde.com/news/articleView.html?idxno=18196

- 아크람 벨카이드 – 이스라엘-팔레스타인 전쟁 그 이후는? - 2023-11-30
  https://www.ilemonde.com/news/articleView.html?idxno=17991

- 아크람 벨카이드- 아랍의 침묵 –2024-04-30
  https://www.ilemonde.com/news/articleView.html?idxno=18740

〈프랑스기사〉

- Gilbert Achcar, La dualité du projet sioniste (inédit).

- Micheline Paunet, De la déclaration Balfour aux camps de l'UNRWA, juin 1960.

- Gérard Chaliand, La résistance palestinienne entre Israël et les États arabes, mars 1969.

- Amnon Kapeliouk, Le cri étouffé des Palestiniens», janvier 1988.

- Edward Said, Comment conjurer le prix d'une perpétuelle soumission à l'État d'Israël, novembre 1993.

- Alain Gresh, Inventaire des accords d'Oslo, avril 1999.

- Alain Gresh, Intifada pour une vraie paix, décembre 2000.

- Dominique Vidal, Cisjordanie, de la colonisation à l'annexion, février 2017.

- Nadine Picaudou, D'une Intifada à l'autre, la société palestinienne en mouvement », mars2001.

- Graham Usher, Impasse stratégique pour la résistance palestinienne», septembre 2003.

- Éric Rouleau, Yasser Arafat à travers l'histoire», Manière de voir, n° 78,

- «Sous le sceau des croisades, décembre 2004 - janvier 2005.

- Edward Said, La Palestine n'a pas disparu, mai 1998.

- Jean-Pierre Filiu, Tout commence, tout finit à Gaza, avril 2012.

- Olivier Pironet, En Cisjordanie, le spectre de l'Intifada, octobre 2014.

- Mahmoud Darwich, À l'aéroport, juin 1987.

- Marina Da Silva, Ces Palestiniens du Liban abandonnés, juillet 2006.

- Hélène Servel, Un petit monde » (inédit).

- Isabelle Avran, BDS, une campagne contre l'impunité (inédit).

- Alain Gresh, La Palestine, toujours recommencée, juin 2017.

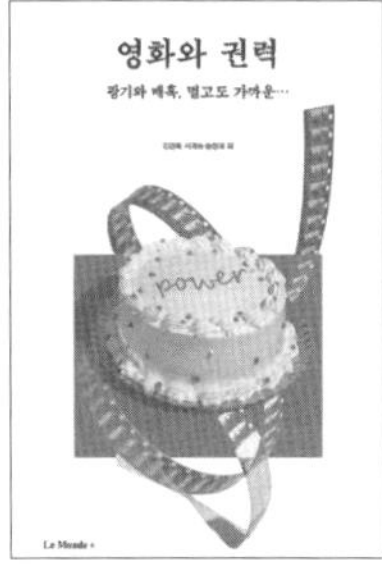

영화와 권력

김경욱, 서곡숙, 송영애 외

우리 시대의 권력은 노골적으로 잘 드러나지는 않지만, 한편으로는 매우 미시적으로 인간의 신체와 개인의 내면 깊숙이 정교하게 침투하고 있다.

영화와 가족

김경욱, 서곡숙, 최재훈 외

영화가 영상 매체이자 이야기 매체라고 할 때, 이야기의 중심에는 인간이 놓일 수밖에 없다.

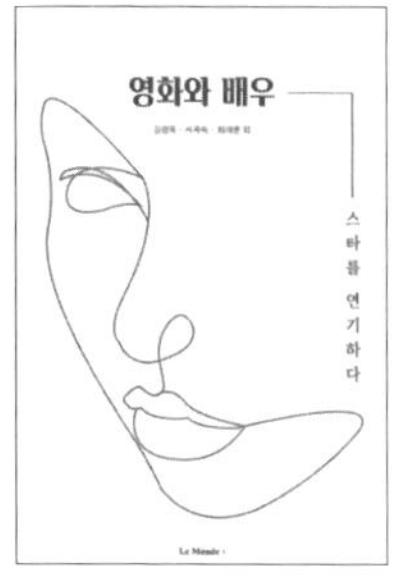

영화와 배우

김경욱, 서곡숙, 최재훈 외

우리는 거의 매일 영화나 드라마를 접하고 있기에, 배우가 연기하는 건 너무 친숙한 사건이다. 그런데 되돌아보면 '배우가 연기한다'는 건 참 이상한 일이기도 하다.

영화와 관계

서곡숙, 서성희 외

인생의 어느 한 지점에서 만날 수 있는 여러 관계들을 그려낸 영화들 중에서, 영화평론가들의 마음 한 구석을 불편하게 만들었던 영화와 등장인물들의 관계에 주목했다.

유럽영화감독 1

서곡숙, 박태식 외

이 책은 유럽영화의 문법에 익숙하지 않은 독자들이 보다 쉽게 유럽영화에 입문할 수 있는 길잡이가 되어줄 것이다.

미국영화감독 1

서곡숙, 이현경 외

결론적으로 영화의 주제나 시각적 스타일 등 어떤 하나의 잣대로 이들 감독을 묶을 수 없다.

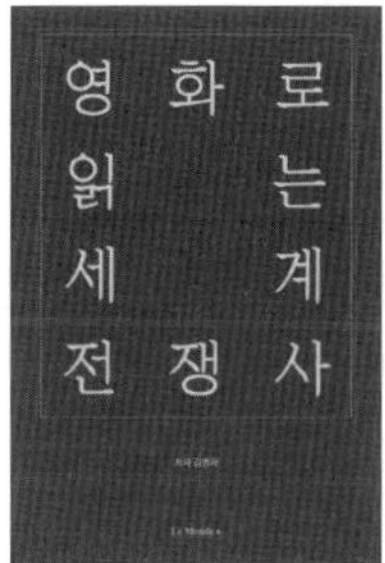

영화로 읽는 세계 전쟁사

김병재 저

역사를 들여다보는 방법은 많다. 영화 역시, 끊임없이 스크린 속으로 역사를 끌어들여왔다. 그렇게 영화는 전쟁이 몰고 온 인간의 삶과 죽음에 주목해 왔다.

영화로 읽는 도시 이야기

서곡숙, 서성희 외

영화 속 공간은 이야기를 진행시키는 실체적 배경이다. 강한 빛만큼이나 짙은 어둠이 드리운 도시의 풍경은 사람들의 삶을 더 영화적으로 만들어가고 있다.

영화의 장르, 장르의 영화

서곡숙, 이호 외

우리는 왜 영화를 장르적으로 사고하고, 장르적인 분류법에 따라서 영화를 읽고 공부하려 하는가?

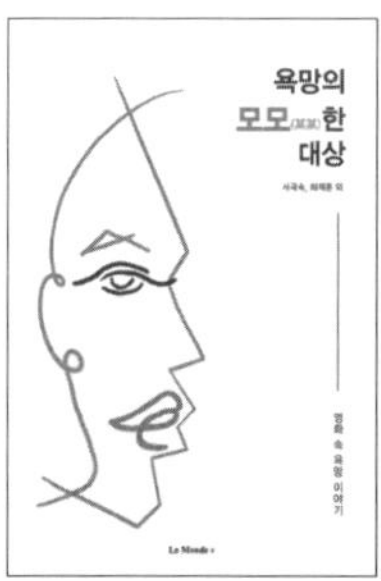

욕망의 모모한 대상

서곡숙, 최재훈 외

사회적 함의 속에서 욕망에 관한 영화는 그 태도에서 명백하게 갈등에 빠지고 만다. 하지만 그런 안전장치를 과감하게 깨부수고, 강렬한 메시지를 선택하는 영화도 있다.

소사이어티 없는 카페

성일권 저

이 글은 세상에 늘 낯선 이질감을 느끼는 어느 표류자(漂流子)가 표표히 흐른 지난 세월의 흔적들을 더듬어본 소소한 기록이라 해야겠다.

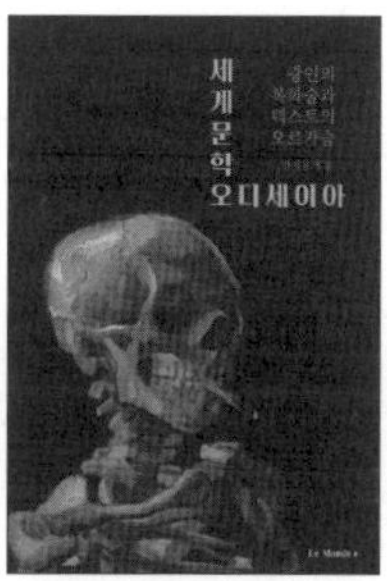

세계문학 오디세이아

안치용 저

이 책은 '사랑', '근대', '구원' 등 16개 주제로 누구나 동의하는 세계문학 고전을 종횡무진 휘저어 탐색한 결과물이다.

우리는 왜 피로한가

김민정, 김정희, 서곡숙 외

급격한 경제발전, 무한경쟁, 성과주의, 비교문화… K-피로에 대해 이미 많은 사람이 저마다의 진단과 해법을 제시해 왔다. K-피로에 대한 아홉 편의 글.

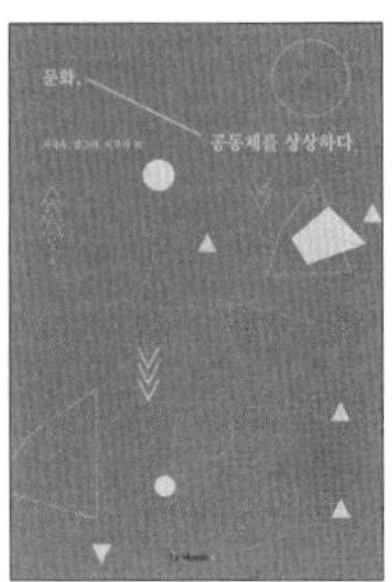

문화, 공동체를 상상하다

서곡숙, 양근애, 이주라 외

공동체는 문화만큼이나 크고 넓은 말이기에 망라할 수 없는 미지의 영역으로 끊임없이 움직이고 있다.

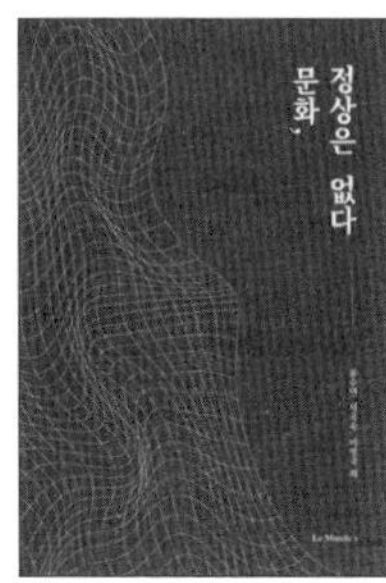

문화, 정상은 없다

류수연, 서곡숙, 이병국 외

우리 삶 저변에 놓인 정상성 논의가 우리에게 가하는 억압과 차별의 기제를 살펴보고 이를 돌파할 여지를 모색하고자 하였다.

비판 인문학 120년사

성일권 저

인문주의는 인간 고유의 가치를 담은 예술·종교·철학·과학·윤리학 등을 존중하며, 인간을 짓밟는 모든 압력을 떨쳐내려는 노력을 일컫는다.

페미니즘과 섹시즘

피에르 부르디외 저

여성들이 자신의 존엄성을 찾기 위해 한 세기 넘도록 힘겹게 투쟁해온 지난한 여정을 담고 있다.

그곳에 가면 다른 페미니즘이 있다

에마 골드만 저

국제사회에서의 여성 억압 현실과 여성들의 투쟁과 전진, 그리고 여성운동의 성취와 과제를 짚어본다.

좌파가 알아야 할 것들

르몽드 디플로마티크 저

진보정치를 향한 인류의 서
대한 희망과 그 희망을 실현
하기 위한 다양한 실험과 좌
절, 새로운 진보정치의 재시
도, 그리고 한국 진보정치의
시련과 도전을 다루고 있다.

극우의 새로운 얼굴들

세르주 알리미 외

지구적으로 세계화의 그늘
에서 독버섯처럼 퍼지고 있
는 극우세력의 실체와 그 위
험성을 담아내고 있다.

나쁜 장르의 B급 문화

슬라보예 지젝 외

저평가되는 장르들은 형태
의 배반이며, 의미의 배반이
다. 이것들은 형태를 새롭게
하며, 의미에 질문을 제기한
다.

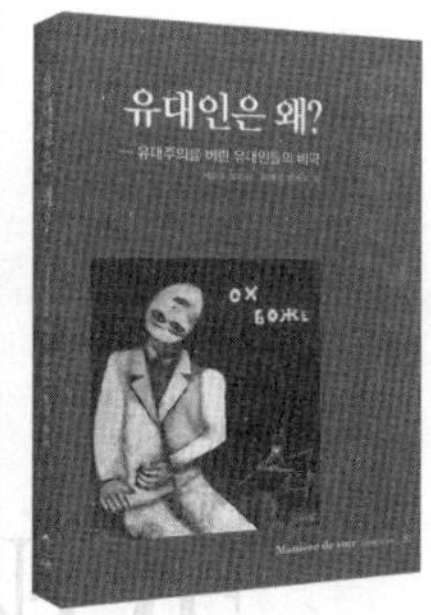

국제관계 전문시사지 〈르몽드 디플로마티크〉는 프랑스 〈르몽드〉의 자매지로
전세계 20개 언어, 37개 국제판으로 발행되는 월간지입니다. 르몽드코리아는
계간 테마무크지 〈마니에르 드 부아르〉 및 단행본 등을 함께 펴내고 있습니다.

팔레스타인은 왜?
— 강요된 엑소더스, 분노의 씨앗 —

마니에르 드 부아르(Manière de voir) Selcection_21
copyright© All rights reserved.

펴낸곳	㈜르몽드코리아
주소	서울시 마포구 백범로 18 (노고산동 107-104) 미화빌딩 502호
홈페이지	www.ilemonde.com
이메일	info@ilemonde.com
전화	02-777-2003
팩스	070-4009-6502
초판 1쇄 발행	2026년 1월 30일
출판등록	2009. 09. 제1014-000119
ISBN	979-11-92618-98-2
지은이	알랭 그레쉬, 에드워드 사이드 외
펴낸이	성일권
편집위원장	방명수
편집위원	안치용 김민정 서곡숙 이윤진 김창주 양근애
디자인·커뮤니케이션	유주희
번역·교열	르몽드코리아 편집팀
인쇄처	디프넷